Ann Boncelli

Diener des Wahnsinns

NOVELARC

ANN BONCELLI

DIENER DES WAHNSINNS

Ann Boncelli
Diener des Wahnsinns
www.annboncelli.com

Content Notes:
Mord, Blut, Kind, Religion, Alkohol, sexueller Übergriff, Kindheitstrauma, (Selbst)hypnose, Gewalt (psychisch, körperlich), Autounfall, Depression, Betrug, Vandalismus, Manipulation.

1. Auflage 2023

Novel Arc Verlag, Kirchenstraße 10, 83413 Fridolfing

www.novelarc.de

Umschlaggestaltung: bürosüd° GmbH, München
Lektorat & Korrektorat: worttief-Lektorat (Mareike Westphal)
Buchsatz: Novel Arc Verlag
Credits Envato Elements: MalyskaStudio, alcode
Druck und Bindung: booksfactory.de
Printed in Poland

Klappenbroschur: 978-3-98595-687-6
E-Book Ausgabe: 978-3-910238-06-0

Sind wir von Sinnen gekommen,
so ist es für Gott;
sind wir bei Sinnen,
so sind wir's für euch.

Denn unser Wahn ist die Liebe Christus',
mit dem Schlusse:
einer ist für alle gestorben,
also sind sie alle gestorben.

(2. Korinther 5, 13-14; 1899)

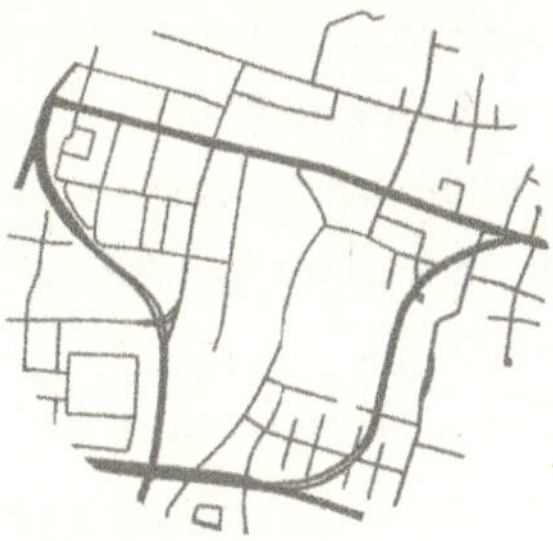

KAPITEL 1

29. September 2011

Eine Handvoll Reporter hatte die Fährte der frisch erlegten Beute ausgemacht und stürzte heran – wie immer, wenn der Wahnsinn sich ein Opfer geholt und sein Territorium mit Blut markiert hatte. Die Sensationslust war in ihren Augen abzulesen. Eine Gier, die alle anderen menschlichen Regungen zu verdrängen vermochte. Da half kein Appell an das Pietätgefühl und meist auch kein Absperrband. Schließlich mussten sie ihr Medienversprechen wahr machen: »Mittendrin statt nur dabei.«

Auf den T-Shirts, Jacken und Mikrofonen prangten die Namen ihrer Sender wie Kriegsbemalungen. Jeder Jäger bewaffnet mit mehreren Kameras – digital, schnell, mit möglichst starkem Zoom –, um jedes blutige Detail aufzuspüren und für die voyeuristische Leserschaft festzuhalten. Für sie war es die tägliche Schlacht um das bestbezahlte Bild, für mich der Kampf um mein Seelenheil.

Es war Donnerstagmittag. Herbstlaub hüllte die Kastanien, die den Tatort in einer lichten Reihe umrahmten, in farbenfrohe Kleider. Ein milder Spätsommerwind animierte die Blätter, leise raschelnd von den Erlebnissen der vergangenen Saison zu erzählen. Im Schein der Septembersonne malten sie Schattenmuster auf die Pflastersteine vor der Kirche St. Loreto. Ein Bild der Harmonie. Doch die heile Welt endete wenige Meter vor dem Eingang des bescheidenen Backsteinbaus.

Schaulustige bevölkerten den sonst so ruhigen Ort im Osten von München. Einer neben dem anderen drängten sich die Gaffer mit der Presse konkurrierend an der weiträumig errichteten Absperrung, reckten die Hälse und versuchten Einzelheiten zu erspähen.

Schakale!, dachte ich. *Ängstliche, Kadaver fressende Schakale! Die einen hecheln dem schnellen Geld hinterher, die anderen gieren nach einem originellen Schnappschuss fürs private Fotoalbum.* Dass diese Art des Menschenauflaufs Alltag in meinem Beruf war, machte es nicht weniger abstoßend. Ich bahnte mir meinen Weg durch das Gedränge und schlüpfte unter dem signalroten Band hindurch.

»Kriminalkommissarin Marie Martius«, nannte ich dem heranstürmenden Polizisten in Uniform meinen Namen und hielt ihm meine Erkennungsmarke entgegen. Sofort senkte der Beamte seine Hände, doch sein Blick blieb argwöhnisch. Er wanderte von meinen Sneakern, die olivfarbene Cordhose hinauf, über mein enganliegendes dunkelblaues T-Shirt, auf das in weißen Lettern »Don't touch« gedruckt war, und endete an den Schultern meiner Jeansjacke, bei der ich die Ärmel zweimal umkrempeln musste, um die Hände frei zu haben. Mein Äußeres schien wenig überzeugend zu sein, mein Ausweis dafür umso mehr. Nachdem er die Karte eingehend überprüft hatte, bedeutete er mir durch eine Kopfbewegung, ihm zu folgen.

Ich lächelte. Auch wenn das Jahrhundert der Aufklärung längst ein- und ausgeläutet worden war, Emanzipation nicht mehr zwingend als Schmähwort galt und eine Frau unseren Staat anführte, so erwartete die Mehrheit der Gesellschaft immer noch einen Mann in

Gestalt des obersten Gesetzeshüters. Ganz besonders dann, wenn es sich um Mord handelte. Und genau das hatte die Einsatzzentrale vor gut einer halben Stunde gemeldet: »Zwei Leichen entdeckt, Josephsburgstraße, Stadtteil Berg am Laim.«

»Sie kommt von der Kripo«, meldete mich der Beamte einem stämmigen, uniformierten Mann Ende vierzig, der der momentane Einsatzleiter zu sein schien.

»Kriminalkommissarin Marie Martius. Womit genau habe ich es hier zu tun?« Sachlichkeit und Strenge waren die besten Mittel, um sich Respekt zu verschaffen, so weit hatte ich meine Lektion nach dem ersten Jahr im Einsatz gelernt.

»Doppelmord beziehungsweise Mord durch Erstechen mit anschließendem Selbstmord.«

Meine Kiefermuskeln spannten sich reflexartig an. Warum nur mussten Gespräche zwischen Mann und Frau, Vorgesetztem und Untergebenem, Polizei und Kripo immer in einem Machtkampf enden?

»Spekulationen sind in diesem frühen Stadium unangebracht«, kommentierte ich seine Aussage trocken und setzte etwas schärfer hinzu: »Wie ich sehe, haben Sie die nötigsten Sofortmaßnahmen getroffen, um den Platz abzusperren und die Spuren zu sichern. Immerhin. Auch wenn ihre Mannschaft wie ein Hühnerhaufen kreuz und quer herumrennt, anstatt einen Korridor zu markieren, damit wir später die Chance haben, den Weg von Täter und Opfer nachzuvollziehen.«

Die Gesichtsfarbe des Einsatzleiters wurde eine Nuance blasser. Sein zuckendes Augenlid verriet mir, dass er sich vage an diese Vorschrift erinnerte.

Wie so oft im Leben bekam der Rangniedrigere die Wut des Ertappten zu spüren. Kurz, aber laut schnauzte er den Beamten, der mich zu ihm geführt hatte, an und befahl, den vorschriftsmäßigen

Pfad abzustecken und der Einsatzmannschaft der Schutzpolizei einzubläuen, den Tatort nur noch über diesen Korridor zu betreten.

»Gibt es Zeugen für den Mord?«

Der Leiter schüttelte den Kopf, besann sich, blätterte hektisch in seinem Notizblock und zeigte zur Kirche.

»Pater Josephis. Er hat die Toten gefunden und bei der Einsatzzentrale gemeldet.«

Na, dann ist er wohl kaum als Tatzeuge zu bezeichnen, dachte ich und seufzte.

»Außerdem hat er einen mutmaßlichen Zeugen am östlichen Ende des Platzes stehen und dann wegrennen sehen.«

Ein geflohener Zeuge war normalerweise genauso viel wert wie ein feuchter Vogelschiss. Aber auch diesen Kommentar behielt ich für mich. Ich hatte mir vorerst genug Autorität verschafft, jetzt galt es, Fakten zu sammeln und Ergebnisse zu produzieren.

Ich holte mein Notizbuch aus der Innentasche meiner Jeansjacke und vermerkte für das Protokoll Datum, Ankunftszeit, Witterung und Adresse des Schauplatzes.

Vorschriftsmäßig ließ ich meinen Blick über den Platz schweifen, um einen Gesamteindruck der Situation zu erhalten, und dokumentierte die bisher erfolgte Sicherung des Tatorts.

Es waren immer noch viel zu viele Menschen ohne eigentliche Aufgabe innerhalb des abgesperrten Geländes. Wenn es Spuren gegeben hatte, so waren diese mittlerweile unter den Fußabdrücken der Streifenpolizisten begraben. Ich konnte nur hoffen, dass der gerufene Notarzt besser aufgepasst und die Leichen bei seiner Arbeit nicht allzu sehr bewegt hatte.

»Ab jetzt übernehme ich die Einsatzleitung. Ich erwarte Ihren Bericht bis spätestens heute Abend auf meiner Dienststelle, Kriminalpolizeiinspektion, Tegernseer Landstraße, Abteilung KPI Ost. Und schaffen Sie ihre Leute endlich aus dem Sicherungsbereich, sonst kann ich die Kriminaltechniker für die Spurensuche gleich wieder nach Hause schicken.«

Damit ließ ich den Beamten stehen und überquerte den Platz in Richtung der Kirche. Es war Zeit, sich mit den Opfern bekannt zu machen.

Als ich die Leichen schließlich erblickte, hatte ich das Gefühl, von einer Abrissbirne getroffen zu werden. Niemand hatte erwähnt, dass ein Kind in den Mordfall verwickelt war.

Der Wahnsinn hat die Welt fest im Griff, dachte ich schockiert, als ich das kleine Mädchen einträchtig neben seinem Mörder liegen sah. Jetzt verstand ich, warum der Polizeihauptmann den Toten für den Täter gehalten hatte. Das Fleischermesser in seiner Hand schrie förmlich nach einem Geständnis. Die Waffe war von der Spitze bis zum Schaft mit Blut beschmiert, so als wäre es bis zum Anschlag in das Opfer gestoßen worden. *Was treibt einen zu so einer furchtbaren Tat? Wut? Angst? Verzweiflung?*

Wie zusammengesunkene Marionetten lagen die Körper in einem See aus dunkelrotem Sirup. Blut, das aus unzähligen Wunden geflossen war und nur langsam zwischen den Asphaltplatten versickerte. Blut aus ihren und seinen Wunden.

Ich schmeckte den metallischen Hauch des Todes auf meiner Zunge und spannte die Kiefer. Ein Grauen griff nach mir. Eines, das älter war als dieser Mord, älter und mächtiger. Kindheitserinnerungen, die ich vor langer Zeit verdrängt hatte, trieben gegen meinen Willen zurück an die Oberfläche.

Die Gesichter meiner Eltern flackerten vor meinem inneren Auge auf. Menschen, die ich geliebt hatte, die ich vermisste und doch nur noch aus einer vagen Erinnerung kannte. Verschwommene Eindrücke, fröhliche, faltenlose Gesichter und dieser ganz bestimmte Geruch, den man nur an Personen wahrnimmt, die einem sehr vertraut sind.

Ich hörte meine Mutter lachen und sah ihre blauen Augen vor Vergnügen aufblitzen. Ihre Stimme versprach Wärme und Geborgenheit. Sie glaubte daran, dass man auf sein Herz hören sollte und dass Wünsche die Welt verändern konnten. Auch mein Vater lachte. Doch bei ihm klang es schrill, als würde ein Zug bei voller Fahrt mit angezogenen Bremsen über die Schienen schlittern.

Die Gesichter meiner Eltern verschwammen und gaben die Sicht auf eine weihnachtliche Szene frei. Familie Martius am festlich gedeckten Tisch, vor sich den traditionellen Gänsebraten auf einem riesigen Silbertablett, dampfend und knusprig.

Ich sah mich selbst auf der linken Seite der Tafel in einem weißen Rüschenkleid hocken, unwirklich wie eine zum Leben erwachte Engelsfigur. Meine Mutter befand sich auf der anderen Seite des Tisches. Zwischen uns saß mein Vater. Er sah ernst aus, als er sich in Zeitlupe aus dem Stuhl erhob und mit einer übertrieben ausladenden Bewegung nach dem großen Tranchiermesser griff.

»Beide sind mit hoher Wahrscheinlichkeit durch die Einstichverletzungen in Herz und Lunge gestorben«, hörte ich eine entfernte Stimme sagen.

Reiß dich zusammen! Mit aller Macht rang ich um Selbstkontrolle. Ich ballte die Hände zu Fäusten und blinzelte. Es war nicht das erste Mal, dass mir mein Unterbewusstsein solche Erinnerungsfetzen aufzwang, doch die Plastizität der Bilder und die Intensität der Gefühle waren neu.

Verdammter Psychokram! Momentan war weder die richtige Zeit noch der passende Ort für emotionale Aussetzer.

Eins …, ich holte tief Luft und ließ den Atem langsam zählend durch meine gespitzten Lippen entweichen, … *zwei, drei, vier, fünf.* Und wieder: *Eins … zwei, drei, vier, fünf.*

Ich faltete die Hände und versuchte meinen Herzschlag in den Fingerkuppen zu spüren. Das Pulsieren echote als dumpfer Donner in meinem Kopf, wie die Trommel eines Galeerentreibers. Ich zählte ein drittes und ein viertes Mal. Eine Methode, die mir meine Psychotherapeutin zusammen mit meinem ganz eigenen Schlüsselwort beigebracht hatte. Nach der fünften Wiederholung war ich so weit bei Sinnen, dass ich mich dem Notarzt zuwenden konnte, der mit mitleidiger Miene vor mir stand.

»Beim Anblick eines ermordeten Kindes wird auch der Hartgesottenste schwach.«

Ich nickte, atmete durch und zwang mich zur Konzentration. Zu meiner Erleichterung stellte ich fest, dass der Arzt sich bei seiner Arbeit äußerst professionell verhalten und offenbar nichts an der Lage der Körper verändert hatte.

»Danke«, sagte ich, »den Rest erledigt der Gerichtsmediziner.«

Mit Überwindung betrachtete ich die Männerleiche genauer. Der Körper lag auf der rechten Seite, den Kopf verdreht zum Himmel gerichtet. Er trug einen braunen Anzug und ein weißes Hemd. Als hätte er sich besonders fein für seinen Auftritt gemacht. Auffällig waren seine kantigen Gesichtszüge. Die Haut hatte einen dunklen Teint, aber es war voreilig, hier eine ausländische Herkunft zu vermuten. Deutschland war ein Land vieler Hautfarben.

Sein Rumpf war übersät mit Einstichen, die Augen offen und starr. *Kann er das wirklich selbst getan haben? Vielleicht eine Tat im Drogenrausch?* Ich wischte mir mit der Hand über Stirn und Augen. *Logisch bleiben. Disziplin und Logik sind deine Waffen*, rief ich mir meinen Leitspruch in Erinnerung und wendete mich widerwillig dem Mädchen zu.

Ihr schwarzes, glattes Haar lag in verklebten Strähnen in dem See aus Rot. Ein kleiner Engel in seinem eigenen Blut. Sie trug ein weißes Kleidchen, weiße Socken mit kleinen Spitzenverzierungen am Saum, dazu passende, weiß lackierte Riemchenschuhe. Doch die Farbe der Unschuld war befleckt, zerrissen und zerkratzt worden.

»Was für eine Sauerei«, ertönte neben mir eine vertraute Stimme und riss mich aus meinen Gedanken.

Es war der Rechtsmediziner David Gimpel, den ich nach der Meldung der Zentrale, während der kurzfristig einberufenen Einsatzplanung mit in mein Team gewählt hatte. Direkt hinter ihm kamen Anne Winter und Erwin Konrad, ausgebildete Kriminaltechniker der Abteilung für Spurensicherung.

»Braucht ihr neuerdings ein Navigationssystem, um euch in München zurechtzufinden?«, frotzelte ich, um von meinem desolaten Zustand abzulenken.

»Hättest uns ja helfen können, die Ausrüstung einzupacken«, pflaumte David mit einem Zwinkern zurück.

»Schon gut, läuft uns ja keiner mehr davon.« Ich lächelte gezwungen.

Ein zweiter Blick auf den Tatort genügte und David verstand. »Schöne Scheiße.«

An seinem zusammengepressten Mund erkannte ich, dass auch ihn der Anblick mitnahm. Für einen Moment stand er da und strich mit seinen Händen an seiner beigefarbenen Jacke bis hinunter zu seiner Jeanshose, so als könne er das Grauen wie eine Staubschicht abstreifen. Dann drehte er sich um, bückte sich zu einem der Aluminiumkoffer, in denen die drei ihre Ausrüstung mitgebracht hatten, zog sich den obligatorischen weißen Overall an und nahm sich ein Paar Einweg-Gummihandschuhe. »Ich nehme an, du willst das volle Programm?«

Ich nickte. »Ich will, dass ihr jede noch so winzige Spur aufnehmt. Nicht immer spiegelt das Offensichtliche auch die Wahrheit wider.«

»Mach dir keine Sorgen, Marie«, sagte Erwin und zückte die digitale Spiegelreflexkamera, die er zusammen mit seiner schwarzen Lederjacke lässig über seiner Schulter getragen hatte. Er war für die fotografische Dokumentation des Tatorts und aller Spuren zuständig und – neben seiner bayrisch-spitzbübischen Art – auch deshalb ein begehrter Ansprechpartner für die Presse. Seine Fotos wären unter der Hand ein Verkaufsschlager. Doch obwohl Erwin nach Aufmerksamkeit gierte, vergaß er nie seine beruflichen Pflichten.

»Diesmal wirst du das Kind schon schaukeln, Marie«, sagte er, während er die Leichen durch den Sucher fixierte.

»Erwin!« Anne wischte sich energisch ihre langen blonden Haare aus dem Gesicht und erdolchte ihn schier mir ihren giftgrünen Augen. »Kannst du nicht wenigstens ein bisschen Mitgefühl zeigen?«

Erwin gluckste und zuckte mit den Schultern. »Wozu denn? Die sind doch schon tot.«

»Schluss damit! Ich brauche Antworten von euch, keine schlechten Witze oder Streitereien.«

»Weißt du schon, wen wir da vor uns haben?«, fragte Anne, während sie vorsichtig die Hosentaschen des Toten untersuchte.

Sie musste sich weit nach vorne beugen, um nicht mit ihren modischen Stiefeletten, die in den Überziehern steckten, in das angetrocknete Blut zu tappen. Eine Frau, die eigentlich viel zu hübsch und viel zu zierlich für so einen rohen Beruf war. Doch seltsamerweise spurten die Männer bei ihr. Ein typisches Erfolgsweib – begabt, selbstbewusst und charmant, also all das, was ich nicht verkörperte. Denn auch wenn dies mein dritter Einsatz als leitende Kommissarin war, lag meine Erfolgsbilanz im Minus.

Dass ich diesen Fall als Sololauf auf den Tisch bekommen hatte, lag nicht nur an der notorischen Unterbesetzung des Kommissariats, es war eindeutig eine von Hauptkommissar Haller auferlegte Prüfung und vielleicht die letzte Gelegenheit, um meine Fähigkeiten unter Beweis zu stellen.

»Ich bin auch noch nicht schlauer als ihr«, sagte ich.

»Vielleicht geht's hier um ein Familiendrama?« Anne hob mit spitzen Fingern die Stoffjacke des Toten an und suchte weiter nach Fundstücken. »Wie wäre das: Mutter will sich von Vater scheiden lassen, Vater will nicht auf geliebte Tochter verzichten, also reißt er sie mit in den Tod.«

Mein Herz reagierte auf ihre Worte, als hätte man mir Adrenalin in die Kammern gespritzt. *Mama, Papa! Mama, Papa!* Die Worte hallten als kindliche Schreie in meiner Erinnerung wider.

»Aber wo ist die Mutter?«, zwang ich die Worte aus meinem Mund.

»Die hätte ihren Engel ja wohl kaum dem bösen, bösen Vater mitgegeben«, mischte sich Erwin in die Unterhaltung ein. »Und um allein in die Kirche zu gehen, ist sie noch ein wenig zu jung gewesen, oder?«

Erwin hatte recht. Das Mädchen war höchstens sechs oder sieben Jahre alt. War der Mann tatsächlich ihr Vater? Ein Schauer durchlief meinen Körper. Mir wurde heiß. Ich schwitzte aus allen Poren und zitterte gleichzeitig. Heiß und kalt, heiß und kalt. *Bloß weg hier!*, schrie es in meinem Kopf.

»Genug spekuliert. Macht ihr euren Job, dann sehen wir weiter. Vielleicht kann ich mit dem Pater in der Zwischenzeit die Identität der beiden klären. Ein Hirte sollte seine Schäfchen ja schließlich kennen.«

Ich hielt nach meinem Quasizeugen Ausschau, entdeckte ihn vor der Kirche und nutzte die Gelegenheit, um auf Abstand zu den Toten zu gehen.

Am Eingang des Gotteshauses stand ein Mann im Talar, geschätzte fünfzig Jahre alt, grauhaarig und sichtlich mitgenommen. Seine Hände krallten sich in ein kleines, in schwarzes Leder gebundenes Buch. Eine Bibel – jahrtausendealte, auf Papier gebannte Worte, die dem Menschen die Welt erklären und gleichzeitig Wegweiser sein sollten. Ein ausgefeiltes Regelwerk, Anleitung für ein redliches, züchtiges und gottgefälliges Leben, erhabener als die von Wissen gespeiste Vernunft oder der verdammungswürdige Instinkt. Warum die Religion solch einen Siegeszug durch die Geschichte hatte antreten können, war mir ein Rätsel. Mich konnte Gott nicht locken, mich machte seine Gegenwart wütend.

Ich ließ mir Zeit, um den Pater in Augenschein zu nehmen. Seine Kleidung war farbenfroher, als ich sie bei einem Geistlichen erwartet hatte. Zwar trug er eine schlichte schwarze Kutte, doch das weite weiße Hemd darüber zierten allerlei bunte Stickereien – eine aufgenähte, gemusterte Schärpe, die um den Hals und bis hinab zur Brust verlief.

»Pater Josephis?«

Ein Ruck ging durch den Körper des Mannes, als hätte ich ihn aus tiefen Gedanken gerissen. Doch seine Stimme klang erstaunlich gefasst. »Ja, der bin ich. Benötigen Sie Seelsorge, mein Kind?«

Seelsorge? Ja, aber nicht von dir oder deinem Gott. Um ein Lächeln bemüht, schüttelte ich den Kopf. »Mein Name ist Marie Martius. Ich bin die leitende Kriminalkommissarin in diesem Fall und würde Ihnen gern ein paar Fragen stellen.«

Pater Josephis schloss für einen Moment die Augen, streichelte das Buch in seiner Hand und nickte gen Himmel. »Wo ich helfen kann, werde ich helfen.«

»Kannten Sie die Toten?«

Der Geistliche schüttelte den Kopf.

»Sind Sie ganz sicher? Ich meine, haben Sie die Gesichter genau gesehen?«

Sein Mund wurde schmal, der Blick wanderte zu den Leichen. »Manchmal macht die Fratze des Todes die Menschen unkenntlich. Bei anderen wiederum sieht man erst in den letzten Minuten ihr wahres Gesicht.«

»Ich kann verstehen, wenn Sie einen genauen Blick scheuen, aber es ist wichtig, bitte, Pater.«

Statt auf mein Anliegen einzugehen, machte er einen Schritt vorwärts und strich mir in einer tröstlichen Geste über die Schulter. »Es muss schwer für Sie sein, immer nur die verdorbenen Seiten ihrer Brüder und Schwestern kennenzulernen.«

Oh, wie ich diese väterliche Masche hasste! Manchmal fragte ich mich, ob es bei all dem Gräuel überhaupt noch Gutes auf dieser Welt gab. Die Kirche und ihre Werke gehörten in meiner Vorstellung nicht dazu. Gott war kein Retter. Wenn es ihn tatsächlich gab, dann war er ein Tyrann!

»Pater, wenn die Möglichkeit besteht, dass es sich bei den Leichen um Mitglieder Ihrer Gemeinde handelt, muss ich das wissen.«

Er senkte den Blick und betrachtete sein Buch. »Nein, es tut mir leid, ich … kann Ihnen nicht weiterhelfen.«

Ich wollte gerade nachsetzen und ihn zu einer eindeutigen Aussage nötigen, als ich schräg hinter ihm zwei Männer unter dem Absperrband hindurchhuschen sah. Trotz der Entfernung erkannte ich sie sofort. Es waren Uwe Kornzwiller und Herbert Persbach, meine verhassten Kollegen. Ihr Auftritt konnte nichts Gutes bedeuten. Hatte Haller sie geschickt, um mich und meine Arbeit zu kontrollieren?

Mir war klar, dass ich keine Vorzeigebilanz aufzuweisen hatte, aber Babysitter waren das Letzte, was ich gebrauchen konnte. Von zwei Fällen, die mir als leitende Kommissarin anvertraut worden waren, hatte ich keinen Einzigen aufgeklärt. Schlimmer noch, nach meiner wochenlangen Recherchearbeit hatte mein Chef sie an Kornzwiller und Persbach übergeben. Mein Versagen war zuletzt sogar Thema in der örtlichen Presse gewesen, nur weil die beiden geschniegelten Playboys es nicht lassen konnten, bei jeder Gelegenheit mit den Reporterinnen zu kokettieren und ihnen ein paar reißerische

Häppchen zuzuwerfen. Nach der Aufklärung der Fälle schrieb natürlich niemand, dass eigentlich ich die nötige Vorarbeit geleistet und das Macho-Duo sich nur ins gemachte Nest gesetzt hatte.

»Na, alles im Griff, Martius?«, fragte Uwe Kornzwiller laut, nachdem er auf zehn Schritte herangekommen war. Ein Mann Anfang vierzig, sportlich, mit kurzen schwarzen Haaren, dunkelgrauem Bartschatten und spießigem Lacoste-Outfit. Er musterte mich, so wie ein Profi seinen Kreisligagegner mustert, bevor er ihn in Grund und Boden spielt. Persbach hielt sich einen Meter hinter ihm, immer im Windschatten, mit einem überheblichen Schmunzeln auf den Lippen.

Meine Gefühle schwankten zwischen Wut und Verzweiflung. »Was habt ihr hier zu suchen?«

»Ich dachte, ich begutachte die Sache lieber gleich von Anfang an. Über kurz oder lang werde ich den Fall ja eh übernehmen.« Kornzwillers provokantes Lächeln trieb meinen inneren Druckkessel an die Grenze der Belastbarkeit.

»Weiß Haller, dass ihr euch hier herumtreibt? Wenn nicht, solltet ihr schleunigst einen Abgang machen. Dann überleg ich mir, ob es sich lohnt, euren zweifelhaften Auftritt ins Protokoll aufzunehmen.«

Kornzwillers Augen verengten sich und seine Nasenflügel blähten sich in kurzen Abständen. Für einen Moment fürchtete ich sogar, er würde mir seine Meinung ins Gesicht schreien, doch dann zuckten seine Mundwinkel, er schnalzte mit der Zunge und antwortete: »Deine Kleinlichkeit wird dir auch diesmal kein Glück bringen, Martius. Aber mach nur, Herbert und ich können warten.«

Erst als ich sicher war, dass die zwei den Tatort verlassen hatten, konzentrierte ich mich wieder auf Pater Josephis. Er hatte den Streit mit meinen Kollegen verfolgt und legte mir milde lächelnd erneut seine Hand auf die Schulter. »Es gibt in dieser Welt viele Kämpfe zu bestehen.«

Ich nickte. Mein ganzes Leben war ein einziger großer Kampf. Und jede einzelne Schlacht schien ich früher oder später zu verlieren.

Um zurück in die Befragung zu finden, blätterte ich zu der Aussage des Einsatzleiters zurück. Hatte er nicht einen Jungen erwähnt?

»Erzählen Sie mir bitte genau, was Sie gehört oder beobachtet haben.«

Die Finger des Paters glitten rhythmisch über das Buch in seiner Hand. Er zögerte. »Ich hörte den Schrei eines Mädchens und bin sofort aus meiner Kammer vor zum Portal und nach draußen geeilt. Als ich das Tor öffnete, sah ich die zwei leblosen Körper in ihrem Blut liegen und einen Jungen, der einige Meter entfernt stand.«

»Erzählen Sie mir von diesem Jungen. Wo genau hat er sich befunden, was hat er getan und in welche Richtung ist er weggelaufen?«

»Er hat dort an der Bank zwischen den Baumreihen gestanden und auf die Leichen gestarrt. Ich habe zu ihm herübergerufen und gefragt, was passiert ist. Erst da hat er sich bewegt und ist dort über die Wiese Richtung Neubausiedlung verschwunden.«

Ich folgte seinem Finger, der über die Grünfläche hinweg zu einem eng bebauten Wohngebiet auf der anderen Seite deutete. »Können Sie ihn näher beschreiben?«

»Orange. Der Bub war groß, schlaksig und hatte orangefarbene Haare. Sie wissen schon, solche, die wie ein Hahnenkamm aufgestellt sind.« Pater Josephis fuhr sich zur Verdeutlichung mit einer Hand von der Stirn über den Scheitel nach hinten.

»Sie meinen, er war ein Punk?«

»Ja, so etwas in der Art. Einer dieser Teenager in diesen schrecklich düsteren Klamotten, die immer irgendwelche Dummheiten anstellen.«

»Wie alt würden Sie ihn schätzen?«

»Schwer zu sagen auf die Entfernung. Mindestens sechzehn, vielleicht auch zwanzig.«

Eine Fahndung aufgrund so weniger Informationen herauszugeben, wäre normalerweise pure Zeitverschwendung gewesen, doch eine orangefarbene Punkfrisur änderte die Sachlage. Schließlich waren die Achtzigerjahre vorbei, Punks waren selten geworden. Wenn ich eine Suchaktion an den einschlägigen Treffpunkten durchführen lassen würde, hatte ich vielleicht Glück.

»Danke, Pater. Das war sehr hilfreich. Ich werde so bald wie möglich einen Zeichner vorbeischicken, der nach Ihren Angaben ein Phantombild anfertigen wird.«

»Wozu brauchen Sie den Jungen? Ist der Fall denn nicht klar?«, fragte der Geistliche. Doch die Antwort darauf blieb ich ihm schuldig.

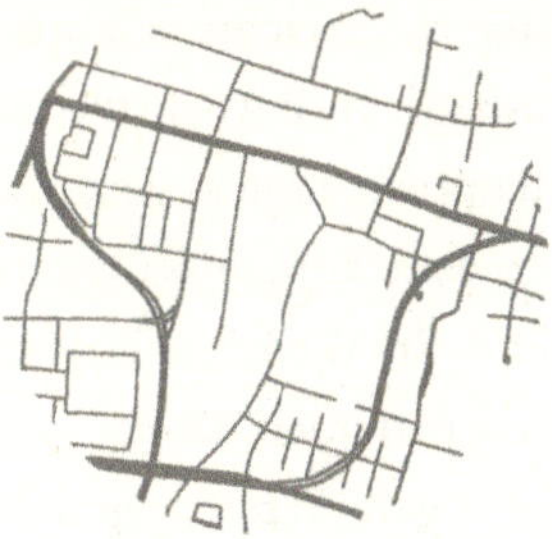

KAPITEL 2

Nachdem David Gimpel, Anne Winter und Erwin Konrad ihre Arbeit am Tatort abgeschlossen hatten und die Toten für den Transport in die Gerichtsmedizin verladen waren, entschied ich mich, eine Kaffeepause einzulegen.

Auf der Suche nach der passenden Einkehr spazierte ich die Josephsburgstraße entlang nach Osten. Berg am Laim war ein alteingesessener Stadtteil direkt am Mittleren Ring, wenige Fahrminuten vom Ostbahnhof entfernt, einem zentralen Kreuzungspunkt des öffentlichen Münchner Verkehrsbetriebs.

Ich schlenderte an kleinen Läden und Supermärkten vorbei, die sich in die gleichförmigen, mehrstöckigen Häuserfronten im Baustil der Achtzigerjahre einreihten. Aber von einem Café gab es weit und breit keine Spur. Stattdessen entdeckte ich ein Schild: *Parkplatz St. Michael.*

Ein zweites Gotteshaus in direkter Nachbarschaft zur St. Loreto Kirche? Traten Kirchen heutzutage in Rudeln auf? So, wie es das Banken- oder das Kneipenviertel gab? Vielleicht. Dennoch meldete sich mein Ermittlerinstinkt und überstimmte meine körperlichen Bedürfnisse, also folgte ich dem Hinweis.

Nach wenigen Metern erreichte ich am Ende einer Sackgasse ein pompöses Gotteshaus im Barockstil. Seine zwei sandfarbenen Türme mit Zwiebelkuppeln ragten weit sichtbar in den Himmel empor. Ihr bauchiger, achtkantiger Körper war dagegen mit rostigem Gestänge umzäunt. St. Michael schien eine Generalüberholung zu benötigen. Interessiert trat ich näher.

Die Türme waren gen Westen gerichtet und grenzten an ein Stück Grün, das nur durch eine einzelne Baumreihe von der Wiese getrennt lag, die bis zur St. Loreto Kirche reichte. Der Putz des Gebäudes hatte großflächig kahle Stellen und auf dem Dach schienen weitere Wunden verarztet zu werden. Frisch geschlagene Balken ragten unter der hell strahlenden Nachmittagssonne aus dem Giebel wie die Knochen eines Patienten auf dem Operationstisch.

Trotz ihres desolaten Zustands wirkte die Kirche adelig im Gegensatz zu dem kleinen, schlichten Backsteinkörper ihrer Nachbarin. Ob St. Loreto früher vielleicht nur die dazugehörige Kapelle gewesen war?

Eine dunkelbraune, massive Holztür mit schmiedeeisernem, geschwungenem Griff saß wie ein zusammengekniffener Mund unter dem ersten Turm von St. Michael.

»Dann wollen wir mal sehen, was in dir steckt«, flüsterte ich, bevor ich die Klinke drückte und öffnete.

Trotz meiner atheistischen Einstellung ergriff mich an religiösen Orten eine natürliche Beklommenheit, ein Gefühl der Andacht. Still schritt ich durch den Vorraum und weiter in das Hauptschiff des Gebäudes.

Der gesamte Altarraum samt Sitzreihen war mit Planen abgedeckt und durch ein eisernes Tor vom Eingangsbereich abgeriegelt. Dutzende stilisierter Rosenknospen rankten sich um das geschwärzte Metall, als wären sie, einstmals lebendig, von Zauberhand versteinert worden. Ich musste an das Märchen von Dornröschen und ihrem Prinzen denken. Schlief hier ein Geheimnis, das wach geküsst werden wollte?

Mein Blick wanderte zum Chorraum. Hinter verstaubter Abdeckfolie zeichneten sich die Körper barocker Fresken und Heiligenfiguren ab, davor stapelweise Holzlatten und Bauschutt. Trotzdem sah auch ein Laie, dass dieser Bau einst einen großen Etat verschlungen haben musste.

Das alles ist doch nur Show! Ein von Menschen für Menschen erbautes Machtsymbol, sonst nichts. Eine Bühne, um zu beeindrucken, um Menschen zu unterjochen und gefügig zu machen. Angewidert wendete ich mich ab.

Im Eingangsbereich hingen auf blauen Papptafeln Informationsblätter zu Veranstaltungen, Fotos einzelner Bauabschnitte, ein Appell an die Gemeindemitglieder, die Restaurierungsarbeiten mit einer angemessenen Spende zu unterstützen, sowie Danksagungen für bereits geleistete Wohltätigkeit.

Ich überflog die Absätze und musste feststellen, dass ich deutliche Bildungslücken besaß, wenn es um die Münchner Kultur ging. St. Michael war eine der bekanntesten Barockkirchen Deutschlands, mit verhältnismäßig gut erhaltenen Deckenbildern von Johann Baptist Zimmermann. Ein Name, der mir nichts sagte. Ob die Kirche von Pater Josephis auch so reich ausgestattet war?

Ich beschloss, bei nächster Gelegenheit die Wirkstätte des Paters zu überprüfen. Oft waren es Kleinigkeiten und scheinbar unwichtige Details, die später den großen Bogen eines Verbrechens aufspannten. Religiös motivierte Morde gab es zuhauf. Doch mehr Einsichten hatte ich auf dieser göttlichen Baustelle zumindest vorerst nicht zu erwarten.

Wieder im Freien nahm ich den schmalen Spazierpfad quer über die Wiese und setzte meine Suche nach einem Café auf der anderen

Seite fort. Die Sonne schmiegte sich mit ihren warmen Strahlen an meine Wangen und machte mir bewusst, wie eisig es im Bauch von St. Michael gewesen war.

Kirchen sind kalte, trostlose Orte, dachte ich. *Büßerstätten, in denen von Schuld gesprochen wird, an denen der reine Glaube an Strafe mehr zählt als jegliche Vernunft.*

»Mit Vermutungen allein werdet ihr keine Morde aufklären, nur mit Fakten«, hatte einer meiner Dozenten gepredigt und ich gab ihm recht.

Ich war fest davon überzeugt, dass, wenn ich mich an die Regeln aus dem kriminalpolizeilichen Lehrbuch hielt, sich irgendwann zwangsläufig die Lösung des Falles ergeben musste. Egal wie sehr Kornzwiller und Persbach auf ein weiteres Versagen meinerseits hofften. Eine Abfolge kritischer, objektiver Fragen und Analysen zu möglichen Motiven und dem Tathergang würde zu eindeutigen, messbaren Ergebnissen führen.

In den richtigen Zusammenhang gebracht, bargen sie alles, was für die Überführung des Verbrechers nötig war. So die Theorie. Ich musste nur durchhalten, durfte keinen Fehler machen. Doch widersprach mein Fall nicht schon von vorneherein dem logischen Muster? Wo war das Motiv?

Der Täter war mit fast hundertprozentiger Wahrscheinlichkeit bereits gefasst, lag auf dem Tisch der Gerichtsmedizin, wurde unter den fachkundigen Händen von David Gimpel seziert und seine Innereien katalogisiert. Routinearbeit, die keine großen Überraschungen zutage fördern würde. Trotzdem blieb die Frage: Warum hatte ein Mann erst ein kleines Mädchen und dann sich selbst erstochen?

Ich seufzte und fasste mir an die Schläfen. Mein Kopf brummte. Ich ging schneller. Der Trampelpfad führte mich in einem leichten Bogen über die Wiese, an einem Sportplatz vorbei, endete an der Echardinger Straße und endlich an meiner ersehnten Einkehr.

Auf der gegenüberliegenden Straßenseite lud ein großes Schild über einem mit Kieselsteinplatten gepflasterten Weg zur »Echardinger Laube« ein. Die Karte im beleuchteten Schaukasten versprach zünftig bayrische Atmosphäre – herzhaft und unkompliziert.

Nach ein paar Schritten endete der Weg auf einer kleinen Terrasse, die zu einem angrenzenden Flachbau gehörte. Kleine Gärten reihten sich einer neben dem anderen, jeder mit einer eigenen Laube und der vorschriftsmäßig gestutzten Hecke. Das kleinbürgerliche Naturparadies für Leute, die sich kein eigenes Haus leisten konnten und trotzdem am Wochenende aus dem tristen Grau der Wohnblock-Landschaft entfliehen wollten.

Eine gute Idee, aber nichts für mich. Ich mochte meine Drei-Zimmer-Wohnung im fünften Stock, draußen in Engelschalking. Dort konnte ich leben, ohne das Zaungeschwätz und die neugierigen Blicke der Nachbarn. Es war egal, ob ich die Pflanzen im Wohnzimmer regelmäßig goss oder ob ich Ordnung hielt. Zu Hause konnte ich mich gehen lassen, konnte meine Disziplin für einen kurzen Moment an den Nagel hängen.

Als ich das Lokal betrat, blickten mir die einzigen Gäste, drei Männer an einem langen Tisch, misstrauisch entgegen und nickten kurz. Der Wirt hinter dem Tresen war damit beschäftigt, ein Weißbier zu zapfen.

»Bekomme ich hier einen Kaffee?«

Der Wirt bejahte. Er hatte graue, kurze Haare und buschige Augenbrauen. Trotz seiner stattlichen Größe wirkte er klein. Der Rücken zu einem Buckel gewölbt, sah sein Körper aus, als hätte man ihn in eine zu enge Sandkastenform gequetscht.

Ich suchte mir einen Platz am Fenster hinter der hölzernen Trennwand, die wohl zur besseren Raumteilung gezogen worden und wie eine Küchendurchreiche auf Hüfthöhe offen war.

»Was zu lesen?« Der Hausherr zeigte auf einen Stapel Zeitschriften in der Durchreiche. Doch ich lehnte dankend ab. Mir war nicht nach Klatsch oder neuen Einrichtungstipps zumute. Zu viele Gedanken schwirrten mir durch den Kopf. Warum hatte dieser Mann das kleine Mädchen getötet? Wie konnte ich meine Erinnerungsschübe im Zaum halten, damit sie meine Arbeit nicht behinderten? Und was konnte ich unternehmen, damit Kornzwiller und Persbach mir nicht ein weiteres Mal dazwischenfunkten?

»Halte dich einfach an die Vorschriften«, murmelte ich vor mich hin.

»Wie bitte?« Der Wirt stand erneut neben mir. Er hatte einen großen Teller mit frischem Gebäck dabei und stellte ihn zusammen mit meiner Bestellung auf den Tisch. »Vielleicht ein Plundergebäck oder eine Quarktasche zum Kaffee?«

Ich lächelte. »Ja, sehr gern.«

Außer einer vertrockneten Scheibe Brot mit Butter zum Frühstück hatte ich nichts gegessen. Ich griff mit einer Hand eine Serviette und mit der anderen einen Plunder mit Aprikose. Beim Hineinbeißen in das krosse, mit Marmelade glasierte Stück bröselte man zwangsläufig. Aber das war es wert.

Ich seufzte genüsslich und griff zur Tasse. Mit jedem Schluck Koffein spürte ich, wie mein Körper auftaute und entspannte. Ich atmete tief durch und betrachtete die Gaststube genauer.

Es waren die üblichen hellbraunen Holzstühle und Tische, wie es sie in den meisten Kneipen gab. Einfache, konusförmige Lampenschirme aus Plastik hingen über den Tischen und wirkten genauso angestaubt wie die grob gewebten beigen Stoffvorhänge an den Fenstern. Über der Biertheke prangte das Werbeschild der Vertragsbrauerei Graf Törring. Lange Wimpel und mit Jägermotiven verzierte Holzscheiben zeugten von einem ansässigen Schützenverein, der hier neben den Schrebergartenbesitzern offensichtlich seinen Stammtisch hatte. *Wahre bayrische Gemütlichkeit*, dachte ich schmunzelnd.

Die drei Herren am Tisch neben dem Eingang hatten ihr Gespräch wieder aufgenommen und unterhielten sich angeregt über die momentane Nacktschneckenplage. Ich stellte mir vor, wie die Männer mit Schürze und gelben Gummihandschuhen bekleidet, bewaffnet mit einem Salzstreuer, durch ihre kleinen, gepflegten Gärten schlichen, um ihrer braunen, glitschigen Feinde habhaft zu werden.

Als sich die Tür öffnete, verstummten die Versammelten und beäugten den Neuankömmling. Es war ein groß gewachsener Mann. Im Gegensatz zu den Gartenliebhabern war er höchstens Mitte dreißig, gutaussehend, trug modische dunkelblaue Jeans und ein tailliert geschnittenes schwarzes Hemd. Seine Haare fielen ihm in schwarzen Strähnen bis auf die Schultern. *Gar nicht mal übel*, war mein erster Gedanke. Doch als er in meine Richtung sah, wich ich seinem Blick aus und sammelte mit meinen Fingerkuppen konzentriert die übrig gebliebenen Brösel des Plunders von der Serviette.

»Ist hier noch frei?«, fragte einen Augenblick später eine angenehm männliche Stimme. Ich sah auf und bevor ich »Nein« erwidern konnte, fügte er hinzu: »Eddies Gebäck ist wirklich vorzüglich, daher würde ich mich gern an Ihrem Kaffeekränzchen beteiligen.«

In seinen Mundwinkeln zeigten sich kleine, verschmitzte Fältchen. *Oder wollen Sie das alles allein essen?*, schienen seine dunklen Augen schelmisch zu fragen.

»Natürlich«, brachte ich endlich heraus und zeigte einladend auf den Sitz schräg gegenüber. Doch er nahm ungeniert an meiner Seite Platz.

»Einen Kaffee, Eddie«, rief er dem Wirt zu und suchte erneut den Blickkontakt mit mir.

Probleme hast du genug, mahnte meine innere Stimme, *da braucht es nicht auch noch einen Flirt. Auch wenn er zugegebenermaßen dein Beuteschema wäre*. Ich zog meine Tasse näher zu mir heran und blickte aus dem Fenster.

»Haben Sie eine Laube hier?«, fragte der Fremde, ohne meine abweisenden Signale zu beachten.

»Nein.«

»Dann sind Sie vielleicht neu zugezogen? Wie eine Touristin sehen Sie jedenfalls nicht aus.«

»Ich bin beruflich in der Gegend und versuche ein wenig auszuspannen.«

»Was machen Sie denn beruflich, wenn ich fragen darf?«

Das geht dich überhaupt nichts an, wollte ich zurückblaffen, doch sein Lächeln hielt mich davon ab. »Kommissarin, ich bin Kriminalkommissarin.«

Er hob die Brauen. »Dann ist wohl einer umgekommen?«

Wie unverfroren konnte man eigentlich sein? »Ja. Vorne an der Kirche.«

Er nickte. »Das war abzusehen.«

»Wie?« Jetzt war es an mir, die Brauen zu heben.

»Na, bei den waghalsigen Klettereien musste ja mal einer der Handwerker abstürzen. Oder ist jemand von dem Gerümpel auf dem Dach erschlagen worden? Ich gehe zur Sicherheit schon seit Wochen nur noch in die Klosterkapelle nebenan.«

»Nein, nein, mit Kirche meinte ich nicht St. Michael, sondern St. Loreto. Ist der rote Backsteinbau die zur Barockkirche gehörige Kapelle?«

»Der Name St. Loreto sagt mir nichts. Das katholische Kloster liegt hinter St. Michael gleich neben dem Seniorenheim.«

Noch ein Gotteshaus. Ich stöhnte auf.

»Ist es nicht hart, immer mit Tod und Gewalt zu tun zu haben?«

Warum stellten Fremde immer die gleichen Fragen, wenn sie es mit einer Kommissarin zu tun bekamen? Ich wollte ihm in die Augen sehen und schreien, dass nicht ich den Tod, sondern er mich zuerst gesucht hatte. Stattdessen schnaubte ich genervt und stierte in meine halb leere Tasse.

»Warum haben Sie sich ausgerechnet für diesen Beruf entschieden?«

War heute Beichttag? Merkte dieser Typ nicht, dass ich nicht in Plauderstimmung war? Aber ohne Antwort würde er wohl nicht aufgeben. Ich leckte einen letzten Krümel von meiner Hand, blickte auf und antwortete: »Um meinem Vater nachzueifern und den Wahnsinn zur Strecke zu bringen, der die Welt täglich in tausendfaches Leid taucht.«

Die Worte klangen, wie von einer Puppe gesprochen. Sachlich, nüchtern, und doch war es die Essenz meiner innersten Gefühle und der eigentliche Antrieb meines Lebens.

»Verstehe, Sie sind also bei Papa in die Lehre gegangen?« Seine Fragen waren so naheliegend und doch erstaunlich unangenehm in ihrer Wirkung.

Nein, ich hatte mir meine Karriere selbst erkämpft. Allein. Mein Vater war längst tot gewesen, als ich meine Berufswahl getroffen hatte. Er und meine Mutter hatten mich ohne Anleitung für das Leben zurückgelassen.

»Meine Eltern sind früh gestorben«, sagte ich nach einer Pause. »Ich bin bei meinem Großvater aufgewachsen. Ein hochrangiger Militärführer bei den Feldjägern. Er wollte, dass ich zur Bundeswehr gehe.«

Und hätte seine Demenz ihn nicht irgendwann schwach werden lassen, ich hätte mich seinem diktatorischen Willen wahrscheinlich gebeugt, setzte ich stumm hinzu.

Unwillkürlich biss ich die Zähne zusammen und straffte mich. Gerade sitzen, Rückgrat zeigen, war die Devise von Clemenz

Martius, dem Vater meines Vaters, gewesen. Kontrolle und Disziplin standen bei ihm über allem anderen, auch über Fürsorge und Liebe.

»Dann waren Sie also schon damals ein Widerborst?« Der Fremde lachte so herzlich, dass er mich gegen meinen Willen ansteckte.

Obwohl seine Fragen aufdringlich waren und seine Schlussfolgerungen frech, tat es gut, mit jemandem zu reden, der kein Kollege, Verdächtiger oder Zeuge war. Als die Unterhaltung weg von mir und zu anderen Themen schwenkte, genoss ich sie tatsächlich bei einem zweiten Kaffee und bat den Wirt dann um die Rechnung.

»Jetzt kenne ich zwar schon Ihre schlimmsten Seiten, aber immer noch nicht Ihren Namen«, versuchte mein Tischpartner mich zu ködern, als ich aufstand.

Doch ich winkte ab. »Ein anderes Mal vielleicht«, sagte ich und verließ das Lokal.

Draußen näherte sich die Sonne dem Horizont. Es wurde kühler, zu kühl für T-Shirt und ungefütterte Jeansjacke. Aber nicht nur die Kälte trieb mich den Weg zurück zu meinem Auto. Auch wenn ein Abgleich der Fingerabdrücke Stunden und eine eventuelle DNS-Analyse Tage dauern würde, so erwartete ich zumindest ein paar erste Ergebnisse bei der gerichtsmedizinischen Untersuchung der Leichen.

Ich griff in die Innentasche, nahm mein Handy und sagte laut und deutlich: »Kommi« – meine Sprachkurzwahl für das Kommissariat.

VoiceDial war eine der wenigen technologischen Erfindungen, die ich an einem Telefon mochte. Auch die Diktierfunktion und die integrierte Fotokamera nutzte ich hin und wieder. Alles andere war störendes Beiwerk.

Nachdem mich die Zentrale zum Büro der Gerichtsmedizin durchgestellt hatte, dauerte es sieben lange Ruftöne, bis jemand abhob. »Gimpel am Apparat.«

»Hallo David, hier ist Martius. Wie sieht's aus?«

»Noch nichts Weltbewegendes. In einer Stunde kann ich dir mehr sagen.«

»Alles klar.« Ich legte auf.

Eine leise Stimme in mir flüsterte, die Zeit zu nutzen, zurückzugehen und dem schönen Unbekannten meine Telefonnummer zuzustecken. Doch die Erinnerung an die Folgen meiner letzten Beziehung reichte aus, um diese schmachtende Stimme abzuwürgen. Mit strammen Schritten marschierte ich stattdessen die Straße entlang Richtung Tatort.

Nach einer scharfen Rechtskurve erreichte ich die Josephsburgstraße, sah in der Ferne die kleine Backsteinkirche und davor meinen alten, dunkelgrünen Volvo.

Dabei fiel mir eine Horde Kinder auf, die fröhlich gackernd aus dem Haus rannte, das sich an die Kirche anschloss. Dutzende Fenster reihten sich drei Stockwerke hoch die lange Wand entlang und wurden einzig durch die nach hinten versetzte Eingangstür unterbrochen. Auf dem Messingschild daneben stand: »Maria-Ward-Realschule der Englischen Fräulein«.

Ich stutzte und blieb stehen. Eine Schule, direkt neben dem Tatort? Warum war mir das nicht vorher aufgefallen? Ob das tote Mädchen hier unterrichtet worden war?

Durch die Fenster im Erdgeschoss erkannte ich Wandbilder im Pop-Art-Stil. Schwarze Linien erweckten spielende Kinder zum Leben und zeichneten eine ausgelassene Szene in grellen Farben. So glücklich wie diese Bilderkinder hatte ich mich nie in einer Schule gefühlt. Für andere bedeutete so ein Ort zumindest in den Pausen Spaß, für mich nur Einsamkeit und Kampf.

Ich prüfte die Uhrzeit auf meinem Handy. Konnte ich mir einen weiteren Abstecher vor der Rückfahrt ins Kommissariat leisten?

Kurz entschlossen ging ich die vier Stufen hinauf zum Eingang und öffnete die Tür. Ein bekannter Geruch, bestehend aus altem Mauerwerk, miefigen Turnbeuteln und Pausenbroten, stieg mir in die Nase.

Die Empfangshalle war leer. Ich blickte mich um. Was nun? Die letzten Schüler waren offenbar gegangen. Ich entdeckte ein kleines, pfeilförmiges Messingschild, das den Weg zum Sekretariat wies, und folgte ihm.

Meine Schuhe quietschten auf dem polierten Linoleumboden. Links und rechts reihten sich Schaukästen aneinander und erzählten von Projektarbeiten der siebten Klassen, von der Variation des Themas Apfel im Kunstunterricht und dem letzten Wandertag.

Es war Anfang September, die Sommerferien mussten gerade zu Ende gegangen sein. Vielleicht gehörte die Tote zu den neu Eingeschulten?

Vor einer weiß lackierten Doppeltür blieb ich stehen. Ein weiteres Schild informierte mich, dass hier Sabine Schnäbele und Gerlinde Bernauer zusammen das Sekretariat führten. Ich klopfte kurz, dann trat ich ein.

Das Zimmer wirkte so steril wie die meisten öffentlichen Büros. Einfache, übereck gestellte Tische bildeten zwei Arbeitsplätze. Je ein Computerbildschirm, stapelweise Akten und Papierkram, ein bisschen private Dekoration in Form eines Tischbilderrahmens, einer Marienfigur aus Porzellan und mehrerer Heiligenbildchen. Gott war in dieser Gegend offenbar allgegenwärtig.

Nur eine der zwei genannten Damen saß an ihrem Platz und schaute mir mit einer Mischung aus Überraschung und Skepsis entgegen.

»Ist Ihnen klar, wie spät es ist?«, fragte sie und rückte ihre farblich auf die Haare abgestimmte, dunkelbraune Brille zurecht.

»Marie Martius, Kriminalpolizei. Ich bin mit dem Mordfall vor der Kirche St. Loreto betraut und recherchiere die Identität und Herkunft der Beteiligten, der Toten sowie der Zeugen.«

Die Mimik der Frau wandelte sich von Unmut zu Erstaunen. »Wer ist gestorben?«

»Es geht mir um ein kleines Mädchen und einen Jungen, der möglicherweise Zeuge der Geschehnisse war«, erklärte ich sachlich.

»Wir sind eine christliche Mädchenschule! Da gibt es keine Jungen.« Der Mund der Frau verzog sich zu einem missbilligenden Strich.

Ich seufzte innerlich. »Vielleicht ist ja das Mädchen hier zur Schule gegangen.«

»Wie alt?«, hakte die Sekretärin nach.

»Ich würde sie auf ungefähr sechs Jahre schätzen. Hat heute im Unterricht jemand gefehlt oder ist früher gegangen?«

Die Miene der Frau wandelte sich von Missbilligung zu Abscheu. »Schülerinnen einer Realschule sind mindestens zwölf Jahre alt, wenn sie zu uns in die siebte Klasse kommen. Wunderkinder haben wir hier nicht, da müssen Sie schon ins Kloster gehen.«

Was für eine Giftziege. Aber sie hatte recht, hätte ich besser nachgedacht, hätte ich mir diesen Auftritt sparen können. Mit Mühe rang ich mir eine höfliche Abschiedsfloskel ab und verließ die Schule auf dem schnellsten Weg. Ein fleischgewordener Höllenhund hätte mich nicht schneller in die Flucht schlagen können.

Als ich in meinen Volvo stieg und den Motor startete, liefen die Sechs-Uhr-Nachrichten – höchste Zeit für eine Lagebesprechung und hoffentlich ein paar erfreulichere Ergebnisse.

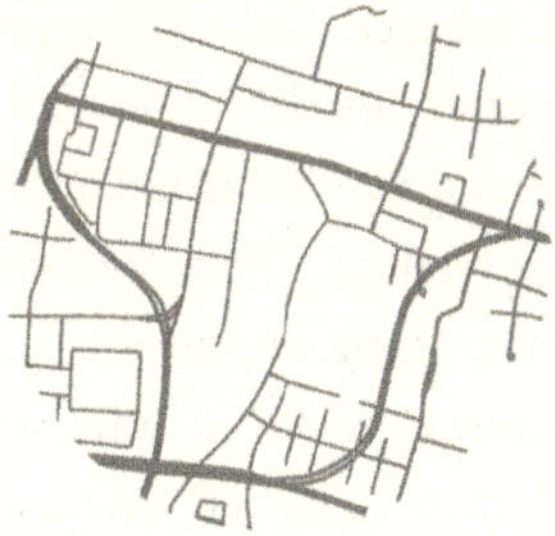

KAPITEL 3

»Da ist ja unsere Null-Quoten-Frau«, begrüßte mich Uwe Kornzwiller höhnisch, als wir uns auf der Treppe zum ersten Stock des Kriminalkommissariats in der Tegernseer Landstraße erneut über den Weg liefen.

Wie gerne hätte ich ihm sein verächtliches Grinsen aus dem Gesicht geschlagen. Aber so etwas tat man nicht als strebsame Kriminalistin, besonders nicht, wenn man sich einen festen Platz als leitende Kommissarin verdienen wollte. Gewalt war nie die Lösung, egal wie verlockend es sein mochte, die Wut herauszulassen.

Mit künstlich hochgezogenen Mundwinkeln grüßte ich und lief einfach an ihm vorbei. Diesmal würde ich den Fall nicht in letzter Sekunde an diesen Schnorrer verlieren, egal wie sehr Hauptkommissar Haller mich unter Druck setzte.

Es ist ein simpler Fall. Den kann man gar nicht versauen, redete ich mir in Gedanken gut zu. Schließlich hatte ich Opfer, Täter und Tatort mit hoher Wahrscheinlichkeit bereits vor der Nase. Selbst die Tatwaffe war vorhanden. Es fehlte nur noch die Identifizierung der Leichen und das Tatmotiv. Ein Fall für die Akten, ohne zu erwartende Komplikationen, oder?

Es musste einen triftigen Grund für diesen Mord geben. Ein großer, dunkler Schatten lauerte hinter den vorhandenen Fakten. Ein Geheimnis, das diesen Wahnsinn erklärbar machen würde. Oder war das nur mein ganz eigener Wunschtraum?

Noch vor ein paar Monaten hatte es für mich so etwas wie Intuition nicht gegeben. Es war überhaupt nicht vorstellbar gewesen, anders als aus logischer Konsequenz heraus zu handeln. Mein Leben war geordnet und planbar gewesen. Ich hatte funktioniert, bis mein Chef mich zu einem Polizeipsychologen geschickt hatte.

Nicht etwa, weil ich ausgerastet war, jemanden erschossen hatte oder als Geisel genommen worden war. Der Grund war viel banaler. Ich hatte meine letzten beiden Fälle partout nicht aufklären können. Alle Puzzleteile waren da gewesen, hatten auf meinem Schreibtisch gelegen und an den Pinnwänden gehangen, doch die Verbindung zwischen den Fakten war mir verborgen geblieben.

Ein Gefühl der totalen Hilflosigkeit hatte von mir Besitz ergriffen. Handlungsunfähig, eingeschüchtert wie eine Maus in der Falle, hatte ich tagelang hinter meinem Schreibtisch gekauert und über den Unterlagen gebrütet, bis Haller der Kragen geplatzt war.

»Sollen wir die Leiche der alten Frau bis in alle Ewigkeit in der Gerichtsmedizin aufbahren, wie die sieben Zwerge das Schneewittchen im gläsernen Sarg?«, hatte er gepoltert. Ich hatte nur mit den Schultern gezuckt, so blind und gelähmt war ich gewesen.

Die Möglichkeit, dass der zehn Jahre alte Enkel seine Oma die Treppe hinuntergestoßen hatte, nur weil sie ihm keine zwanzig Euro geben wollte, war einfach keine Option in meiner Logikkette gewesen – bei Kornzwiller und Persbach dagegen schon.

»Sie sind geistig zu steif, Marie«, hatte der Hauptkommissar gesagt. »Irgendetwas hemmt Sie, sich mit allen Sinnen auf Ihre Arbeit einzulassen.«

Und damit hatte er recht. Eine tote Mutter und ein toter Vater hemmten mich. Auch, wenn ich das nicht wahrhaben wollte.

»Gehen Sie zu dem Termin mit unserem Polizeipsychologen oder ich mustere Sie aus«, hatte das Ultimatum gelautet, also war ich folgsam der Empfehlung nachgekommen und war zur Therapie gegangen. Doch das hatte alles nur noch schlimmer gemacht.

In den Sitzungen sollte ich mich an die Gesichter meiner Eltern erinnern, an Erlebnisse, die mir bewiesen, dass es so etwas wie Geborgenheit in meinem Leben gegeben hatte. Weil es laut der Psychotherapeutin Dr. Stefanie Binding meinem geistigen Gleichgewicht helfen würde. An sie hatte mich der Polizeipsychologe nach einem zweistündigen Gespräch weitervermittelt, weil seiner Ansicht nach eine männliche Betreuerperson die Aufarbeitung behindern würde. Doch das stückweise Eintauchen in meine Vergangenheit hatte ungeahnte Nebenwirkungen verursacht.

Nicht nur, dass mich nachts immer häufiger Alpträume quälten, die Erinnerungsfetzen überfielen mich mittlerweile auch am Tag. Und mit ihnen kam dieses Zweifeln und Hadern, das ich vorher nicht gekannt hatte.

»Was ist los?« Eine belustigte Stimme riss mich an der Schwelle zu meinem Büro unversehens aus meinen Gedanken.

»Gibt's heute Pluspunkte fürs Löcher in die Luft Starren?« Erwin Konrad stand neben mir und boxte freundschaftlich gegen meinen Oberarm. »Komm schon Marie, David will uns unten seine Ergebnisse präsentieren.«

Mit »unten« meinte Erwin die gerichtsmedizinische Abteilung, die im Untergeschoss eingerichtet war. Der Leichenkeller und die dazugehörigen Labore, in denen Körperteile, Darminhalte und andere unaussprechliche Dinge untersucht wurden, machten sich nun mal nicht besonders gut neben der Cafeteria.

Für gewöhnlich hatte ich kein Problem mit diesem Gebäudebereich, der spaßeshalber auch »Hallers Horrorladen« genannt wurde. Doch die Aussicht darauf, das tote Mädchen wiederzusehen, fühlte sich wie eine unsichtbare Faust in meiner Magengrube an und verlangsamte meinen Gang.

Zum ersten Mal überhaupt fiel mir auf, wie laut Erwins und meine Schritte im Treppenhaus widerhallten. Die Ledersohlen seiner Slipper tippten hart auf die Steinstufen, meine Sneaker dagegen klangen, als würde der Gummibelag winseln. Lass uns umdrehen, schienen sie zu flehen. Quäl dich nicht mit den Erinnerungsbildern, die ihr Anblick wecken wird.

Zusammenreißen! Noch bevor Erwin nach der Klinke der schweren Feuertür greifen konnte, die in den Forensik-Trakt führte, drängte ich mich an ihm vorbei, öffnete sie selbst und trat in das Dunkel.

Über uns erklang ein Surren und einen Moment später strahlte grellweißes Neonlicht auf uns herab. Vor uns lag der kurze, in schlichtem Betongrau gehaltene Gang, von dem jeweils sechs Türen rechts und links abgingen. Die Ersten auf beiden Seiten besaßen Einsätze aus Milchglas. Auf der Linken klebten auf Augenhöhe die Buchstaben D. G. – David Gimpels Büro.

Nach einer kurzen Begrüßung schaltete er den kleinen Tischbeamer an und projizierte die schematische Zeichnung eines Kindes an die Rückwand des Zimmers.

Er drückte ein paar Knöpfe auf seiner Computertastatur und eine zweite Bildschicht legte sich über die Figur. Alle Wundmale samt Einstich-Richtungsvektor waren akribisch aufgemalt.

»Die Blutspuren an Waffe und Hand des Mörders zeigen, dass er die Tatwaffe in dieser abgewinkelten Stellung in der rechten Hand gehalten hat«, erklärte David und deutete mit einem Laserpointer auf die Schemazeichnung.

»Er kann damit die Wunden bei ihr nur verursacht haben, indem er seitlich stehend, schräg von oben auf sein Opfer eingestochen hat. Das Kind muss dabei bis zuletzt aufrecht gestanden und sich nicht gerührt haben. Hätte es den Oberkörper auch nur ein bisschen nach vorne gebeugt, würde der Wundkanal anders verlaufen.«

Ich schluckte. »Du meinst, sie hat sich ohne Abwehrreaktion oder Fluchtversuch einfach so abstechen lassen?«

»Das Mädel war doch höchstens sechs Jahre alt?« Auch Erwin klang entsetzt.

Kopfschüttelnd trat ich näher an das projizierte Bild heran. »Vielleicht stand sie unter Schock oder wurde vorher mit irgendeiner Droge betäubt. Gibt es andere Verletzungen?«

»Nein, keine anderen Wunden. Den ersten Blutanalysen nach waren auch keine Narkotika im Spiel.«

»So eine Beherrschung kann man nicht haben«, protestierte Erwin. »Anne soll auch nach exotischen Giften suchen.«

David nickte und machte sich eine Notiz. »Das war es auch schon, was ich bis jetzt an Erkenntnissen aufzubieten habe.«

»Kein Hinweis auf ihre Identität?«, hakte ich nach.

»Nein. Und soweit ich weiß, sind auch noch keine passenden Vermisstenanzeigen eingetroffen.« Der Gerichtsmediziner blähte die Backen.

»Aber?«

»Da der Tote keine Ausweisdokumente oder anderen hilfreichen Indizien in Bezug auf seine Identität bei sich hatte …« David wand sich sichtlich. »… und auch, wenn die Hautfarbe natürlich nichts über die direkte Herkunft aussagt, ist sie unübersehbar brauner als die eines Durchschnittseuropäers. Dazu die markanten Gesichtszüge. Die genauere DNA-Analyse – auch im Hinblick auf die Verwandtschaft von Täter und Opfer – steht natürlich noch aus, dennoch könnte das vielleicht ein Ermittlungsansatz sein.«

Ich seufzte. Versteckter Rassismus war immer noch Rassismus. Wie lange würde es dauern, bis sich die Menschen davon befreien würden?

»Was genau soll da für ein Ansatz sein? Soll ich jetzt alle Personen mit brauner Haut, die mir auf der Straße begegnen, fragen, ob sie ihn kennen?«, erwiderte ich mit hörbarem Sarkasmus in der Stimme.

Der Gerichtsmediziner verzog das Gesicht. »Nein, natürlich nicht. So war das doch gar nicht gemeint.«

»Ist das die Art, wie Kornzwiller und Persbach die Fälle angehen? Dann ist es ein Wunder, dass die überhaupt je einen aufgeklärt haben.«

»Haben sie aber«, nuschelte David und hob abwehrend die Hände, als ich die Augen verengte. »Sicher ist, dass der Kerl mit unbändiger Wucht zugestoßen hat, denn das Messer war bis zum Schaft mit Blut beschmiert. Die Wunden sind dementsprechend unglaublich tief. Erst den letzten Stichen – nachdem er selbst seine Lunge und das Herz durchstochen hat – ist anzumerken, dass er schwächer geworden ist. Eine unglaubliche Leistung.«

David klang für meinen Geschmack eine Portion zu beeindruckt von der Kraft und Willensstärke des Mörders. Eines der Merkmale, die mich an Medizinern regelmäßig abstießen. Was jeden normalen Menschen erschaudern ließ, brachte einen obduzierenden Arzt geradezu zum Jauchzen. Wieder so ein Punkt, den mir der Wahnsinn voraushatte.

»Wie steht's mit der Kleidung und den Spuren rund um den Tatort? Irgendwelche Hinweise, die uns weiterbringen?«

David griff sich die Tastatur, rief ein weiteres Programm auf und kontrollierte die letzten Einträge. »Bisher nichts Besonderes. An den Klamotten ist Anne aber noch dran. Wie sieht's mit dem angeblichen Zeugen aus?«

Ich schüttelte den Kopf. Auf der Herfahrt hatte ich mich nach Fortschritten bei der Suchaktion erkundigt, die ich nach dem Gespräch mit dem Pater veranlasst hatte. Der zuständige Polizeihauptmeister hatte erklärt, dass er am Abend auf bessere Chancen hoffte und sich melden würde, sollte an den einschlägigen Treffpunkten der Punks jemand aufgegriffen werden, der der Beschreibung entsprach. Eine vage Hoffnung.

Zu dritt saßen wir in Davids Büro, starrten auf die Schemazeichnung und dachten über den Fall nach. Warum vermisste bisher niemand das tote Mädchen oder den Mann? Zu irgendjemandem mussten die zwei doch gehören. Selbst wenn es sich womöglich um Vater und Tochter handelte, gab es doch üblicherweise auch eine Partnerperson. Oder war genau das der Auslöser gewesen? Ein alleinerziehender Familienvater, der nicht mehr weitergewusst hatte?

»Was hast du eigentlich den Nachmittag über getrieben, Marie?«, fragte Erwin in meine Gedankengänge hinein.

»Ich wollte einen Kaffee trinken, bin dabei über allerlei Kirchen gestolpert, bevor ich ganze drei Fußballfelder voll Wiese überquert habe und schließlich in einer Kneipe des Gartenlauben- und Schützenvereins gelandet bin, um dort etwas über Nacktschnecken zu lernen. Auf dem Weg zum Auto habe ich mir noch schnell bei der Sekretärin der hiesigen Mädchen-Realschule einen sarkastischen Vortrag über die Unterscheidungsmerkmale von Jungen und Mädchen abgeholt und bin dann auf direktem Weg zu euch gefahren. Wie du siehst, bin ich euch allen also meilenweit voraus bei den Ermittlungen.«

David und Erwin lachten. Doch auch sie wussten, dass ich bald gehaltvollere Ergebnisse vorweisen musste, um Haller zufriedenzustellen.

Für den Rest des Tages verkroch ich mich in mein eigenes kleines Büro, um den üblichen Papierkram zu erledigen. Als Erstes musste die Staatsanwaltschaft über den Mordfall informiert werden. Dies geschah üblicherweise in Form eines schriftlichen Berichts, in dem die sogenannten »sieben goldenen W-Fragen« beantwortet wurden. Wer war Täter, wer Opfer? Wann war die Tat begangen worden? Was für ein Verbrechen sollte zur Anzeige gebracht werden? Wo lag der Tatort? Wie war die Tat begangen worden? Womit? Und warum? Die achte Frage war zwar nicht obligatorisch, doch meines Erachtens die Wichtigste von allen. Wem nutzte die Tat?

Ich markierte diese vier Worte und vergrößerte sie, bis sie die gesamte Bildschirmbreite ausfüllten. »Wem nutzt die Tat?«

Niemandem. Dem Teufel. Dem Verein für Geburtenkontrolle. Kinderhassern. Ich spielte alle Antwortmöglichkeiten eine nach der anderen durch. Auch die abwegigsten. Doch nichts davon ergab einen Sinn. Die Variante des verlassenen, lebensmüden Vaters erschien mir ebenso abwegig wie alles andere. Also vielleicht doch eine reine Wahnsinnstat? Zog ich solche Fälle an, weil ich vorbelastet war?

Ich wischte mit der Hand über mein Gesicht, als könnte ich die lauernden Bilder damit zurück in das Vergessen fegen. Meine Augenlider fühlten sich geschwollen an. Meine Energien waren für heute aufgebraucht. Ein hohles Gefühl im Magen erinnerte mich daran, dass ich nach der Kaffeepause in der Gartenlaube nichts mehr gegessen hatte.

Ich suchte auf dem Schreibtisch nach Süßigkeiten. Neben dem Monitor, auf dem immer noch in großen, schwarzen Buchstaben die Frage leuchtete, lagen eine leere Gummibärchentüte, auf den Aktenstapeln immerhin ein Pappteller mit Pizzaresten und daneben einige Zeitungsausschnitte und bekritzelte Notizblätter. In einem Becher steckten ein paar abgebrochene, halb zerkaute Bleistifte, ein Kugelschreiber und mehrere farbige Marker. Das war alles.

Im Gegensatz zu der schnippischen Sekretärin der Mädchenschule gab es auf meinem Tisch keine Fotos, keinen Kitsch und schon dreimal keine Heiligenbilder. Denn in meinen Augen waren Gott und seine Allmacht nur eine Erfindung, um denkfaule Leute zu unterwerfen und zu kontrollieren.

Aber diese Einstellung durfte meine Ermittlungen nicht beeinflussen. Nur weil ich eine Ungläubige war, hieß das im Umkehrschluss nicht, dass fromme Menschen zwangsweise etwas falsch in ihrem Leben machten. Vielleicht war ich es, die am Ende aller Tage eines Besseren belehrt werden würde.

Wie zur Bestrafung für diese ketzerischen Gedanken krampfte sich mein Magen zusammen. Aber auch von ihm würde ich mein Dasein nicht bestimmen lassen.

Ich atmete durch, legte meine Finger wieder auf die Tastatur und verkleinerte die Ansicht. Nur noch ein paar Sätze zur aktuellen Ermittlungslage, dann konnte ich mein Tagesprotokoll abschließen.

Eine Dreiviertelstunde später parkte ich meinen Wagen vor der Tankstelle, direkt gegenüber dem sechsstöckigen Wohnblock, in dem ich mich einquartiert hatte, nachdem ich bei meinem Großvater ausgezogen war. Die nächtliche Luft roch nach Herbst, nach Nässe, modrigen Blätterhaufen und dem erdigen Duft der Blumen, die sich tapfer aus den Blumenkästen der Nachbarn emporreckten.

Ein einziger Falter flatterte um die milchigweiße Plastikbeleuchtung am Eingang des Hauses Nummer sieben. Ich sperrte die Haustür auf, leerte anschließend meinen Briefkasten und fuhr mit dem Fahrstuhl in den fünften Stock.

»Hallo, ich bin zurück«, sagte ich zur Begrüßung in die Finsternis hinein, warf meine Arbeitstasche vor den Garderobenschrank, knipste das Licht an und ging in die Küche. Sie war gerade so groß, dass eine Person Platz darin fand. Effizient und pflegeleicht. Ich füllte einen Topf mit Wasser, stellte die Herdplatte an und zog meine Jacke aus.

Im Wohnzimmer blinkte mir aus der Dunkelheit ein kleines rotes Lämpchen entgegen. *Sicher wieder eine dieser lästigen Umfragen oder Gewinnspielwerbungen.*

Als ich den Knopf drückte, ertönte erst die gewohnt stereotype Frauenstimme, die Tag und Uhrzeit der Aufnahme ansagte, dann folgte etwas, das sich wie ein rauschendes Radio anhörte. Mist. Entweder war das Scheißding mal wieder kaputt oder jemand hatte sich einen Telefonscherz erlaubt.

Genervt drückte ich auf die Stopptaste und ließ die Nachricht noch mal von vorne abspielen. Das Ergebnis war das Gleiche, ein Rauschen, das von einem an- und abschwellenden Ton im Hintergrund begleitet wurde. Oder war es eine verschlüsselte Botschaft, so wie in dem Kinofilm *Contact* mit Judy Foster?

Ich mochte diesen Film, weil er für die Hoffnung stand, dass irgendwann alles erklärbar sein würde, wenn wir nur erst fähig wären, das große Ganze hinter den Alltagsdingen zu verstehen. Ich spielte das Band ein drittes Mal ab und versuchte Worte hinter den Geräuschen zu entdecken. Doch es blieb bei einem sinnlosen Gewirr aus Tönen, also löschte ich die Aufnahme und ging zurück in die Küche.

Inzwischen kochte das Wasser – eine der zwei Zutaten, die ich für meine Leibspeise brauchte. Die andere stand in allerlei Variationen in meinem Küchenschrank über der Spüle.

»Was nehmen wir denn heute? Tüt' a la Huhn oder besser mit cremigem Champignongeschmack?«

Meiner Meinung nach waren Tütensuppen die beste Erfindung der Welt – platzsparend aufzubewahren, lange haltbar, unkompliziert und vor allem schnell zuzubereiten. Wenn man sie sorgsam ausschüttelte, taugten die bunten Dinger sogar zum Sammeln – das einzige Hobby, das ich mir neben dem Lesen kriminalistischer Bücher gönnte.

Wenn andere kurz vor Ladenschluss von Regal zu Regal hetzten, um Zutaten für ihre aufwendigen Rezepte zu ergattern, sondierte ich die Auslage höchstens nach neuen Geschmäckern der Pulver-Branche.

An diesem Abend entschied ich mich für Grießklößchensuppe und verkroch mich mit Schüssel und Löffel bewaffnet auf die Couch im Wohnzimmer. Es war ein Sofa aus dritter Hand mit einem beigefarbenen Cordüberzug, der deutliche Gebrauchsspuren aufwies. Aber ich mochte Cord. Außerdem bekam ich kaum Besuch, und wenn doch, warf ich kurzerhand eine Wolldecke über die Polster. Die zweite Sache die mein Leben so viel einfacher machte. Ich schob meine Füße zwischen den unordentlich in die Ecke gedrückten Stoff und widmete mich meinem Festmahl.

Die heiße Brühe flößte meinem Körper neue Energie ein und signalisierte meinen Muskeln, dass sie sich entspannen durften. Löffel für Löffel ließ ich den Tag Revue passieren.

Bei all den Schrecken, die er mir beschert hatte, gab es auch etwas Gutes. Für einen kurzen Moment hatte ich durchatmen können und mich – wenn auch noch etwas widerwillig – geöffnet, ganz so, wie meine Psychotherapeutin es sich von mir gewünscht hatte.

»Gehen Sie auf die Leute zu«, hatte sie gesagt. »Geben Sie ihnen eine Chance zu beweisen, dass es dort draußen auch etwas anderes als Kälte und Grausamkeit gibt.«

Tatsächlich war der Fremde in der Gartenlaube trotz meiner anfänglichen Ablehnung durchaus charmant gewesen. Ein gut aussehender Kerl, mit warmen, dunklen Augen und muskulösen Schultern, an die ich mich jetzt gern geschmiegt hätte.

Ich vermisste die Umarmungen eines Mannes, die zärtlichen Küsse in meiner Halsbeuge und die genuschelten Liebesschwüre dicht an meinem Ohr. Von ihm nach ein paar verliebten Wochen mehr und mehr herumkommandiert und als Eigentum betrachtet zu werden, hasste ich dagegen wie die Pest.

Trotzdem mischte sich in dieser Nacht ein charmantes Lächeln zwischen die blutigen Traumbilder aus Vergangenheit und Gegenwart.

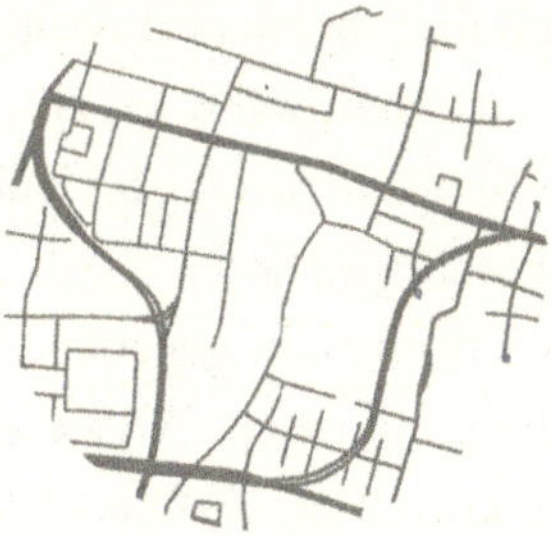

KAPITEL 4

Verschwitzt und gerädert schreckte ich hoch und sah zum Wecker. Kurz nach sechs. Die roten Leuchtziffern blinkten mich höhnisch an. »Als Kommissarin musst du abgebrüht sein, Albträume sind etwas für weinerliche Kleinkinder«, schienen sie mir zuzuflüstern. Und damit hatten sie recht.

Entschlossen stieg ich aus dem Bett, kochte Kaffee und nahm eine Dusche. Während heiße Wasserstrahlen meinen Körper malträtierten, repetierte ich im Geiste die Worte meines Großvaters: *Du musst stark sein. Schwäche macht dich zum Verlierer. Der Stärkere bekommt Respekt, der Verlierer nur Schmerz und Spott.*

Ich wollte keinen Spott mehr ertragen müssen. Ich wollte, dass Kornzwiller und Persbach mich in Ruhe ließen. Und ich wollte, dass mein Chef mich achtete, auch wenn ich nur aufgrund von Personalmangel befördert worden war. Aber dafür musste ich diesen Fall schnell und akkurat abschließen.

Mit diesem Vorsatz setzte ich mich in meinen Bademantel gewickelt ins Wohnzimmer auf die Couch und schlürfte meinen Kaffee. Schwarz und stark. Trotz eines leichten Hungergefühls vertröstete ich meinen Magen auf das Mittagessen. Erstens war nur noch altes Knäckebrot im Schrank und zweitens diktierte nicht mein Körper mir, sondern ich ihm, wann ich aß oder nicht aß. *Kontrolle und Disziplin sind die Schlüssel zum Erfolg*, hallte ein weiteres Dogma meines Großvaters in mir wider.

Ich hatte meiner Therapeutin gegenüber eingewilligt, mich bei der Auseinandersetzung mit meiner Vergangenheit zu öffnen, aber nicht, mich zu einem grundlegend anderen Menschen umbauen zu lassen. Beherrschung gehörte zu meiner Persönlichkeit. Sie hatte mich überleben lassen, mir durch die Ausbildung geholfen. Sie war eine Tugend, auf die ich stolz war. Also verdrängte ich den Hunger, zog mich an und machte mich auf den Weg ins Büro.

»Hast du deine Bibel dabei, Martius?«, begrüßte mich Kornzwiller mit einem amüsierten Grinsen auf den Lippen. Persbach, der sonst nur wie ein Schatten hinter seinem Kollegen herlief und ihn bei seinen Gemeinheiten stumm aus dem Hintergrund unterstützte, schnitt Grimassen und spazierte mit gefalteten Händen vor mir auf und ab.

»Was soll der Scheiß? Sind euch über Nacht die letzten Gehirnzellen ausgebrannt?«, fragte ich gereizt.

Kornzwiller verzog sein Gesicht. »Martius, Martius, wie kannst du nur so gemein zu deinen Kollegen sein. Gerade heute, wo du doch endlich einen ersten Fortschritt feiern kannst.«

Ich blinzelte und sah automatisch zu Hallers Büro den Gang entlang. »Was meinst du damit?«

»Sie haben in der Nacht deinen Punk aufgegabelt. Eine Polizeistreife hat ihn auf dem Gelände der Kultfabrik entdeckt, aufgrund von erneuter Fluchtgefahr vorsorglich festgenommen und heute Morgen hier abgeliefert«, erklärte Kornzwiller, während sein Kompagnon noch immer wie ein Betender im Kreis wanderte.

»Schön. Und was soll das dämliche Theaterspiel?«

Herbert blieb abrupt stehen und senkte die Hände. Sein Blick huschte zu Kornzwiller.

Was für eine Memme, dachte ich und machte einen Schritt auf ihn zu. »Was ist? Brauchst du erst die Erlaubnis deines Herrchens, um mir eine Antwort zu geben?«

»Du wirst den Witz schon noch kapieren, wenn du dir deinen Zeugen vornimmst«, zischte er durch zusammengebissene Zähne und lief dabei rot an.

Bevor ich mehr aus ihm herauspressen konnte, tauchte unser Chef im Gang auf und blickte mit düsterer Miene zu uns herüber. »Habt ihr nichts zu tun? Oder warum steht ihr drei wie die Hühner beieinander? An die Arbeit! Und von Ihnen, Martius, will ich heute echte Ergebnisse sehen!«

Seine gebellten Worte duldeten wie immer keinen Widerspruch. Kurt Haller war ein bulliger Mann, Anfang fünfzig, größer als ich, mit stämmigen Beinen, fleischigen Armen und einem prallen, über den Gürtel ragenden Bierbauch. Ausgeprägte Nackenmuskeln stützten einen großen, grob konturierten Kopf mit Bürstenschnitt. Die grauen Haare unterstrichen seine Autorität, genau wie der Silberrücken bei den Gorillas. Wenn er brüllte, hatte sein Team zu kuschen. Und genau das taten wir.

Kornzwiller und Persbach trotteten an mir vorbei, den Gang entlang zu ihrem Gemeinschaftsbüro, warfen mir von dort einen letzten schadenfrohen Blick zu und verschwanden. Ihr Benehmen ärgerte mich und machte mich gleichzeitig neugierig. Was war so besonders an diesem Punk, dass er das Duo zu solch einem Affentanz veranlasst hatte?

Eine halbe Stunde später stand ich hinter der verspiegelten Sichtwand des Verhörraums und warf einen ersten Blick auf den nächtlichen Fang.

Wie ein Tier wanderte der Junge in dem fensterlosen Zimmer unablässig hin und her. Laut Festnahmeprotokoll war er der Aufforderung der Beamten widerstandslos gefolgt und mitgegangen, hatte sich auf dem Präsidium dann aber strikt geweigert, seinen Namen oder andere Personalien anzugeben. Dabei war den Polizisten seine betont religiös-philosophische Art zu sprechen so sehr aufgefallen, dass sie dazu einen Vermerkt gemacht hatten. »Du bist also der Kerl, der meine Kollegen zu so einem Kasperletheater animiert hat.«

Ich trat noch etwas näher an die Scheibe heran und musterte den Jungen eigehender. Die Beschreibung von Pater Josephis passte: orangefarbenes Haar, das den Mittelscheitel entlang sein Haupt schmückte.

Unter einem Punk hatte ich mir einen ungepflegten, wütenden Mittzwanziger vorgestellt, der von Ausgrenzung schwafelte und sich gegen jede Regel der bürgerlichen Gesellschaft auflehnte. Doch was ich vor mir sah, war ein rastloser, knapp achtzehn Jahre alter, hochgewachsener Teenie.

Er trug eine weite, schwarze Hose mit zahllosen Reißverschlüssen und Taschen, dunkelrote, abgetragene Turnschuhe, ein orangefarbenes, langärmliges T-Shirt mit der Silhouette eines Reihers auf dem Rücken und um den Hals bauchlange, schwarze Holzperlenketten, an denen eine Hundepfeife hing. Seine Haare wirkten wie das grell orange gefärbte Fell eines zottigen Streuners und waren bei genauerer Betrachtung nur halbherzig zu einem Kamm modelliert.

Obwohl er mich durch die verspiegelte Glasscheibe nicht sehen konnte, schien er meine Blicke zu spüren. Unablässig spazierte er durch den kleinen Raum, drehte sich mir aber kein einziges Mal zu. Dabei hielt er den linken Unterarm angewinkelt und spielte mit seinen Ketten. Eine Holzperle nach der anderen ließ er durch seine Finger gleiten, während der Schmuck einer trägen Schlange gleich seinen Hals entlangkroch.

Die Eltern tauschten Blicke. Doch entgegen meinen Erwartungen reagierten beide auf mein Erscheinen überaus gefasst. Zu gefasst für meinen Geschmack.

Es dauerte mehrere Atemzüge, bis die beiden meiner Aufforderung folgten und sich auf das Sofa setzten. Ich wählte den Sessel gegenüber.

»Warum glauben Sie, dass Sie unsere Tochter gefunden haben?«

Mir entging nicht, dass der Vater meine Fragen mit einer Gegenfrage beantwortete. Aber ich durfte nicht zu viel in solch eine Reaktion hineininterpretieren. Jeder Mensch ging mit Schmerz und Trauer anders um. Die einen schrien oder schlugen um sich, andere erstarrten innerlich, als hätte jemand mit einem Knopf alle Emotionen ausgeschaltet. Das beherrschte ich normalerweise selbst ziemlich gut.

»Es gab einen Mord, bei dem ein etwa sechs Jahre altes Mädchen beteiligt war. Die Beschreibung ihrer Tochter passt auf das Opfer.« Ich machte eine Pause, um das Gesagte auf das Ehepaar wirken zu lassen. Doch die beiden blieben unverändert gefasst. Also legte ich die Fotos der Kleinen eines nach dem anderen auf den Tisch.

Wieder keine Regung. Die Augen der Thalhammers glitten, ohne ein Anzeichen von Entsetzen, über das Abbild des Kindes, mäanderten zwischen den Fotos hin und her.

»Ja, das ist Emilia«, sagte der Vater schließlich und drehte den Kopf zur Seite. Er sprach leiser jetzt. Der Blick der Frau blieb dagegen auf der Großaufnahme von Emilias Gesicht hängen, als hätte man sie hypnotisiert.

Um den Bann zu brechen, legte ich als Nächstes die Fotos des toten Mannes auf den Tisch. Dabei kamen mir meine Bewegungen ungelenk und laut vor. Ich hörte mich schnaufen, hörte meinen Jackenärmel rascheln, als ich mich streckte, um das bleiche Portrait des Mädchens zu überdecken.

Wie ein Priester, der seinen Rosenkranz betet, ging es mir durch den Kopf.

Als ich den Raum betrat, drehte der Junge sich zu mir um und ich sah das erste Mal in seine milchiggrünen Augen. *Kontaktlinsen*, kombinierte ich. Sein Blick wirkte starr und kalt, die Gesichtszüge hingegen waren weich, wie die eines Kindes. Die Haut war glatt, seine Lider wenig konturiert und der Mund ein rötlichbrauner Strich. Auch seine Hände erschienen aus der Nähe außergewöhnlich zart, fast mädchenhaft.

Lass dich nicht von seinem ungewöhnlichen Äußeren irritieren. Du bist der Boss, du behältst die Oberhand. Mit ausgestrecktem Arm zeigte ich auf Stuhl und Tisch in der Mitte des Raumes.

»Setzen Sie sich und erzählen Sie mir in allen Einzelheiten, was Sie gestern auf dem Platz vor der St. Loreto Kirche gemacht und was Sie dort beobachtet haben! Sie waren es doch, den Pater Josephis erkannt hat und der weggerannt ist, oder?«

Der Junge verharrte reglos auf der Stelle, ohne eine Miene zu verziehen. Sein durchdringender Blick bohrte sich in meinen, hart und unnachgiebig. *Er ist doch nur ein Teenager*, redete ich mir zu und hielt eisern dagegen.

Nach einer gefühlten Ewigkeit blinzelte er, ließ die Halskette los und nahm Platz. Seine Bewegungen wirkten, als hätte er militärischen Drill erlebt. Knapp und effizient, aber doch so fließend, dass es einen durchtrainierten Körper unter seiner lässigen Kleidung vermuten ließ. Ich positionierte mich mit demonstrativer Gelassenheit ihm gegenüber auf dem zweiten Stuhl. Mein erster Sieg war errungen. Ich hatte die Kontrolle.

Wie ein braver Schuljunge legte er seine Hände flach auf den Tisch und schaute mich erwartungsvoll an. Um den Daumen trug er einen schlichten, mattierten Platinring. Ein ziemlich teures Schmuckstück für einen Jungen seines Schlags und Alters. Im

Ausschnitt seines T-Shirts rankten sich sehnige Narben den Halsansatz hinauf – vermutlich Spuren einer Brandwunde.

Ich holte mein digitales Aufnahmegerät aus der Jackentasche und schob es in die Mitte des Tisches. »Warum weigern Sie sich, uns Ihren Namen und Ihre Personalien zu nennen?«

Es dauerte einen Moment, in dem die weit geöffneten Pupillen die Umgebung wie schwarze Löcher einzusaugen und für immer hinter kaltem, milchigem Grün gefangen zu nehmen schienen. Dann blinzelte er erneut, legte seine Hände übereinander und begann mit dem rechten Daumen über seinen Ring zu reiben.

Als er schließlich zu sprechen anfing, verstand ich, warum er bei den Kollegen einen bleibenden Eindruck hinterlassen hatte. Seine Stimme klang wie ein uralter Gebetsgesang. Monoton. Durchdringend. Als hätte jedes seiner Worte eine zweite, tief verborgene Bedeutung. Seine schmalen Lippen bewegten sich nur einen Spaltbreit auf und zu. Doch das Gesagte wirkte groß.

»Sie können mich Patrik nennen.«

In knappen Sätzen berichtete er anschließend, wann er sich wo auf dem Platz vor der Kirche aufgehalten und was genau er gesehen hatte. Ein emotionsloser Tatsachenbericht, der mir nichts Neues verriet und den man wortwörtlich in jeder Zeitung hätte drucken können. Einzig, warum er dort gewesen war, mied er in seinen Ausführungen.

Warum machte der Junge so ein Geheimnis aus sich und den Vorkommnissen? Was hatte er genau zum Zeitpunkt des Mordes dort zu suchen gehabt? Und warum in Gottes Namen war ein bisher unbescholtener Bürger ohne Vorwarnung ausgerechnet vor einem Gotteshaus durchgedreht, hatte dutzendfach mit einem Fleischermesser auf ein hilfloses Mädchen eingestochen und sich dann selbst umgebracht?

Vielleicht musste ich die Sache anders angehen. »Woran glaubst du, Patrik? An Gott? An den Teufel?«

Der Kopf des Jungen zuckte kaum merklich zurück. Ein winziger Reflex, doch verräterisch genug, um mir einen taktischen Treffer zu signalisieren.

»Ich glaube an beide«, antwortete er in einem Bariton-Ton, der die Tischplatte unter seinen Händen schier zum Vibrieren brachte. »Doch nur einer davon war da, als das Mädchen starb.«

Bei diesen Worten ballte er seine Hände zu Fäusten, stand abrupt auf und ging erneut im Zimmer auf und ab. Seine sich hart abzeichnenden Wangenknochen verrieten mir, dass er seine Zähne fest aufeinanderpresste. Ich dachte schon, seinen Panzer geknackt zu haben, da griff er nach einer seiner Ketten.

Ich hatte meine Chance verpasst. Denn mit jeder der Holzkugeln, die durch seine Finger glitten, wurde er ruhiger und die Wut verflog.

Du bist kein philosophischer Punk, mein Freund, dachte ich fasziniert, *du bist ein religiöser Rebell.* Ob er allerdings für das Gute kämpfte oder irgendeiner fanatischen Strömung anheimgefallen war, würde ich erst noch herausfinden müssen. Doch ein Rebell zu sein, war keine Straftat. Das wusste ich und das wusste auch er. Dennoch hatte ich das starke Gefühl, nicht das letzte Mal mit ihm gesprochen zu haben.

Nachdem ich die Zeugenbefragung beendet und Patrik notgedrungen gehen gelassen hatte, schaute ich bei Anne Winter vorbei. Ihr Labor lag direkt neben David Gimpels Büro unten in Hallers Horrorladen.

»Sag mir, dass du Neuigkeiten hast, Anne. Bitte! Gib mir irgendetwas, mit dem ich weiterarbeiten kann.«

Die Kriminaltechnikerin richtete sich auf und sah mich überrascht an. »Erst Mittag und schon so verzweifelt, Marie? Hat dich die Befragung des Punks so aus dem Konzept gebracht?«

Ich schüttelte den Kopf. »Patrik ist ein interessanter Junge, der in seinem Leben dem Anschein nach schon Schlimmes erlebt hat.

Und ich meine damit nicht nur die offensichtlichen Brandnarben an seinem Hals. So verstockt wird niemand einfach aus Lust und Laune. Da hat jemand mit viel Druck nachgeholfen.«

Anne zog die Brauen zusammen, nickte aber. »Wenn du so flehend zu mir kommst, heißt das, dass das Jüngelchen außer seinen Predigerworten wohl nicht viel zum Fall beitragen konnte.«

Ich seufzte. Nicht einmal seine Identität hatte ich klären können, geschweige denn die der Toten. *Scheiße!*

Anne lächelte. Sie wirkte so verdammt ausgeglichen – ganz im Gegensatz zu mir. Mit einer eleganten Bewegung beugte sie sich quer über die Arbeitsplatte und fischte aus einer grünen Plastikkiste drei kleine, durchsichtige Beutel.

»Ich hab zwar kein schriftliches Geständnis, aber immerhin ein paar Fundstücke, Rückstände auf der Kleidung und den Inhalt eines vollen Magens zu bieten. Vielleicht nützt dir etwas davon.«

Sie hielt mir den ersten der Beutel hin. »Eine silberne Haarspange mit einem Engel darauf.«

»Von der Kleinen?«

Die Kriminaltechnikerin nickte. »Kein Plastik oder aus der Kinderboutique, sondern ein handgefertigtes Stück.«

»Ein Geschenk zur Erstkommunion vielleicht?«

»Kommunion wäre theoretisch möglich, das katholische Zeremoniell findet üblicherweise in der zweiten Klasse statt, allerdings nicht im September.«

»Und wie sieht es mit dem evangelischen Pendant aus?«, überlegte ich weiter.

»Die Konfirmation wäre erst mit vierzehn Jahren dran. Weißt du denn, welcher Konfession die Kirche am Tatort zugehörig ist?«

Ich rieb mir nachdenklich den Hals. Nein, das wusste ich nicht.

»Der Engel auf der Spange ist meiner kurzen Recherche nach kein klassisches Bibelmotiv. Es wirkt viel eher orientalisch.«

»Vielleicht ein Urlaubsmitbringsel, ohne religiöse Bedeutung?«

»Auch möglich.« Anne reichte mir den zweiten Beutel. »Das stammt ebenfalls von dem Mädchen.«

Es war ein silberfarbener, ovaler Anhänger an einer einfachen Kette. Das eingelassene Motiv zeigte eine Männergestalt.

»Wer ist das? Ein Heiliger?«, fragte ich.

Die Kriminaltechnikerin zuckte mit den Schultern. »Erwin versucht gerade, im Archiv eine Antwort darauf zu finden. Sowohl für das Männerbildnis als auch für das hier.« Sie übergab mir den letzten Beutel. Ebenfalls ein Anhänger. Auf diesem metallisch glänzenden Plättchen war jedoch ein Löwenkopf eingeprägt. »Das hatte der Mann um den Hals. Vielleicht ist das sein Sternzeichen.«

Ich rieb mir angestrengt über die Augen. Das half doch alles nicht weiter. »Sonst noch irgendwelche Erleuchtungen?«

Mit unerschütterlichem Lächeln ging Anne ein paar Schritte um den Tisch herum, griff nach einer Mappe auf einem der zahllosen Aktenschränke an der Wand und las vor. »Laut erster Analyse befanden sich unter anderem folgende Substanzen auf der Kleidung des Toten: Cicer arietinum, Sesamum indicum, Cuminum cyminum …«

»Sprich Klartext mit mir!«, unterbrach ich sie ungewohnt unwirsch.

Anne sah mir forschend ins Gesicht und ich glaubte schon, sie würde sich beschweren, als sie den Blick löste und erneut auf die Akte heftete. »Das sind Zutaten, die typischerweise in der afrikanischen Küche verwendet werden. Sein Mageninhalt bestätigt diese Vorliebe. Er hatte Falafel a la *Hummus we Tahini* zum Frühstück. Zu Deutsch: ein vegetarischer Bratling mit Sesammus.«

Das bestärkte zumindest den Herkunftsverdacht und auch die orientalische Spange passte dazu. »Weiterhin kein Hinweis auf Drogen? Wie sieht's mit sonst einer Erkrankung aus, die zu so einem Amoklauf führen könnte?«

»Nichts. Allerdings muss er förmlich in Weihrauch gebadet haben, denn ich habe Rückstände sowohl in seinem Atemsystem als auch auf Kleidung und Haaren entdeckt.«

Das waren zwar nette Details, aber für die Aufklärung der Hintergründe nicht gerade erhellend. Vielleicht war es einen Versuch wert, die Imbissbuden rund um den Tatort abzuklappern. Solche, bei denen es neben halbem Hendl und Döner auch Falafel gab.

Hatte der Mörder seelenruhig gefrühstückt, bevor er sein Messer in das Mädchen gerammt hatte? Bei dem Gedanken schlug das Gefühl in meinem Magen von knurrender Leere in Übelkeit um.

»Meiner Einschätzung nach hat der Mann nordafrikanische Wurzeln. Das gibt allerdings keinen Aufschluss darauf, ob er als Tourist nach Deutschland gekommen ist oder seine Familie schon seit mehreren Generationen hier lebt. Was ich sagen kann, ist, dass er nicht nach den Traditionen dieser Kultur behandelt worden ist«, fuhr Anne fort.

Ich runzelte die Stirn. »Behandelt?«

»Keine Beschneidung.« Anne zeigte zwinkernd nach unten und strich sich anschließend mit einer verspielten Handbewegung eine Haarsträhne aus dem Gesicht.

Ich lächelte schief. Wie konnte diese Frau nur so unbefangen über die Toten reden und an ihnen die unappetitlichsten Analysen durchführen? Sie, die sogar in ihrem grünen Laborkittel sexy wirkte und einer Antilope gleich auf ihren Acht-Zentimeter-Absätzen durch die Welt stolzierte.

»Ich suche also nach der Identität eines unbeschnittenen Falafel-Liebhabers, der Löwen verehrt, und nach einem Mädchen, das nicht nur wie ein Engel aussieht, sondern auch einen im Haar getragen hat.«

Anne streckte mir ihren zustimmend erhobenen Daumen entgegen, nahm die Beutel wieder an sich und drückte mir stattdessen einen Stoß Fotos in die Hand. »Hier, ich dachte, die könntest du brauchen. Fotos der Fundstücke und Portraitaufnahmen der Leichen.«

Während ich sie in meiner Tasche verstaute, klingelte bei Anne das Telefon.

»Wie aufs Stichwort«, sagte sie nach einer kurzen Begrüßung und gab den Hörer an mich weiter.

Am anderen Ende meldete sich ein Polizist der Truderinger Polizeistation. Bei ihm war eine Vermisstenanzeige eingegangen, die auf die Beschreibung der Kleinen passte. Endlich eine handfeste Spur!

Wie gut, dass es heutzutage Computersysteme wie INPOL und SIS gab. Gestern hatte ich die Beschreibung der Toten zusammen mit der Fahndung nach Patrik in die Datenbank eingegeben und sie damit automatisch an alle angeschlossenen Polizeistationen übermittelt. Und heute zahlte sich das bereits aus. Ein kolossaler Vorteil gegenüber den Steckbriefen aus grauer Vorzeit.

Ich bat den Truderinger Beamten, die Angaben durchzufaxen, verabschiedete mich von Anne und verließ das Kommissariat eine Stunde später, um der Familie Thalhammer eine traurige Nachricht zu überbringen.

Auf der Fahrt in den Osten Münchens übte ich meinen Auftritt. »Frau Thalhammer, Herr Thalhammer, aufgrund Ihrer Vermisstenanzeige muss ich Sie bitten, sich das folgende Foto genau anzusehen. Wir vermuten, dass wir Ihre Tochter gefunden haben.«

Wir? Wer genau war eigentlich »wir«? Wir, das Mordkommissariat – ihr Freund und Helfer? Wem halfen wir denn? Wir, die Überbringer von Hiobsbotschaften? Die Leichensammler, Sezierer und Protokollierer?

»Es tut mir leid. Sie müssen jetzt stark sein.« Wie pathetisch all diese Worte doch klangen!

Je mehr Versuche ich machte, umso lächerlicher kamen sie mir vor. Zudem hatte ich mehr und mehr das Gefühl, den Namen Thalhammer von irgendwoher zu kennen.

In Waldtrudering bog ich ein letztes Mal ab und fuhr langsam auf das Haus mit der Nummer sechsundzwanzig zu. In der Straße reihten sich Doppelhäuser und kleine Villen aneinander. In den Garagenauffahrten standen Autos der Mittel- und Luxusklasse.

Ich parkte hinter einem blauen, blank geputzten Kombi. Ein weißer Lattenzaun umschloss das gepflegte Grün vor dem einstöckigen Domizil von Emilias Familie.

Emilia, das war der Name des kleinen, schwarzhaarigen Engels, der so früh schon sein Leben hatte lassen müssen. Bei der Erinnerung an den weiß gekleideten Mädchenkörper, umrahmt von ihrem eigenen Blut, fühlte sich der Burger, den ich bei einem Abstecher in den Drive-in gekauft und innerhalb von zwei Minuten verschlungen hatte, wie Beton in meinem Magen an.

Was sollte ich sagen, wenn die Familie Details über den Tatort hören wollte? Was konnte ich antworten, wenn sie nach dem Grund für die Tat fragen würde? Schicksal? Pech? Wahnsinn? Womöglich erkannten sie den Mann, der bei Emilia gewesen war. Denn auch wenn es sich offenbar nicht um ihren Vater handelte, konnte es dennoch ein Verwandter oder Bekannter sein.

Ich klingelte.

Frau Thalhammer begrüßte mich mit versteinerter Miene, ich zeigte meinen Ausweis und folgte ihr ins Wohnzimmer. Herr Thalhammer stand vom Sofa auf und reichte mir die Hand. »Sie haben unsere Tochter gefunden?«

»Das vermuten wir.« Die Fotos in meiner Innentasche brannten förmlich auf meiner Brust. Zögernd griff ich nach dem Umschlag. »Bitte setzen Sie sich doch und beschreiben Sie mir Emilia. Seit wann wird sie vermisst und wo und mit wem war sie da unterwegs?«

»Kennen Sie diesen Mann?«

Die Stille im Raum schien den Sauerstoff aus der Luft zu verzehren. Sekunden verstrichen, dann schüttelten beide Elternteile den Kopf.

Wann und wo haben Sie Ihre Tochter das letzte Mal gesehen? Kannte Emilia die kleine Kirche in Berg am Laim? Was könnte sie dort gewollt haben? Wusste sie, dass man nicht mit fremden Männern mitgeht? Warum haben Sie ihr Verschwinden erst heute Vormittag gemeldet? All diese Fragen und mehr standen fein säuberlich aufgelistet auf meinem Notizblock. Und genauso diszipliniert arbeitete ich sie ab. Dabei beobachtete ich die Reaktionen der Thalhammers und verschaffte mir parallel einen Eindruck von der Wohnung.

»Emilia wusste, was sich gehört. Sie war gut erzogen. Allein herumzustreunen war ihr streng untersagt«, erklärte Frau Thalhammer so eisig, als hätte ich sie mit meinen Fragen beleidigt.

»Das alles ist unerklärlich«, fügte ihr Mann hinzu.

Doch obwohl ich mehrfach nachhakte, blieben sie mir einige der Antworten schuldig. Zum Beispiel, warum sie sich erst so spät an die Polizei gewandt hatten. Das konnte viele Gründe haben. Vielleicht ein Fall von Vernachlässigung. Womöglich hatten sie das Fehlen überhaupt erst heute bemerkt.

Die Einrichtung erschien genauso kühl und unpersönlich wie die Antworten, die ich erhielt. Ich entdeckte weder Alltagsgegenstände noch den üblichen Krimskrams, der bei einer Familie mit Kind normalerweise herumstand. Nicht einmal Spielzeug oder ein gemaltes Kinderbild war zu sehen. Wenn es doch etwas gab, so war es in den zahlreichen Schränken und Schubladen verborgen.

Umso deutlicher stach der ungewöhnliche Wandschmuck ins Auge. Dutzende kleine und große Insignientafeln und Ikonen hingen zusammen mit zwei monströsen Kreuzen im Zimmer verteilt. Die Bilder zeigten Szenen aus dem Leben Jesu. Es waren

Gemälde, die man öfter in bayrisch-katholischen Stuben fand und die einen an die Tugend und Bußfertigkeit erinnern sollten. Dort, wo andere Familien das Zimmer mit Blumen oder Reiseandenken schmückten, standen bei den Thalhammers Marienfiguren.

Insgesamt glich die Atmosphäre im Haus eher der eines Altarraums. Aber Kinder passten sich bekanntermaßen an.

»Kann ich Emilias Zimmer sehen?« Bei dieser Frage erkannte ich Widerwillen in den Augen des Mannes. Doch er nickte, bedeutete seiner Frau sitzen zu bleiben und führte mich stumm die Treppe hinauf in den ersten Stock.

Auch hier war Gott allgegenwärtig. Drei Türen gingen von dem kleinen Gang im Obergeschoss ab. Die letzte gehörte zu Emilias Kinderzimmer. Ein Bett, ein Schrank, ein Schreibtisch – darüber ein Fenster zur Straße. Neben Heiligenikonen klebten hier immerhin ein paar selbst gemalte Bilder über dem Bett. Sie zeigten, mit dicken Wachsmalkreiden gezeichnet, Engel und andere Fantasiewesen. Am Boden saßen aufgereiht mehrere Puppen und ein Stofftierlöwe. Alle in weiße Kleidchen gehüllt.

Ich erschauderte. »Waren das Gewand und der Schmuck, den ihre Tochter am Tag ihres Verschwindens trug, für einen besonderen Anlass bestimmt?«

Herr Thalhammer knetete seine Hände. Ein Zeichen von Nervosität? Oder waren es erste Anzeichen von echten Emotionen, weil der Schock über den Verlust des eigenen Kindes langsam nachließ?

»Wir haben ihr beides für den Gottesdienst gekauft. Ein Festgewand zu Ehren unseres Herrn, der uns rein erschaffen hat und uns mit Hilfe seiner Engelsscharen genauso rein zu sich nehmen wird, wenn die Tore zum Himmelreich sich öffnen.«

Seine Stimme klang ehrfürchtig. Die ganze Familie war von tiefer Religiosität ergriffen. Eine Hingabe, die ich beim besten Willen nicht nachvollziehen konnte. Nach den Worten eines alten Buches zu leben, sich seinem Schicksal demütig zu ergeben, statt zu kämpfen und sich selbstständig einen Weg durchs Leben zu bahnen, erschien mir rückständig und vergeudet. Doch meine Meinung zählte nicht. Gottesfurcht an sich war nichts Strafbares. Und fehlende oder unterdrückte Trauer genauso wenig.

Ich hatte genug gesehen. Nach einer weiteren förmlichen Beileidsbekundung drückte ich Herrn Thalhammer eine Visitenkarte mit der Adresse des Leichenschauhauses in die Hand und bat ihn, baldmöglichst vorbeizukommen, um den Leichnam vor Ort persönlich zu identifizieren. Dann verabschiedete mich.

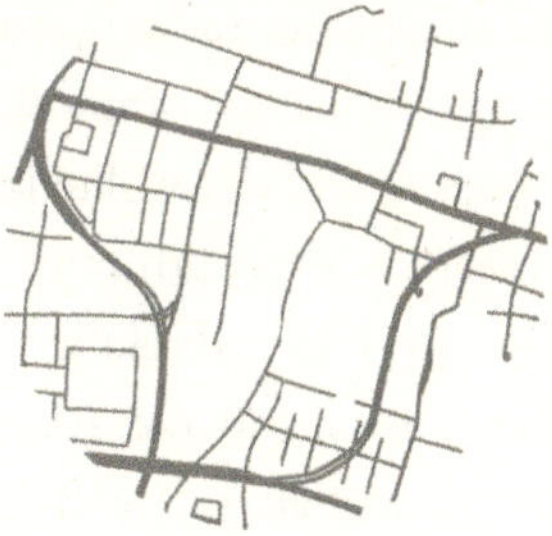

KAPITEL 5

Ich war gerade dabei, mir in der kleinen Büroküche einen Nachmittagskaffee einzuschenken, als Hauptkommissar Kurt Haller auftauchte, an der Tür stehen blieb und mich musterte. Sein Blick legte sich wie eine Henkersschlinge um meinen Hals. Ich musste mich konzentrieren, um nichts zu verschütten.

Als er einen Schritt auf mich zu machte, nahm ich unwillkürlich Haltung an und drehte mich um. »Auch auf der Suche nach einem Schuss Koffein?«

Haller war einer dieser Männer, die bereits durch ihre bloße Erscheinung einschüchternd wirkten. Er regierte seine Truppe mit eiserner Hand. Frauen schienen dabei nie so recht in sein Konzept zu passen.

»So fröhlich, Martius?« Seine raue Stimme entlarvte ihn als jahrelangen Raucher. »Dann haben Sie den Abschlussbericht des Falles sicherlich bereits fertig und in mein Fach gelegt?« Er hob die linke Augenbraue und verzog unübersehbar skeptisch den Mund.

Meine Haltung bröckelte. Ich wusste, dass der Fall in seinen Augen reine Routinearbeit war. Personen identifizieren, Protokoll schreiben, Akte schließen. Fertig. Das würde mir den wackelnden

Posten als leitende Kommissarin sichern, doch mein Instinkt sagte mir, dass hinter diesem scheinbar sinnlosen Mord eine größere Geschichte stecken musste, und der wollte ich nachspüren.

Ich nippte an meinem Kaffee, um mich zu sammeln und Mut zu fassen. Dann blickte ich Haller direkt in die Augen und erklärte: »Herr Hauptkommissar, ich kann die Akte nicht schließen. Der Mörder ist noch nicht identifiziert. Außerdem bin ich sicher, dass der Zeuge und vielleicht auch die Eltern des Mädchens mir Informationen vorenthalten haben, die womöglich zur Aufklärung der Hintergründe beitragen könnten.«

»Ach was, Martius! Könnte, wollte, sollte. Das ist ein klarer Fall. Da gibt's keine Hintergründe«, brauste Haller auf. »Wir haben zwei Leichen. Eine davon war der Täter. Fertig.«

»Geben Sie mir nur ein paar Tage«, setzte ich erneut an.

»Hören Sie auf, in allem ein Geheimnis zu vermuten. Es spielt keine Rolle, ob das Mädchen abgehauen ist oder er sie sich geschnappt hat. Sie ist tot. Und er auch«, unterbrach Haller mich. »Manchmal ist die Wahrheit grausam, aber sie ist alles, was es zu finden gibt. Menschen töten Menschen. Aus Hass, aus Liebe oder Wahnsinn. Das sollten Sie doch am besten wissen.«

Seine letzten Worte trafen mich ins Mark. Dieser Mistkerl wusste, wie er mich packen und zu Boden stoßen konnte. Im Gegensatz zu mir kannte er die vollständige Akte über meine toten Eltern. Ich presste die Lippen aufeinander, fühlte, wie das Blut heiß durch meine Adern schoss, und rang um Beherrschung. Meine Hände wurden feucht und eine alte, lange unterdrückte Wut kochte in mir hoch. Diesmal würde ich nicht klein beigeben. Zumindest nicht ohne erbitterte Gegenwehr!

»Hören Sie …«, setzte ich abermals an, »… genau wie Sie möchte ich den Fall zügig abschließen, aber es gibt noch zu viele Ungereimtheiten.«

»Was für Ungereimtheiten?«

»Wir hatten noch keine Möglichkeit, das Umfeld des Täters näher zu beleuchten. Es muss einen Auslöser für diese Tat gegeben haben. Ein normaler Mensch rennt schließlich nicht mit einem Fleischermesser umher und ersticht kleine Kinder.«

Haller blieb unbeeindruckt. »Wir haben das Opfer und den Täter. Eine glasklare Sache. Oder glauben Sie allen Ernstes, ein ominöser Fremder hat diesen Mord an dem kleinen Mädchen in Auftrag gegeben?« Der Hohn, mit dem er seine Worte unterlegte, zerrte an meinen Nerven.

»Das haben wir eben nicht!« Meine Stimme vibrierte vor Anspannung. »Immerhin ist der Mann noch nicht identifiziert. Und ich bin sicher, der Punk weiß mehr darüber, als er beim ersten Verhör zugeben wollte. Irgendetwas an der Sache stinkt, und es ist meine verdammte Pflicht, jede noch so kleine Unstimmigkeit in einem Mordfall lückenlos aufzuklären, ob der Täter nun noch atmet oder nicht!«

Hallers Augen weiteten sich. So viel Widerstand war er nicht gewohnt. Und selbst ich war von meiner flammenden Rede überrascht. Warum war ich schon wieder so ungewöhnlich emotional? Ging es mir wirklich um eine vollständige Aufklärung oder war ich in Wahrheit nur neugierig auf ein weiteres Treffen mit diesem religiösen Rebellen? Und das ausgerechnet jetzt, da meine Karriere sowieso schon angezählt war. Warum konnte ich meinem Chef nicht den Gefallen tun und mir selbst damit das Leben leichter machen, statt immer den schwersten Weg zu wählen?

»Ich weiß nicht, warum alle einen Narren an diesem Punk gefressen haben, oder ob Sie tatsächlich pure Wahrheitsliebe antreibt, Hauptsache, es führt am Ende zu einer geschlossenen Akte. Aber vergessen Sie nicht, es ist Ihre letzte Chance, sich zu beweisen. Also machen Sie besser keinen Fehler!«

Ich wollte etwas erwidern, doch Haller winkte ab. »Genug! Ich gebe Ihnen drei Tage Zeit. Wenn Sie bis dahin nichts Nennenswertes vorlegen können, übernimmt ein anderes Team den Fall und schließt ihn ab.«

Verblüfft starrte ich Haller an. Ein Zucken in seinem Mundwinkel deutete ein Lächeln an. Dann drehte er sich um und wiederholte im Fortgehen: »Letzte Chance, Martius. Letzte Chance.« Ich hatte das Wortgefecht gewonnen. Ich hatte mich gegen meinen Vorgesetzten durchgesetzt.

Jetzt galt es, handfeste Ergebnisse zu liefern, statt nur vage Vermutungen und Spekulationen. Ich musste ein weiteres Mal mit Patrik sprechen. Aber wie? Er hatte sich bis zum Schluss geweigert, seine Adresse preiszugeben. Höchstwahrscheinlich, weil er keine feste hatte. Was also tun?

Rasch schlug ich in den Unterlagen nach, wo genau die Polizei ihn in der Nacht aufgegriffen hatte. Kultfabrik. Der Tummelplatz für Nachtschwärmer, direkt am Ostbahnhof.

Ich zückte mein Handy und prüfte die Uhrzeit. Halb sechs Uhr abends. Für einen Besuch auf der Partymeile war es zu früh. Vor elf oder zwölf war es sinnlos, zwischen den Imbissbuden, Cafés und Diskotheken nach ihm zu suchen.

Ich beschloss, stattdessen nach Hause zu fahren und auf dem Weg meinen Frühstücksvorrat aufzustocken. Vielleicht hatte der Supermarkt ja eine neue Kreation für meine Tütensuppensammlung zu bieten.

Zu Hause strich ich mir ein paar Butterbrote zum Abendessen, schaltete meinen Computer ein, rief meine E-Mails auf und suchte im Internet nach Berichten über meinen Fall.

Blutbad zu Füßen Gottes war nur eine der reißerischen Schlagzeilen, die mir die Suchmaschine nach wenigen Sekunden auflistete. *Unbekannter sticht im Wahn auf unschuldiges Kind ein*, hieß es da.

Der Teufel in Menschengestalt hat sein Opfer diesmal auf besonders brutale Weise zu sich geholt. Verrohen die Menschen in einer Gesellschaft, die Gleichberechtigung und Freiheit proklamiert? Verkommen sie zu Raubtieren, isoliert und durchdrungen von Wut auf das System? Der Journalist ließ kein Klischee aus. Alle denkbaren Institutionen wurden angeklagt, der Auslöser zu sein.

Der Mensch allein blieb unschuldig. Wer griff schon gern seinen Brötchengeber an? Die Leser wollten einen Bösewicht, aus den üblichen Reihen: Staat, Wirtschaft oder Kirche. Dass Eltern ihre Kinder immer öfter einfach wegschmissen, in Verschlägen eingepfercht verhungern ließen oder eigenhändig quälten, wurde mit mangelnder Eltern-Kind-Förderung und staatlich verordneter sozialer Ausgrenzung durch Harz IV entschuldigt.

Was für ein Quatsch. Ich schaltete den Rechner aus und kochte mir eine Tasse Kaffee. Heute Abend musste ich fit sein. Diesmal wollte ich Antworten von Patrik.

Die Uhr auf meinem Handy zeigte elf, als ich mich auf den Weg Richtung Kultfabrik machte. Ich hatte nicht vor, Alkohol zu trinken, also fuhr ich mit dem Auto und suchte einen Parkplatz außerhalb des Partygeländes. In einer Seitenstraße, wenige Meter vom Haupteingang entfernt, kämpfte sich ein Passatfahrer aus einer Lücke, die groß genug für meinen alten Volvo war.

Ich steckte Geld, Polizeimarke und Handy in die Jackentaschen, schloss gewissenhaft ab und reihte mich in den Strom der Menschen ein, der beständig auf das Gelände zufloss.

Gackernde, aufgestylte Jugendliche, die ewig coolen Halbstarken und gut gealterte Gruftis in Jeans und Lederjacke – alles war vertreten. Aber wo waren die Punks?

Die erste Stunde verbrachte ich damit, das weitläufige Gelände immer wieder abzulaufen und in der Masse nach einem Kopf mit orangefarbenem Kamm Ausschau zu halten.

Zahllose Partysuchende tummelten sich zwischen den alten, umfunktionierten Fabrikhallen, den schwarz gestrichenen Maschinenräumen und ehemaligen Büros. Es gab verwinkelte Bars, die nur aus einem einzigen winzigen Zimmer bestanden, mehrstöckige Technotempel und ausgebaute Kellerabteile, in denen guter alter Metal gespielt wurde. In jüngeren Jahren war das meine Spielwiese gewesen. Bis morgens um vier pogen, tanzen, singen und saufen, bis ich heiser und benebelt genug war, um mein Leben für die nächsten Stunden zu vergessen.

In den Straßen davor mischte sich das Stampfen und Wummern der Bässe mit dem Kreischen von E-Gitarren oder klimpernder Folkmusik. Bullige Türsteher bewachten die Eingänge, während bunte Leuchtreklamen das Publikum in die Warteschlangen lockten. Die Illusion einer schönen, heilen Welt im Miniformat. Doch sie konnte die Wirklichkeit nicht ewig übertünchen. Diese Lektion hatte ich schmerzlich selbst gelernt.

Punkt Mitternacht quollen angetrunkene Schüler aus den Partylöchern, die widerwillig und schwankend den Heimweg antraten.

Mit dem Alter der Kundschaft wechselte auch die Stimmung. Die niedlichen, verspielten Outfits der Mädchen wichen knappen Röcken, engen Bustiers und tiefroten Lippen. Begierde lag in der Luft und spiegelte sich in den glänzenden Augen der Männer wider. Der Geruch von Fett, Fleisch und paniertem Finger-Food hing in der Luft.

Auch ich war versucht, Teil dieser namenlosen Gruppe zu werden. Ich wollte in diese trunkene Woge eintauchen, mich von der Masse mitreißen lassen und die Sinne mit Alkohol betäuben, um zumindest für ein paar Stunden die dunklen Stimmen in mir zu vertreiben.

Doch ich wusste aus Erfahrung, dass sich dieses Gefühl, zu einem großen Ganzen zu gehören, nicht einfach kaufen ließ. Ich hatte mich nie zugehörig gefühlt, war immer die Außenseiterin geblieben – ein Puzzlestück, das zu einem anderen, längst vergessenen Bild gehörte.

Was machte ich hier? Was wollte ich beweisen? Und wem? Patrik hatte bei der Befragung nur das bestätigt, was der Geistliche mir bereits erzählt hatte. Gab es da wirklich mehr, oder redete ich mir das ein, um dem allumfassenden Bösen, das hinter den alltäglichen Verbrechen steckte, ein Gesicht zu geben?

Der Punk hatte sich ungewöhnlich, ja, geradezu mysteriös verhalten. Aber machte ihn das automatisch zu einem Verdächtigen? Weil er anders war? Was sagte so eine Haltung über mich selbst aus? Ich überlegte bereits, wie ich es auf dem schnellsten Weg zu meinem Auto schaffte, als ich vor mir zwei Punks in der Masse sah. Sie waren augenscheinlich älter als Patrik, mit zerrissener Kleidung, Piercings im Gesicht, die Haare halb rasiert, halb zu dicken farbigen Stacheln geformt.

Sofort übernahm die Kommissarin in mir die Führung. Ich folgte den beiden in gebührendem Abstand durch die Gassen, weg vom Zentrum des Partytreibens, einen unbeleuchteten Pfad am Spiegelzelt vorbei und weiter bis auf das angrenzende Gelände der Optimolwerke – die jüngere Konkurrenz zur längst etablierten Kultfabrik. Als die Punks eine der kleinen Bars betraten, zählte ich die Sekunden, wartete eine Minute und ging ihnen dann nach.

Die Atmosphäre war düster. Und das nicht nur, weil der langgezogene Raum nur von Kerzen erleuchtet war. Schwarzlichtstrahler ließen die skurrile Dekoration gespenstisch erscheinen. Gerippe und Zombies hingen über einer Theke, die ein Drittel der gesamten Raumfläche ausmachte. Menschen bewegten sich wie ineinander verwobene Schatten auf einer winzigen Tanzfläche oder standen an die Wand gelehnt und tranken Bier, während pseudosakrale Musik alle anderen Geräusche übertönte.

Ich drängte mich so unauffällig wie möglich an den Tanzenden vorbei und gelangte, auf der Suche nach den beiden Punks, schließlich in den hinteren Teil des Raumes. Doch es war zu düster und eng, um jemanden auszumachen.

»Guten Abend, Frau Kommissarin«, erklang unvermittelt eine sonore Stimme dicht hinter mir.

Überrascht drehte ich den Kopf und blickte in zwei grellgrüne Augen. Patriks Augen.

»Willkommen im Schattenreich.« Er reichte mir so selbstverständlich ein gefülltes Glas, als hätte er damit auf mich gewartet.

Ich nickte zur Begrüßung. »Ist das der Name der Bar?«

»Was sonst? Für den wahren Abstieg in die Hölle hätten Sie deutlich mehr Prüfungen bestehen müssen.« Während er sprach, ließ seine Miene nicht erkennen, ob er seine Worte als Spaß oder versteckte Drohung meinte.

Wieder streckte er mir den Drink entgegen und diesmal griff ich zu. Ich hatte meinen religiösen Rebellen gefunden. Jetzt kam es drauf an, ihn zum Reden zu bringen.

Als ich vorsorglich an dem Getränk roch und meine Nase kräuselte, weil mich die Sprudelbläschen kitzelten, huschte ein kaum merkliches Lächeln über sein sonst so ebenmäßiges Gesicht.

»Haben Sie Angst, ich könnte Sie vergiften?«

»Es wäre ziemlich gewagt, hier mitten in der Öffentlichkeit«, erwiderte ich ausweichend.

Eine Pause entstand, in der wir uns gegenseitig prüfend musterten. Es war ein Test. Vielleicht auch ein Tauschhandel. Er hatte sich mir freiwillig gezeigt, nun musste ich ihm im Gegenzug einen Vertrauensvorschub schenken. Oder wollte er meine Integrität als Beamtin prüfen? Galt ein ausgegebener Drink bereits als Bestechung?

Dass darin auf alle Fälle Alkohol enthalten war, hatte ich bereits gerochen. Genau genommen durfte ich ihn deshalb gar nicht trinken. Zumindest nicht, wenn ich im Dienst war. Und das war ich streng genommen, da ich meine Marke eingesteckt hatte.

Andererseits war mein offizieller Dienst mit dem Verlassen des Büros für heute beendet gewesen. Patrik stand auf keiner Fahndungsliste und der Besuch der Partymeile war meine ganz eigene Entscheidung gewesen. Also nippte ich und erkannte den typischen Geschmack eines Wodka-Lemmon.

Jetzt war er an der Reihe. »Du schuldest mir ein paar Antworten.«

»Die müssen Sie sich selbst geben«, gab er zurück.

Doch ich hütete mich, auf das Spielchen einzugehen. »Warum sagst du mir nicht einfach, was du weißt? Erzähl mir die Geschichte hinter dem Offensichtlichen.«

Patrik beugte sich vor und der Blick seiner im Schwarzlicht leuchtenden Augen richtete sich auf mich. Ich konnte sehen, wie sich seine natürliche Pupille weitete und zusammenzog. Als würde er mich scannen. Oder war das Unsicherheit, die er hinter der künstlichen Maske versteckte? Hatte er womöglich Angst?

Kurz bevor die Spannung zwischen uns zu unangenehm wurde, kurz bevor ich eingeknickt wäre und ihm selbst einen Ausweg geboten hätte, zwinkerte er mir zu, drehte sich zur Tanzfläche und trank einen Schluck aus seiner Bierflasche.

Wortlos stellte ich mich neben ihn.

»Sehen Sie sie?«, fragte Patrik nach einer Weile.

»Wen?« Ich betrachtete die sich rhythmisch biegenden Körper vor uns im Halbdunkel.

»Die Vollstrecker.«

Ich nahm einen Schluck von meinem Wodka-Lemmon und überlegte, wen er meinen könnte. »Was vollstrecken sie?«

»Den Willen Gottes.«

Ich kniff die Augen zusammen. »Was genau will Gott denn?«

»Die Menschen knechten und bestrafen.« Patriks Stimme wurde zu einem Flüstern. Seine Worte versanken in den Klängen der Independent Musik, die lautstark aus monströsen Standboxen dröhnte.

War der Junge doch verwirrter, als ich angenommen hatte? Einer dieser fehlgeleiteten Extremisten? Ich unternahm mehrere Anläufe, um auf die Hintergründe des Mordes zu sprechen zu kommen, fand aber nicht den richtigen Einstieg, um seine Mauer zu durchbrechen. Patrik schien in seiner ganz eigenen wahnhaft-religiösen Wahrnehmung festzustecken. Wie weit würde er für seine Überzeugungen gehen? Würde er dafür lügen? Oder gar morden?

Die einzigen beiden Zeugen waren tiefreligiöse Menschen. Genau wie die Familie des Mädchens. Konnte das wirklich bloßer Zufall sein?

»Aber rettet Gott die Menschen nicht am Ende?«, hakte ich nach. Vielleicht war es möglich, sich so dem eigentlichen Thema anzunähern. Immerhin redete er endlich.

Doch so einfach ließ Patrik sich nicht übertölpeln. »Am Ende? Ist der Tod also die Rettung?«, fragte er zurück und trank abermals von seinem Bier.

Mein religiöser Rebell war schwer zu packen. Und langsam nervte es. Wo war sein wunder Punkt, an dem ich ansetzen konnte? Meine Konzentration ließ nach. Die ungewohnte Atmosphäre der Bar zerrte an meiner Disziplin. Dunkel, stickig, erfüllt von zu lauter Musik, die mir fremd war. Tiefe, hämmernde Basstöne, schnelle Gitarrensalven und ein Gesang, der hoffnungslose, liebesleere Zeiten prophezeite. War das die Lebenseinstellung der heutigen Punks?

Einst waren sie ein Symbol für gesellschaftlichen Widerstand gewesen – keine Friedensverkünder wie die Hippies oder militante Vergangenheitsverliebte. Punks hatten zerstört und Chaos verbreitet, weil *man* das nicht tat – also taten *sie* es.

Dort wo man ihnen einen Stuhl hinstellte, setzten sie sich auf den Boden, und dort, wo man sie auf die Knie zwingen wollte, standen sie Schulter an Schulter aufrecht füreinander ein. Davon schien nicht viel überdauert zu haben.

Meine Gedanken schweiften ab. Ich musste beim Thema bleiben: der Mord, das Mädchen, der Mann.

Um Patriks Aufmerksamkeit auf mich zu lenken, prostete ich ihm zu. Er löste seinen Blick von den Tanzenden und drehte sich in seiner Gesamtheit zu mir um. Seine Präsenz war erstaunlich. Er war mindestens zehn Jahre jünger als ich, und doch ging eine Selbstsicherheit von ihm aus, die ich an mir selbst so oft vermisste. Egal, wie tough ich mich nach außen gab.

Ich ging in Gedanken das Verhör noch einmal durch. Womit konnte ich ihn ködern? Dann fiel es mir wieder ein. Das Gespräch hatte sich weniger um Gott, sondern vielmehr um den Teufel gedreht. »Wenn Gott die Menschen knechtet, was bleibt dann für den Teufel zu tun?«

Patriks Augen schienen für einen Moment aufzuleuchten. »Das zu sein, was er immer war.«

Da war er, sein wunder Punkt. Leider war mein religiöser Wissensschatz nur sehr begrenzt. »Ein Verführer, der mit Sünde lockt?«

»Ein Freund. Der Spielkamerad des Menschen.« Patrik sprach jetzt lauter. Leidenschaftlicher.

»Was für einen Freundschaftsdienst will er uns denn erbringen? Uns unsere Seelen stehlen, um sie hübsch warm zu halten?«, versuchte ich, ihm noch mehr zu entlocken.

»Er versucht uns wachzurütteln, uns den wahren Gott zu zeigen!«

Ich lachte auf. »Luzifer will also Gott spielen?«

Patriks Wangenknochen zeichneten sich trotz der Dunkelheit nun hart auf seinen sonst so weichen Gesichtszügen ab. Er hob die

Hand, streckte sie mir entgegen, griff mein Glas und … lächelte. »Noch einen Drink?«

Verdattert nickte ich. Wieder hatte der Junge sich aus meinem taktischen Griff herausgewunden. Und so ging es weiter. Ich versuchte ihn zum Sprechen zu bringen und er versorgte mich mit Getränken.

Erst um drei Uhr morgens schien Patrik seinen Widerstand langsam aufzugeben, und ich war trotz meiner guten Vorsätze angetrunken. Er schlug vor, das Lokal zu wechseln und ich stimmte nur allzu gern zu. Die kühle Nachtluft tat gut. Endlich keine wummernde Musik mehr, gegen die man anschreien musste.

Wir verließen die offizielle Partyzone, wanderten nebeneinander die Straße entlang, bis Patrik schließlich in einen der Hauseingänge abbog. Im schwachen Licht der Straßenlaternen konnte ich zerkratzte, mehrfach überklebte Klingelschilder erkennen. »Wohnst du hier?«

Statt eine Antwort zu geben, klingelte er. Einen Moment später erklang ein Summton, der Punk stieß die Tür auf und führte mich in ein dunkles, muffiges Treppenhaus. Ich drückte auf den Lichtschalter, doch es blieb duster.

Patrik schien das nicht zu stören. Unbeirrt ging er voran. Nicht etwa die Treppe hinauf, sondern nach unten.

Ich bereute, im Vorfeld dieser halb offiziellen Aktion meine Waffe im Spind gelassen zu haben. Auch ohne Mordfallermittlung war das hier eine potenziell gefährliche Situation, denn als Frau war es grundsätzlich wenig ratsam, jemandem, den man erst seit wenigen Stunden kannte, in einen abgelegenen Keller zu folgen. Auf der anderen Seite konnte ich mir beim besten Willen nicht vorstellen, dass dieser Junge etwas Böses im Schilde führte. Wem also sollte ich vertrauen? Vor der Therapie hätte die Antwort *meinem Verstand* gelautet. Nun folgte ich lieber meinem Bauchgefühl. Denn mit der alten Marie im Kopf würde ich keinen Fall aufklären.

Nachdem ich mich hinter Patrik die Wand entlang nach unten und durch einen engen Gang getastet hatte, sah ich einen Lichtstreifen am Boden vor uns. Gedämpfte Musik war zu hören.

Als Patrik die Tür öffnete, blickte uns ein Dutzend Punks entgegen. Einige lümmelten auf zerschlissenen Sofas, andere auf Kisten oder Stühlen, die nach Sperrmüllware aussahen. Ein paar ältere Gestalten standen rauchend an selbst gebastelten Bistrotischen. Eine nackte Neonröhre tauchte den Raum in bläulich grelles Licht. Die Luft roch nach Cannabis, nach übervollen Aschenbechern und schalem Bier. Eine wahrhaftige Räuberhöhle, und ich als begaffter Neuzugang mittendrin.

Während ich nur stocksteif dastand, begrüßte Patrik einige aus der Runde und bot mir schließlich den Platz auf einem abgewetzten, samtenen Sessel an. Wahrscheinlich keine gute Idee, aber mitgegangen, hieß mitgefangen. Zumindest redete ich mir das in meinem leicht bedudelten Zustand ein.

Als Patrik mir dazu noch einen weiteren Wodka-Lemon in die Hand drückte, packte ich ihn am Ärmel. »Was verheimlichst du mir, Patrik?«

Er zuckte zurück, befreite sich und fasste nach seinen Ketten. Wie schon beim Verhör, spielte er mit der Hundepfeife und ließ dann Kugel für Kugel zwischen seinen Fingern hindurch gleiten. »Was verheimlichen *Sie* mir, Marie?«

»Nichts. Ich habe zwei Tote, zwei Zeugen, die nichts gesehen haben, und kein Motiv. Und mir fällt kein einziger beschissener Grund ein, warum ein Mann erst ein Mädchen und dann sich selbst niederstechen sollte!« Meine Worte kamen laut und lallend aus meinem Mund. Aber was raus musste, musste eben raus. Scheiß auf diese ewige Kontrolle! Was hatte die mir schon gebracht?

»Was verheimlichen Sie, Marie?«, erklang Patriks sonore Stimme samtig weich und gleichzeitig fordernd. »Sagen Sie es mir?«

O Gott, war dieser Junge gut. Ich schloss die Augen und versuchte durchzuatmen. So viele fremde Eindrücke, so viele Gefühle. Ich spürte förmlich, wie mein Verstand sich langsam im See aus Alkohol auflöste.

Ein Pfiff. Dann eine Stimme. »Sehen Sie mich an.«

Ich zwang meine Lider in die Höhe und sah warme braune Augen. Waren das Patriks?

»Konzentrieren Sie sich auf meine Worte …«

Ich versuchte zu folgen, doch mein Geist wanderte in eine andere Richtung. Zurück. Weit zurück.

Draußen ist es dunkel. Heino trällert im Radio seine Lieder. Hunderte Weihnachtsbaumkerzen füllen den Raum mit magischem Glanz. Die Welt ist heil.

Ich spiele mit meiner neuen Puppe. Tina heißt sie. Wenn man sie hinlegt, schließt sie die Augen. Mama hat ihr ein weißes Kleidchen genäht, das genau wie meins aussieht.

»Das Essen ist fertig!«

Ich gehe mit Tina zum Tisch und setze mich. Mama dankt dem Herrgott für seine Gnade. Da explodiert Papa.

Er schreit sie an, dass sie ihren Mund halten soll, dass es keinen Grund gibt, Gott zu danken, dass das Leben ein einziges dreckiges Schlammloch ist und wir nur Würmer, die sich durch die Sünde der Welt fressen.

Er brüllt und brüllt, und dann nimmt er das Bratenmesser und sticht zu. Erst bei Mama, dann kommt er auf mich zu. Er weint und ich kann ihn nicht trösten. Er dreht das Messer. Sein weißes Hemd färbt sich rot. So viele rote Flecken.

Als erst sein Kopf und dann er selbst nach hinten kippt, spüre ich Nässe auf meinem Gesicht, auf den Armen und den Händen. Rote, klebrige Nässe.

Echte Übelkeit weckte mich aus diesem Albtraum. Ich riss die Augen auf und erkannte Patrik. Reglos starrte er mir mit seinen wahren Augen in die meinen. Ich merkte, dass sich seine Lippen bewegten. Er sagte etwas zu mir, doch ein Würgereflex ließ mich zur Seite rucken. Ich rutschte über die Sessellehne, runter auf den Boden. Mir war schwindelig. Bitterer Speichel klebte mir im Mund. Ich hustete. Hustete und kotzte alles, was ich in den letzten Stunden zu mir genommen hatte, auf den Kellerfußboden.

Zwei Hände packten mich an den Schultern und richteten mich auf. Doch ich ließ mich zurück auf die Knie fallen. *Alles sinnlos, alles vergebens. Du bist eine Versagerin, genau wie dein Vater, nicht überlebensfähig in dieser Welt*, hallte es in meinem Kopf wider.

Die fremden Hände schüttelten mich.

»Sie sind in Gefahr«, hörte ich Patrik irgendwo neben mir flüstern. »Gott wird sich grausam rächen, wenn Sie sich gegen ihn auflehnen und in seine Pläne einmischen. Geben Sie auf. Schließen Sie den Fall ab.«

Das war alles zu viel. Ich schlug mit meinen Händen um mich. Traf. Stemmte mich mühsam auf die Beine und torkelte auf den Ausgang zu.

»Engel können grausam sein!«

War das noch Patriks Stimme? Egal. Ich wollte weg hier, raus an die frische Luft. Mehr torkelnd durchquerte ich den dunklen Gang, zog mich die Treppe nach oben und stolperte aus der Haustür ins Freie.

Sauerstoff. Ich atmete tief ein und übergab mich im nächsten Moment erneut mitten auf den Gehweg. Verdammt war mir schlecht. Ich wollte nach Hause, aber Autofahren war in diesem Zustand unmöglich. *Reiß dich zusammen! Du bist Beamtin und kein sauflustiger Teenie!*

Ich wusste, dass vor dem Eingang der Kultfabrik Taxis warteten. Also wankte ich den Weg zurück, stieg in das erstbeste ein und nannte dem Fahrer so deutlich wie möglich meine Adresse.

Die Stadt flog als Wischbild an meinem Seitenfenster vorbei. Dunkle Schatten huschten hinter Büsche, verkrochen sich in Hauseinfahrten oder sickerten in Gullys, sobald das Taxi auf gleicher Höhe mit ihnen war. Düstere Engel schienen mir zu folgen – von Autodach zu Autodach – mit riesigen Krähenflügeln, die aus ihren pechschwarzen Leibern wuchsen.

Ich zitterte vor Angst und Übelkeit. Mein Körper fühlte sich an, als würde mein Wille auslaufen und sich als ätzende Flüssigkeit tief in meine Knochen brennen. Ich schloss die Augen. *Gott, hilf mir!*

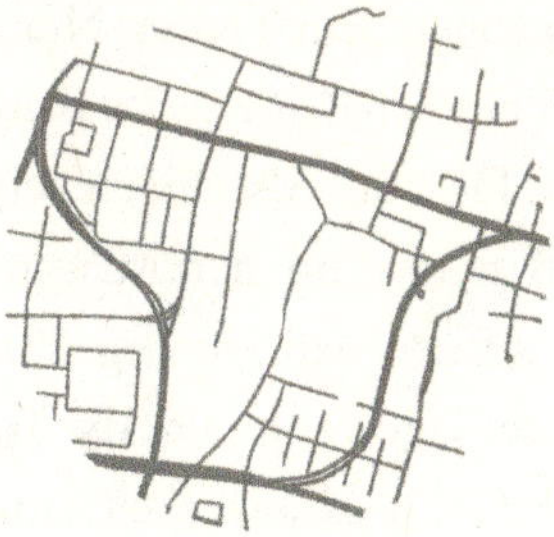

KAPITEL 6

Mit verklebten Augen, schalem Geschmack im Mund und einem schrecklichen Brummschädel wachte ich am nächsten Tag auf. Mein Schlafzimmer roch wie der Tank eines Schnapstransporters. Vorsichtig richtete ich mich auf und blickte auf meinen Wecker. Die Leuchtziffern starrten mir vorwurfsvoll entgegen. Kurz nach zwölf.

»Es ist Samstag«, sagte ich, »da darf auch eine Kriminalkommissarin mal ausschlafen.«

Wie konntest du nur, schien die Zwölf zu sagen. Und sie hatte recht.

Ich war losgezogen, um einen Zeugen – ja, vielleicht sogar einen Verdächtigen – zu befragen, hatte mich von ihm einwickeln lassen und war am Ende in die Knie gegangen. Besiegt durch eigene Disziplinlosigkeit.

Ich hatte mir all seine Predigten über Gott und den Teufel angehört und selbst wahrscheinlich mehr erzählt, als gut war. Zur Krönung des Abends hatten mich Engelsscharen und schreiende Fratzen umkreist, mich gewarnt, mir befohlen, weitere Recherchen zu unterlassen, und mir quasi mit dem Tod gedroht. Zumindest sinnbildlich. Gewaltige Messer hatten wie Haie ihre Bahnen durch ein Meer aus Blut gezogen. Ein Traum. Nur ein Hirngespinst. Und doch durchlief mich ein Schauer bei der Erinnerung.

Ich brauchte eine Dusche. Also hievte ich ächzend meine Beine aus dem Bett, stieß mich von der Matratze ab und schlich ins Badezimmer. Beim Öffnen der Tür begrüßte mich ein säuerlicher Geruch. Meine Kleider lagen rund um die Toilette verteilt, die Klopapierrolle hing zur Hälfte abgewickelt am Boden. Mehr Spuren brauchte es nicht, um den glorreichen Abschluss des Abends zu rekonstruieren.

Um mir selbst im Spiegel wieder ohne Ekel ins Gesicht schauen zu können, kroch ich erst mal unter die Dusche, zog mir ein frisches T-Shirt, Jogginghose und Socken über und schlich in die Küche. Eine große Tasse Kaffee würde mir wieder neuen Lebensgeist einhauchen.

Im Wohnzimmer blinkte die LED des Anrufbeantworters. Ich drückte auf die Abspieltaste und wieder ertönte das bekannte Rauschen. Es wurde mal lauter, mal leiser, immer mit diesem hohen fiependen Ton im Hintergrund.

»Scheißding! Am Montag kauf ich ein neues.«

Nur der Telefongott konnte mit Bestimmtheit sagen, wie viele Anrufe ich dadurch schon verpasst hatte. Andererseits kannten alle wichtigen Menschen meine Handynummer. Und wichtig waren sowieso nur mein Steuerberater und das Kommissariat. Also drückte ich die Löschtaste und ließ den Anrufbeantworter, Anrufbeantworter sein.

Die nächsten zwei Stunden verbrachte ich mit reichlich Koffein auf der Couch und stierte vor mich hin. Wie konnte mir so ein Aussetzer passieren? Ich, die ich doch immer von Disziplin und Kontrolle geleitet wurde. Anstatt von Patrik etwas über den Mord zu erfahren, hatte ich mich von diesem theologischen Gefasel und den Drinks einlullen lassen und ihm am Ende wer weiß was erzählt.

»Charisma hat das Bürschchen, wie der beste Sektenführer. Der wird noch groß Karriere machen, im Gegensatz zu mir.« Desillusioniert rieb ich mir die pochenden Schläfen. War ich eine Versagerin? Oder, noch schlimmer, wurde ich genauso wahnsinnig wie mein Vater? Und das nur, weil mein Chef mich zu dieser Selbstfindungstherapie geschickt hatte?

Natürlich hatte ich als Jugendliche meinen Großvater dafür gehasst, dass er mich mit der militärischen Strenge eines Veteranen erzog. Rückblickend war ich ihm dafür allerdings dankbar, denn es hatte mein Leben gerettet. Alles zu verdrängen und zu vergessen, war das einzige Geschenk, das er mir je gemacht hatte. Doch Doktor Stefanie Binding sah das anders. Sie war es, die mir in all den Sitzungen ein Trauma eingeredet hatte.

»Trauma! Dieses ewige Versagen ist mein wahres Trauma!«, schrie ich den stummgeschalteten Fernseher an.

So weit war es schon gekommen, ich stritt mit Anrufbeantwortern und TV-Geräten. Und wenn ich noch länger triefend vor Selbstmitleid auf dem Sofa sitzen blieb, würde das womöglich in einem Nervenzusammenbruch enden.

Ich musste an die frische Luft. So konnte ich den Kater auskurieren und dazu noch meinen Wagen abholen. Ich schluckte eine Kopfschmerztablette, schlüpfte in ein paar Freizeitklamotten, steckte Geld ein und griff die Jeansjacke.

Die Welt draußen wirkte grell, schrill und laut. Das Warten auf den Bus war reine Folter und die Fahrt war nicht besser. Jedes Flüstern, das Reiben von Jackenstoff an Kunstledersitzen, das Knirschen von winzigen Kieselsteinen unter dick besohlten Schuhen, Zeitungsrascheln, ja sogar das Kaugummikauen der Kinder erschien mir wie ohrenbetäubender Lärm. Schüttelfrost und Hitzeschübe wechselten sich im Gleichklang mit der Stopp-and-Go Bewegung des Busses ab, bis die Tablette nach zwanzig Minuten endlich zu wirken begann.

Ein wohltuender Schleier legte sich um meine Sinne und dämpfte sie. Mit jeder Station, die ich der Kultfabrik näherkam, wurde die Welt erträglicher. Ich stieg am Ostbahnhof aus und erreichte nach weiteren zehn Minuten Fußmarsch mein Auto.

»Nie wieder Alkohol«, schwor ich, bevor ich einstieg, mich mit einem tiefen Seufzer zurücklehnte und die Augen schloss.

Was jetzt, Marie? Was willst du tun? Was ist dein nächstes Ziel? Die Antwort war simpel: Ich musste zur Kirche St. Loreto, um mit Pater Josephis einige offene Fragen zu klären.

Als ich vor der Kirche ankam, war nichts mehr von dem Drama zu sehen, das sich hier zwei Tage zuvor abgespielt hatte. Die Absperrungen waren entfernt, der Boden gesäubert und mit frischem Sand bestreut worden. Kein Journalist oder Schaulustiger zu sehen. Einzig die Herbstblätter waren noch da und flüsterten sich raschelnd ihre Geschichten zu.

Ich wusste dennoch genau, wo auf dem Platz das Blut die Toten so malerisch umrahmt hatte und in die Ritzen der Steinplatten gesickert war. Trotz des Sonnenscheins war mir kalt. Wind riss an meiner Kleidung. Ich schlang die Arme um die Brust und rieb mir die Oberarme.

Mehr als einmal blickte ich mich um, weil ich glaubte, aus den Augenwinkeln Schemen zwischen den Bäumen zu sehen. Wurde ich verfolgt? Standen die Geister von Opfer und Mörder hinter den Büschen, um mich bei meiner Arbeit zu beobachten? Oder verbargen sich dort, nur wenige Meter entfernt, die dämonischen Engel, von denen Patrik mich gewarnt hatte? Kamen sie, um mich für meine Sünden zu bestrafen?

Mein Verstand lachte bei dieser Vorstellung, doch mein Herz krampfte sich schuldbewusst zusammen. Das rote Backsteingebäude erschien mir mit einem Mal unpassend für ein Gotteshaus. Die verwitterte Turmspitze sah rußgeschwärzt aus. Musste eine Kirche nicht weiß und jungfräulich sein? Lag hinter dieser Wohnstatt Gottes ein dunkles Geheimnis verborgen?

Schmale, steinerne Stufen führten zu einer schäbig wirkenden Holztür. Ein kleiner Glaskasten rechts daneben zeigte, wann man den Gottesdienst besuchen und unter welcher Adresse man die Kirchenleitung erreichen konnte. War Pater Josephis also vielleicht gar nicht hier?

Ich drückte die eiserne Klinke. Behäbig und quietschend schwang die Tür auf. Ein winziger Vorraum diente als Lagerstätte für allerlei Prospekte, dann folgte das bescheidene Hauptschiff. Düstere Stimmung umgab die zwei Dutzend Sitzreihen und den überschaubaren Altarbereich.

Trotz der zahlreichen schmalen Kirchenfenster drang kaum Licht in den Raum. Das gelbe Zierglas wirkte, als klebte ein jahrhundertealter Nikotinfilm darauf, um das Licht systematisch auszusperren. Die Decke und Säulen waren mit Stuckornamenten und Figuren verziert. Heilige versammelten sich neben wilden Tieren, Putten umschwebten die Szenerie und ließen ihren Lendenschurz im Wind flattern.

Mir war mulmig zumute. Zögerlich schritt ich den Mittelgang entlang, auf eine weitere Tür zu, die sich seitlich im Altarbereich befand. Ich klopfte. Noch während ich meinen Arm senkte, erschien Pater Josephis.

»Guten Tag, Frau Kommissarin. Welch Überraschung. Was kann ich für Sie tun?«

»Ich würde mich gern noch einmal mit Ihnen unterhalten«, sagte ich und fragte mich selbst, was genau ich eigentlich zu erfahren hoffte.

Der Pater schenkte mir ein wissendes Lächeln und bat mich, einzutreten. Der Raum diente ihm offenbar als Büro und gleichzeitig als private Rückzugsmöglichkeit. Die Einrichtung war karg. Ein Tisch, ein Stuhl, eine Kommode, auf der eine alte Kaffeemaschine stand, ein Regal mit Ordnern und das obligatorische Kreuz an der Wand.

Während Pater Josephis sich setzte, blieb ich stehen. Eine innere Stimme riet mir, zu flüchten, auszubrechen, fortzulaufen. So unlogisch und doch so real. Aber ich hatte einen Job zu erledigen.

»Pater, danke, dass Sie sich Zeit für ein paar weitere Fragen nehmen«, begann ich und schlug dabei meinen kleinen Notizblock auf, um mir die noch offenen Punkte ins Gedächtnis zu rufen. *Reiß dich zusammen und erledige deinen Job*, ermahnte ich mich selbst.

Der Pater nickte mit duldsamer Miene. »Wie kann ich helfen?«

»Ich habe gesehen, dass in direkter Nachbarschaft die Kirche St. Michael steht. Hängen die Glaubenshäuser irgendwie miteinander zusammen?«, begann ich meine Befragung, ohne wirkliches Ziel.

Der Geistliche hob die Brauen, doch sein Lächeln blieb. »St. Loreto ist die ehemalige Lobpreisungskapelle von St. Michael. Doch sie wurde von den Katholiken kaum mehr genutzt, daher war der Abt so gütig, sie unserer Glaubensgemeinde zu öffnen.«

Ich stutzte und betrachtete den Pater genauer. »Dann sind sie kein katholischer Prediger?« Für mich war Kirche gleichbedeutend mit Papst, Beichte und einem Pfarrer, der mahnend den Zeigefinger über verängstigte Kinderköpfe hob. Auch wenn ich natürlich wusste, dass es spätestens seit Martin Luther auch die evangelische Kirche gab.

»Wir sind alle Christen«, antwortete der Pater. »Auch wenn diese Gemeinde dem koptisch-orthodoxen Glauben anhängt.«

Ich runzelte die Stirn. Meine Bildungslücke in diesem Bereich schien größer zu sein, als ich angenommen hatte. »Darf ich fragen, wo genau der Unterschied liegt?«

Pater Josephis griff nach einem Buch, das in der Mitte des Tisches lag. Es war das Buch, das er bereits bei unserer ersten Begegnung so eifrig umklammert gehalten hatte.

»Papst Diskorus sagte einst: Ich sah Christus über Lazarus Tod weinen, also ist er Mensch, ich sah ihn Lazarus von den Toten auferwecken, also ist er Gott. Ich sah ihn im Boot schlafen, also ist er Mensch, ich sah ihn den Sturm stillen, also ist er Gott.«

Mein Gesichtsausdruck schien Bände zu sprechen. Der Pater schmunzelte. »Genau wie die anderen Christen glauben wir an die Bibel, an Jesus und den einen Gott. Der Unterschied liegt lediglich in der Interpretation der Wahrheiten. Im Gegensatz zu anderen Glaubensrichtungen sind wir der Überzeugung, dass Jesus Gott und Mensch zugleich war, dass nicht nur der Mensch Jesus am Kreuz gestorben ist und dass auch in uns, als Kinder Gottes, diese zwei Anlagen schlummern und auf die Selbsterkenntnis warten.«

Der Unterschied liegt lediglich in der Interpretation der Wahrheiten, hallte es in meinem Kopf wider. War Wahrheit interpretierbar? War das nicht ein Widerspruch in sich?

»Für euch bin ich also nicht nur ein Mensch, sondern auch ein Gott?«, fragte ich, um die Sache sicher zu verstehen.

Der Pater knetete sein Buch. »Ja und nein. Denn ohne Selbsterkenntnis ist der Mensch nur ein Mensch. Man muss die Göttlichkeit erfahren, um sie Wirklichkeit werden zu lassen.«

Trotz der Tablette kündigten sich die Vorboten von Kopfschmerzen an. Ich kniff die Augen zusammen. Mein Hirn war noch zu betäubt, um schon wieder einem philosophisch-religiösen Diskurs zu folgen. Wozu auch? Dieses Geschwafel führte zu nichts, außer sinnlosen Gedankenspiralen.

Ich musste direkter auf mein Ziel losgehen, um meinen Chef zufriedenzustellen und die Wahrheit ans Licht zu bringen. »Was glauben Sie, hat das kleine Mädchen in ihrem Sonntagskleidchen hier, weit weg von ihrem Zuhause, vor Ihrer Kirche gewollt?«

Der Pater breitete die Arme aus und hob sie gen Himmel. »Vielleicht hat sie den Ruf Gottes gehört?«

Ich seufzte innerlich. Mit so einem Argument ließ sich natürlich alles schönreden. Und der Mörder war sicher vom Teufel besessen, lag mir als Antwort auf der Zunge. Aber ich schluckte die Worte hinunter und versuchte es sachlicher. »Warum kam sie hierher? Warum nicht zu irgendeiner anderen Kirche? Immerhin lebte sie in einem anderen Stadtteil. Es muss für so ein kleines Mädchen eine riesige Anstrengung gewesen sein, den Weg bis hierher zu finden.«

»Die Wege des Herrn sind unergründlich.« Die typische Floskel, wenn man keine Antwort hatte oder sie verschleiern wollte. Das merkte offenbar selbst der Pater, denn er fügte nach einigen Augenblicken des beidseitigen Schweigens hinzu: »Wir orthodoxen Kopten sind zwar weltweit eine Gemeinschaft von über zehn Millionen Gläubigen, doch die Gemeinden im deutschen Raum sind noch spärlich gesät. In München gibt es tatsächlich nur diese eine Enklave.«

»Verstehe.« Ich rieb mir über die Stirn. Das war vielleicht ein Ansatz. Waren die Thalhammers womöglich gläubige Kopten? Aber dann hätte der Pater das Kind ja gekannt. Ließ sich der koptisch-orthodoxe Glaube anhand der Jesuskreuze und Heiligentafeln unterscheiden? Oder gab es andere Merkmale, die ich aus Unkenntnis bisher übersehen hatte? Lauter Fragen, die sich zu groß für mein schmerzendes Hirn anfühlten.

»Eine Sechsjährige interessiert sich auf einmal für den koptischen Glauben, schafft es hierher zur Kirche und wird dann zufällig Opfer eines wahnsinnigen Messerstechers?«, fasste ich das absurde Gedankenspiel zusammen.

»Vielleicht hat der Mann die Kleine verschleppt?«, kam mir der Geistliche beflissentlich zu Hilfe.

»Ausgerechnet vor Ihre Kirche? Um sie hier in aller Öffentlichkeit zu töten?« So absurd der Gedanke auch war, führte es mich zu einem anderen Ansatz. Vielleicht hatte die Tat nichts mit dem Glauben selbst, sondern mit Pater Josephis in persona zu tun.

Doch selbst dann klang dieses Szenario unsinnig. Warum sollte ein Mann ein Mädchen entführen, zu einer Kirche verschleppen und dann erst sie und anschließend sich selbst richten? Ein Akt später Reue? Aber wofür? Das Mädchen war laut Gerichtsmedizin nicht vergewaltigt oder anderweitig gequält worden. Nichts von all diesen Möglichkeiten ergab einen Sinn!

Der Kopfschmerz wurde stärker. Mein Verstand brauchte eine Pause und mein Magen Nahrung. Ich hatte mich bereits abgewendet, als mir Patriks Worte in den Sinn kamen. »Was würden Sie jemandem erwidern, der behauptet, dass der Teufel ein Freund des Menschen ist und Gott nur ein Sklaventreiber?«

Pater Josephis' Gesichtszüge verhärteten sich. »Das ist die Lehre abtrünniger Teufelsdiener. Scharlatanerie! Gotteslästerung in seinem Haus!«

»Entschuldigt, Pater.«

Angesichts seiner drohend erhobenen Bibel verzichtete ich auf ein Händeschütteln und suchte das Weite.

Viel Neues war bei der Befragung nicht ans Licht gekommen. Doch sie hatte Patrik einmal mehr in den Fokus gerückt. Wenn er sich wirklich als Teufelsdiener entpuppte, kam auch ein Ritualmord in Frage. Oder waren die Toten beide Opfer von Religionsfanatikern geworden? War Münchens Osten Schauplatz eines heimlichen Glaubenskrieges zwischen den verschiedenen christlichen Strömungen geworden? Bei dem aktuellen Ermittlungsstand war alles möglich und ich durfte nichts vorschnell ausschließen, egal wie abstrus die Geschichte sich anhörte.

Ich brauchte endlich einen echten Anhaltspunkt. Etwas, das Ordnung in dieses Chaos brachte. Bisher hatte sich jedes Puzzlestück als Teil eines neuen, gesonderten Bildes entpuppt. Nichts passte zusammen. Oder sah ich nur das Bindeglied zwischen all den Fragmenten nicht?

Was nun? Unschlüssig blieb ich mitten auf dem Vorplatz stehen und schloss die Augen. Der Schmerz zwischen meinen Schläfen drückte gegen Stirn und Augäpfel. Ich war so verkrampft und angespannt, dass ich das Blut in den Ohren rauschen hörte. Oder war das der Wind, der zwischen den Baumreihen durch die herabgefallenen Blätter fuhr?

Klang es nicht viel eher, als würde jemand hindurchwaten? Ich öffnete die Augen, drehte mich in die Richtung um und glaubte, eine Schattengestalt zu sehen, die hinter einen der Stämme huschte.

Einmal mehr bekam ich das ungute Gefühl, verfolgt und beobachtet zu werden. Aber war das auch real? Oder nur eine weitere Auswirkung des vorangegangenen Abends? Engel und Dämonen gab es nur im Traum. Oder?

Ich brauchte Klarheit. Jetzt und hier. Also marschierte ich mit schnellen Schritten auf den Baum und vermeintlichen Verfolger zu. Doch das Einzige, was ich stellte, war eine Amsel, die flatternd davonstürzte. Alles nur Hirngespinste.

Ich brauchte dringend einen Kaffee und etwas Zuckerzufuhr.

Und da ich schon einmal hier war, konnte ich – nicht ohne private Hintergedanken – auch gleich ein zweites Mal in der *Echardinger Laube* einkehren.

Als ich den kleinen, kastigen Bau betrat, hatte ich das Gefühl, bereits ein Stammgast zu sein. Der Weg, die Terrasse, der Ausschank mit dem Brauereischild über der Theke, all das kannte ich bereits. Beim Betreten versuchte ich es mit einem mutigen »Grüß Gott«, erhielt vom Wirt allerdings nur ein brummiges Servus zurück, während der Stammtisch mich gänzlich ignorierte.

Zwischen den mir bereits bekannten Gesichtern hockte eine ältere Frau in Putzkleidung und berichtete gerade voller Entrüstung von der Liederlichkeit einer gewissen Person namens Evi.

»Des Luder mit ihre roten Schuh is doch a ganz Ausg'schamte! Die glaubt, mit a bissal Arschwackeln hat se des Geschäft in der Tasche. Aba ned mit mir!« Aufgebracht zupfte sie an ihren rosa Gummihandschuhen, die schmerzlich in Kontrast zu ihren roten Haaren standen, zog an den Bündchen und ließ sie hörbar schnalzen. Die Männer am Tisch grunzten eine Zustimmung und prosteten sich mit ihren Weißbiergläsern zu.

Ich setzte mich an meinen alten Platz und bestellte einen Kaffee. Und wieder bot mir der Wirt sein berühmtes Gebäck an. Ich nahm eine Nussschnecke und musste unwillkürlich grinsen. *Was, wenn da wirklich Schnecken drin sind*, dachte ich amüsiert in Erinnerung an das Stammtischgespräch von vor zwei Tagen. Es tat gut, hier zu sitzen. Zwischen all den bodenständigen Menschen. Und es tat gut, zu lachen, wenn auch nur innerlich.

Als eine halbe Stunde später die Tür aufflog und der charmante Fremde eintrat, war mein Glück perfekt. Sein Blick wanderte durch den Raum, blieb an mir hängen und erstrahlte vor Freude. Entschlossen marschierte er auf mich zu und streckte mir seine Hand entgegen.

»Mein Name ist Daniel, Daniel Bartholdy.« In seiner Stimme klang unverhohlene Aufregung mit, so als hätte auch er auf eine zweite Gelegenheit für diese Vorstellung gehofft.

Ich schüttelte seine Hand und grinste. »Guten Tag, Daniel Bartholdy.« Offensichtlich hatte Gott mir die Sache in der Kirche nicht so übel wie der Pater genommen.

»Ist bei Ihnen noch ein Platz frei?«, fragte er und lächelte dabei so einnehmend, dass ich ihn ohne Umschweife mit einer einladenden Handbewegung an meinem Tisch willkommen hieß.

»Sie haben mir das letzte Mal gar nicht verraten, was Sie in diesen exklusiven Treff führt«, unternahm ich mutig einen ersten Vorstoß.

»Daniel, bitte, nenn mich Daniel.« Seine dunklen Augen fixierten mich. »Und wie darf ich dich nennen?«

Ich zögerte nur kurz. »Marie, Marie Martius.«

Daniel bekam vom Wirt ebenfalls Kaffee serviert, hob die Tasse und prostete mir zu. »Ich danke dem Himmel für dich, Marie Martius.«

Es war wohl eher Eddie, dem er danken musste. Wahrscheinlich hatte er ihn angerufen, als ich aufgetaucht war. Aber auch ohne göttliche Fügung war so viel Aufmerksamkeit Balsam für meine angeschlagene Seele.

Daniel erzählte, dass seine Wohnung ganz in der Nähe lag, dass er als Controlling-Chef bei einem großen Industrieunternehmen arbeitete, gerade seinen Urlaub auf Balkonien verbrachte und einfach gern ab und an ohne Schlips und Kragen mit Leuten zusammensaß, die nicht bei jedem Wort und jeder Geste den absolvierten Rhetorikkurs raushängen ließen.

Zu gut, dachte ich, *das passt schon wieder zu gut, um wahr zu sein.* Ich stellte mir seinen muskulösen Körper in einem dunklen Anzug mit Krawatte vor. Ein beherrschter Redner, der mit überlegenen Gesten die Prozesse des Unternehmens aufzeigte und überwachte. Ob er seine schulterlangen, schwarzen Haare im Büro wohl offen oder zu einem kurzen Zopf zusammengebunden trug?

Wir scherzten über die perfekte Balkonausstattung, plauderten über Münchner Lieblingsorte und über die typisch bayrische Gemütlichkeit, die allen Einheimischen innewohnte. Mit seiner einnehmenden Art brachte er mich am sogar so weit, ihm meine Telefonnummer zu geben.

»Und wie steht es mit dem Mordfall?«, fragte Daniel, während er die bekritzelte Serviette sorgsam in seiner Jackentasche verstaute.

Siehst du, der ist in Wahrheit auch nur an dem Fall und nicht an dir interessiert! Genau wie die Pressefritzen! Auf Kommando sprang mein innerer Drillsergeant an und mahnte mich, auf Abstand zu gehen. Ja keine unüberlegte Vertraulichkeit mit einem Fremden.

»Es geht voran«, antwortete ich vage.

Doch Daniel blieb hartnäckig. Er wollte wissen, wie ich in dem Fall vorging, ob ich schon herausgefunden hatte, wer die Leichen waren, und auf welches Motiv ich tippte.

Vielleicht war es nur der Versuch, sich für meine Arbeit zu interessieren, doch das Ergebnis war stetig steigender Widerstand. War Daniel vielleicht ein Spion der Gegenseite? Hatte man ihn auf mich angesetzt, um mich auszuhorchen? War er der Schatten vor der Kirche gewesen? Um nicht antworten zu müssen, ging ich zum Gegenangriff über. »Was kannst du mir über St. Michael erzählen? Haben die Katholiken ein Problem mit der koptischen Gemeinde vor der Haustür?«

»Kopten sind auch Christen«, antwortete Daniel.

Und schon hatte ich ihn erwischt. »Ich dachte, du kennst St. Loreto nicht? Woher kommt also dein Wissen über Kopten?«

»Verstehe, die Kommissarin ermittelt gerade.« Er schmunzelte. »Wenn du die rote Backsteinkirche meinst, die kenne ich nur unter dem Namen St. Mina.«

St. Mina? Ich machte mir einen gedanklichen Vermerk für später. So leicht würde ich mich nicht vom Thema ablenken lassen. »In der Vergangenheit haben Christen andere Christen in blutigen Kriegen bekämpft. Wie steht's damit heute?«

»In schlechten Zeiten suchen die Menschen nach Halt unter der Führung eines gütigen Gottes. Sie kommen zusammen, um mit ihm ihre Sorgen zu teilen und Trost zu erhalten. Jesus Christus hat dafür gesorgt, dass den Menschen Vergebung zuteilwird – sowohl unter der segnenden Hand des katholischen, evangelischen und koptischen Priesters.«

Ich hasste dieses Gesülze über Gott und seine ach so große Gnade. Wo war er gewesen, als meine Eltern ihn gebraucht hatten? Wo, als ich ihn gebraucht hatte? Gott, wenn es ihn denn gab, hatte die Menschen von Anfang an im Stich gelassen. Sie konnten nur überleben, wenn sie ihr Schicksal selbst in die Hand nahmen.

»Geht es der Welt so schlecht, dass uns nur noch eine körperlose Lichtgestalt aus alten Geschichtsbüchern Rettung bringen kann?« In meiner Stimme klang der Hohn mit, den ich empfand.

Daniel kniff die Augen zusammen und verzog das Gesicht. »So ungläubig, Marie? Hast du gar keine Angst, dass deine Seele am Ende in der Hölle schmoren wird, bei solchen Ansichten?«

Sie sind in Gefahr! Gott wird sich grausam rächen, wenn Sie sich gegen ihn auflehnen und in seine Geschäfte einmischen. Patriks Worte hallten in meiner Erinnerung wider. Mit einem Mal fühlte ich mich von all diesen Scheinheiligen umzingelt und beobachtet.

Die Männer am Stammtisch steckten die Köpfe zusammen, während die Frau dem Wirt geheime Zeichen zu geben schien. Sogar der Koch mit seinem blutigen Kittel und vernarbtem Gesicht kam aus der Küche und blickte zu mir herüber.

Ich spürte den unwiderstehlichen Impuls zu flüchten, kramte meinen Geldbeutel aus der Jacke, ignorierte Daniels fragenden Gesichtsausdruck und legte einen Zehner auf den Tisch.

»Habe ich dich verletzt? Es sollte nur ein Scherz sein. Bitte, Marie, bleib.«

»Nein, nein«, log ich. »Ich habe schon zu lange hier gesessen. Die Arbeit ruft.«

»An einem Samstag?« Ein skeptischer Zug um seinen Mund verriet seine Zweifel. Aber das war egal. Ich musste weg, raus aus der Gefahrenzone. »Verstehe. Dann werde ich dich in den nächsten Tagen anrufen und hoffen, deine engelsgleiche Erscheinung ein weiteres Mal zu Gesicht zu bekommen.« Er lächelte verschmitzt, doch in mir hallte das ungute Echo seiner Worte wider. Engelsgleich? War das eine Anspielung oder versteckte Drohung? Verdammt, warum hatte ich ihm nur meine Telefonnummer gegeben!

Draußen atmete ich tief durch. Am liebsten hätte ich die Wut über mich selbst ausgespien. Mein Magen rumorte, während er die Nussschnecke zu verdauen versuchte. Mein Kopf fühlte sich an, als wäre er mit von Chloroform durchtränkter Watte gefüllt. Was um Himmels Willen hatte ich mir nur dabei gedacht? Ich hatte wegen eines Flirts um ein Haar meine Ermittlungen gefährdet und das, obwohl ich sowieso kaum etwas Fassbares in der Hand hatte.

Hatte Kornzwiller recht? War ich unfähig, einen Fall aufzuklären? Seit meiner Kindheit war es mein Traum gewesen, Verbrecher zu jagen und die Schuldigen hinter Gitter zu bringen. Ich musste mich einfach noch mehr anstrengen, um Erfolg zu haben.

Wieder einmal hatte ich mich gehen lassen. *Kontrolle, Mädel! Nur mit Kontrolle kommst du weiter*, hörte ich meinen Großvater in Gedanken sagen. Und er hatte recht. Egal wie sehr ich unter seiner lieblosen Erziehung gelitten hatte, sein Drill war der Weg gewesen, mein Leben zu ordnen und vorwärtszubringen.

Wenn die Demenz ihn nicht geschwächt hätte, er hätte verhindert, dass ich zur Polizei gegangen wäre. Das Militär war seiner Ansicht nach die bessere Wahl. Dort standen Regeln, Befehle und das Befolgen von Regeln und Befehlen an oberster Stelle. Null und Eins, ja und nein, richtig und falsch. Freund und Feind. Alles ganz klar und unmissverständlich – keine Engel oder dunklen Schatten, die sich hinterrücks an dich heranschlichen, dich verwirrten oder betrogen.

Ich musste diese Hirngespinste abschütteln und mich besinnen. Vielleicht würde ein Gespräch mit meinem Großvater mich wieder in die richtigen Bahnen lenken?

Auf dem Weg zum Auto beschloss ich, ihn am nächsten Tag im Pflegeheim zu besuchen und fuhr mit dem beruhigenden Gefühl, mich und meine Gefühle wieder im Griff zu haben, nach Hause.

In der Wohnung erwartete mich auf dem Anrufbeantworter eine weitere verrauschte Nachricht. Offenbar wollte mich Gott provozieren und zur Weißglut treiben.

Nicht mit mir! Kurz entschlossen stöpselte ich das Gerät aus, warf es in den Mülleimer und verkroch mich vor weiteren Überraschungen mit einer heißen Suppe und einem Stapel kriminalistischer Fachbücher in mein Bett.

KAPITEL 7

Der Radiosprecher in den Zehn-Uhr-Nachrichten berichtete gerade über den Verkauf des Riemer Trabrennbahngeländes an ein russisches Firmenkonglomerat, als ich in die Grünwalder Straße einbog und meinen Volvo nach wenigen Metern vor dem Bau des gediegenen Pflegeheims *Sonnendorf* parkte.

Das Haus besaß Villencharakter. Die barocke Front wurde von turmartigen Erkern eingefasst, verbunden durch eine Zierborte zwischen dem zweiten und dritten Stockwerk. Allein die moderne, gläserne Überdachung des Eingangsbereichs, gestützt von vier roten Stahlpfeilern, stand in Kontrast zu dem herrschaftlichen Bild. Mir war mulmig zumute, wie immer, wenn der Moment bevorstand, meinen ehemaligen Vormund wiederzusehen. Heute war er in den Augen der Ärzte ein hilfsbedürftiger, zerbrechlicher, alter Mann. Doch nicht für mich. Sobald ich ihm gegenüberstand, verwandelte er sich zurück in den starken, gebieterischen Militärführer aus meiner Kindheit. Jedes Wort barg einen Befehl, jeder Blick einen Tadel.

Ich fürchtete sein Wissen über mich und meine verwundete Seele, und ich liebte ihn dafür. Er war mein Halt im Strudel der Gefühle gewesen, eben weil er sie mir mit eiserner Hand ausgetrieben hatte. Er hatte mir geholfen zu verdrängen, was ich nicht verarbeiten konnte. Und eine Zeit lange hatte diese Taktik gut funktioniert.

»Hör auf zu flennen, Marie!«, befahl er in meiner Erinnerung. »Wenn die anderen dich Leichenkind schimpfen, dann wehr dich! Nur schwache Mädchen setzen sich hin und heulen, wenn sie angegriffen werden. Reiß dich zusammen, trete deinem Gegner entgegen und kämpfe!«

Und genau das hatte ich getan. Ich hatte um mich geschlagen. Erst mit Fäusten und später mit Worten. Angriff wurde zu meiner besten Verteidigung. Ich verletzte, bevor sie mich verletzen konnten. Bevor sie mir zu nahe kommen und in mein kaputtes Innerstes blicken konnten. Denn in Wahrheit war ich ein verstörtes, tieftrauriges, sieben Jahre altes Mädchen gewesen. Und ein Teil von mir war das immer noch.

Ich betrat die Empfangshalle des Pflegeheims und fühlte gleichzeitig den Kloß im Hals größer werden. Einst hatte ich meinen Großvater verehrt, mittlerweile fürchtete ich ihn. In meinen Erinnerungen schob sich immer häufiger seine grimmige Miene in den Vordergrund. Dann, wenn er auf mich hinabgeblickt, mich gepackt, geschüttelt oder in mein Zimmer gesperrt hatte.

Damals hatte ich geglaubt, die Lösung meiner Probleme wäre, nie wieder eine Träne zu vergießen, nie wieder Gefühle zu zeigen. Niemandem. Heute kratzte ich an diesem Schutzwall und konnte mich nur mit therapeutischer Hilfe langsam, Schicht um Schicht, hindurcharbeiten.

Mit diesen Gedanken im Hinterkopf lief ich die Stufen hinauf in den zweiten Stock. Weicher Teppichboden verschluckte die Geräusche meiner Schritte und sorgte für eine bedrückende Ruhe. Das hölzerne Treppengeländer roch nach Sandelholzpolitur. Klassische Kunstdrucke hingen in Zierrahmen an den Wänden. Keine Spur von klinischer Sterilität oder Desinfektionsgerüchen. Einzig das Personal in seinen blütenweißen Kitteln erinnerte daran, dass dies kein Hotel, sondern eine Pflegeeinrichtung war.

Zu verdanken hatte mein Großvater diesen exklusiven Aufenthaltsort seiner langen und erfolgreichen Karriere. Das Land sorgte gut für seine tapferen Söhne. Ich hätte ihm diesen Luxus mit meinem bescheidenen Gehalt nicht bieten können – vielleicht auch nicht bieten wollen.

Kein Jammern, kein Mitleid, kein mütterliches Betun, schärfte ich mir die ungeschriebenen Regeln ein. *Aufrecht stehen. Hart wie Stahl, hart wie Stahl!* Ich war bereit.

Zimmernummer einundzwanzig war das Reich von Clemenz Martius. Dort galten seine Gesetze. Ich klopfte zaghaft, dann kräftiger, und trat, ohne auf eine Reaktion zu warten, ein.

Mein Großvater saß zusammengesunken in einem altmodisch geblümten Sessel und starrte an die Wand gegenüber. Eine großzügige Fensterfront ließ die Sonne herein und eröffnete den Blick auf die herbstlich geschmückten Baumkronen des angrenzenden Parks.

Der Raum maß etwa dreißig Quadratmeter. Ein medizinisch aufgerüstetes Bett, mit verstellbarem Kopfelement und hochklappbaren Seitengittern, stand neben einem schlichten Buchenholz-Nachtkästchen, dazu ein einfacher Schrank an der Wand bei der Tür, eine Kommode, eine Stehlampe und ein Bridgetisch vor dem Sessel.

»Hallo Clemenz«, sagte ich mit fester Stimme – die einzige Anrede, die er mir gestattete.

Er schreckte auf und musterte mich. Seine hin und her huschenden Pupillen verrieten, dass er mich nicht erkannte. Es war dieser hilflose Ausdruck in seinem Gesicht, der die Demenz sichtbar machte. Ein Blick, der mich an Tootles erinnerte, einen von Peter Pans verlorenen Jungen, der im Film *Hook* seine Murmeln im Nimmerland vergessen und seither nicht mehr alle Sinne beieinanderhatte.

»Wer sind Sie? Was wollen Sie?«

»Ich bin es. Marie. Die Tochter deines Sohnes, die du aufgezogen hast. Erinnerst du dich an deinen Sohn Albert?«

Mir war, als würde sich ein dunkler Schleier über seine Pupillen senken. »Albert«, wiederholte er und blinzelte.

Ich wusste nicht, ob er den Namen fragend oder in plötzlichem Wiedererkennen aussprach.

Er hob die Hände aus seinem Schoß und strich sich über die knöchrigen Knie. »Albert ist tot.«

Ich nickte und trat näher. Hatte ich mich wirklich eben noch vor diesem Mann gefürchtet? Als unsere Blicke sich trafen, richtete er sich mit einem Ruck auf. »Marie, wo bist du gewesen! Ich habe dir doch gesagt, du sollst nach der Schule direkt nach Hause kommen.«

»Clemenz, ich …«

»Unterbrich mich nicht! Du hast zu gehorchen! Zur Strafe gehst du heute ohne Abendbrot ins Bett.«

»Clemenz, schau mich an. Ich bin kein Kind mehr.« Was hätte tadelnd klingen sollen, war ein Betteln. Um ihm Zeit zu lassen, trat ich zurück und setzte mich an das Fußende des Bettes. Es dauerte lange, bis er seine Sinne sortiert hatte.

»Marie, begleite mich auf eine Tasse Kaffee in die Cafeteria«, sagte er schließlich.

Folgsam stand ich auf, unterdrückte den Impuls, ihm hochzuhelfen, und wanderte an seiner Seite zum Lift und in den Aufenthaltsbereich des Heims.

»Bist du verheiratet?«, fragte er, als uns die Bedienung die Getränke servierte.

»Nein.«

Es war erst knapp vier Wochen her, dass ich meinen Großvater das letzte Mal besucht hatte. Aber Zeit war etwas schwer Fassbares für ihn geworden. Trotzdem war da die Hoffnung, vielleicht das erste Mal in meinem Leben, ein ernsthaftes, erwachsenes Gespräch mit Clemenz führen zu können. Weil ich es musste. Ich musste dieses Gefühlschaos in den Griff bekommen, um mich voll und ganz auf den aktuellen Fall konzentrieren zu können.

Meine Psychotherapeutin wollte, dass ich mich mit meiner Vergangenheit auseinandersetzte. Und dafür brauchte ich Hilfe.

»Was waren meine Eltern für Menschen?«

»Was stellst du für sinnlose Fragen, Marie. Die Vergangenheit ist bedeutungslos, das habe ich dir oft genug gesagt.«

»Warum hat mein Vater sich und Mutter umgebracht?«

Clemenz verzog das Gesicht und schlug mit seiner großen knöchrigen Hand auf den Tisch, dass die Kaffeelöffel klirrten. Doch ich ließ nicht locker.

»Sag mir, was damals passiert ist. Ich bin alt genug, die Wahrheit zu ertragen. Ich muss es wissen, um damit endlich abschließen zu können.«

Der Blick meines Großvaters wurde eisig, sein Gesicht eine steinerne Maske. Ich sah, wie die faltige Haut seiner Unterarme sich spannte, wie er die Hände zu Fäusten ballte.

Das hier ist sinnlos.

»Du glaubst, du bist bereit für die Wahrheit? Für welche? Schau dich doch an! Du sitzt hier, wie ein geducktes Mäuschen vor der Falle, und hoffst, dass der Käse zu dir kommt.«

Er schnaubte verächtlich und fuhr sich mit der Zunge über die rauen, zerklüfteten Lippen. »Ein Soldat geht vorwärts und blickt nicht zurück. Gefühle machen einen verletzlich. Und wer verletzlich ist, der ist leichte Beute für den Feind.«

Wieder glitt seine Zunge über die Lippen. »Sei niemals Beute, Marie. Du musst der Feind sein, wenn du etwas erreichen willst. Immer kontrolliert. Du musst den Druck ausüben, anstatt dich zu Boden werfen zu lassen.«

Seine Worte klangen wie Hohn. Wer hielt mich denn klein und unter seiner Knute. Er!

Ich nahm all meinen Mut zusammen, wollte widersprechen. Doch Clemenz schlug abermals mit seiner Hand auf den Tisch und stemmte sich hoch. Wie ein Löwe über das Gnu gebeugt stand er da. Und ich vergaß meine Worte.

Wenige Minuten später saß ich zitternd in meinem Wagen und gab Gas. *Schnell weg hier. Versteck dich. Verbuddle dich. Du bist es nicht wert, dich Kommissarin zu nennen. Du bist ein Nichts. Nichts wert und zu nichts zu gebrauchen.*

Entgegenkommende Autofahrer starrten mich an, lachten mich aus und zeigten mit dem Finger auf mich. Schatten flogen am Straßenrand von Baum zu Baum. Sie verfolgten mich. Jagten mich, um mich zu verschlucken und in ihr düsteres Reich zu verschleppen. Mein Herz raste, als würde ich die Straßen zu Fuß entlanghetzen. Wo war ich sicher? Wo würde man mir helfen?

Ich wählte die Nummer von Doktor Stefanie Binding, doch der Anrufbeantworter erinnerte mich daran, dass die Praxis nur von Montag bis Freitag besetzt war. Außer meinem Großvater hatte ich keine weiteren Verwandten, Freunde auch nicht, also tat ich das Einzige, was mir in solchen Situationen blieb – ich fuhr zum Neuen Südfriedhof.

Der Großfriedhof an der Hochäckerstraße war kurz vor dem Tod meiner Eltern gebaut worden, um die überbelegte Grabstätte am Perlacher Forst zu entlasten. Übersichtlich und systematisch angelegt, bot er viertausend Verstorbenen Platz, in Ruhe zu verrotten. Ruhe, die mir fehlte.

Gehetzt steuerte ich den Parkplatz an, reihte mich in die Zeile abgestellter Autos ein und stieg aus. Meine Hände zitterten – nicht, weil vor mir ein Feld voller Toter lag, sondern weil etwas Lebendiges hinter mir her war. Etwas Unfassbares, das es auf meinen Verstand abgesehen hatte.

Gehetzt lief ich den schmalen, sandigen Weg durch die Gräberlandschaft entlang, über eine kleine Brücke, am Aussegnungsgebäude vorbei und schwenkte schließlich in die Gasse ein, in der meine Eltern verscharrt lagen.

Der Klammergriff um mein Herz löste sich ein wenig. Endlich daheim. Vor mir lag der Flecken Erde, unter dem die letzten Atome meiner Eltern atmeten. Ein genau bemessenes Grundstück, von Gras überwuchert, mit frischen Friedhofskerzen verziert und einer schlichten hellgrauen, Steinplatte, auf der ihre Namen standen: »Albert und Elisabeth Martius. Gestorben 1989.«

Das vertraute Bild half mir, ruhiger zu werden. Im Hintergrund schwappte das Dröhnen der Autobahn Richtung Salzburg über die Friedhofsmauer. Ein an- und abschwellendes Rauschen, unterlegt vom sehnsüchtigen Gesang jener Vögel, die vom warmen Süden träumten, während ihnen der Frost im Gefieder hing.

Das namenlose Böse, das mir im Nacken gesessen hatte, zerfaserte langsam zu einem vagen Schleier aus Scham und Schuld. Ich wollte gerade durchatmen, als mich ein Detail am Grab stutzen ließ.

Wieso brannten die Kerzen? Wer hatte die alten entsorgt und durch neue ersetzt? Könnte mein Großvater das angeordnet haben? Wohl kaum. Er hatte sich noch nie sonderlich für die Gräber interessiert.

Ich ging in die Hocke und berührte mit den Fingern den Rasen vor dem Grabstein. Wieso war die Erde feucht? Auf dem Weg hierher waren die Straßen trocken gewesen.

»Werde ich verrückt, Mama? War Papa verrückt? Warum sonst hätte er uns das antun sollen?«, flüsterte ich und wartete. Ich wartete auf eine Antwort. Von außen oder innen. Irgendwo tief vergraben kannte ich sie bereits. Ich musste sie nur ausgraben, freilegen und greifen. Doch je entschlossener ich es versuchte, umso leerer fühlte ich mich.

»Nicht mit Gewalt«, wiederholte ich die Anweisung von Doktor Binding. »Lockerlassen, loslassen, hingeben.«

Doch statt in meine Gefühle einzutauchen, spürte ich meine schmerzenden Knie. Jede Sehne schien zu schreien und mich zum Aufstehen zwingen zu wollen. Also erhob ich mich und schnaubte resigniert.

Ein Friedhof war wahrlich ein seltsamer Ort, um sein Seelenheil zu suchen und sich vor sich selbst zu verstecken. Ich blickte über die Gräber. Ein Stein neben dem anderen zierte dieses Feld, wie ein riesiges Mosaikbild. Es gab gepflegte Abteile, üppige Abteile, schlichte Abteile, mit einem Holzkreuz am Kopfende, einer Steinplatte, einem ganzen Felsbrocken oder gar einer Heiligenfigur. Hier und da bewachten fein gearbeitete Engel die Toten. Der Blumenschmuck auf den Erdwällen variierte in herbstlichen Tönen.

Niemand sonst war zu sehen. Bis auf eine einzelne Gestalt, die den Weg entlang auf mich zu kam. Sein Haarschopf ragte wie ein Kamm aus feurigen Fackeln in den Himmel. Nur mehr zwei Schritte entfernt blieb Patrik stehen.

»Wie hast du mich ausgerechnet hier gefunden?«, fragte ich.

»Ich bin Ihnen gefolgt.«

»Seit wann?«

»Seit wir uns getrennt haben.«

Ich schwieg und rechnete nach. Es war gut sechsunddreißig Stunden her, seit ich aus dem Partykeller geflüchtet war. Mal abgesehen davon, dass ich ihm das mit der Verfolgung nicht glaubte, warum hätte er das tun sollen?

»Willst du mir etwas erzählen, das ich noch nicht weiß?«

»Ich will, dass Sie meine Warnung ernst nehmen.«

Eigentlich war mir nicht nach Arbeit zumute, doch Kriminalkommissarin war man nicht nur wochentags. Ich hatte einen Fall zu lösen und dieser Punk hielt offenbar einige der Puzzleteile in seinen Händen und wollte reden. Also musste ich mitspielen.

»Der Einzige, der mich momentan verfolgt, bist du. Muss ich mich also vor dir fürchten?«

»Ich bin jetzt Teil eines anderen Spiels.« Patriks Miene blieb ernst. »Aber wenn Gott seine Rächer auf Sie hetzt, wird auch der Teufel Sie nicht mehr retten können.«

Ich seufzte. »Hat er mich denn jemals gerettet?«

»Einst hat er die Welt gerettet, indem er den Menschen lehrte, in sich zu gehen, seinen Gefühlen zu folgen und eigene Entscheidungen zu treffen. Denn in Wahrheit ist jeder Mensch sein eigener Gott. Die Erde ist ein Land voller schlafender Götter. Wachen Sie auf, Marie!«

»Wer hat dir das beigebracht?«, fragte ich und forschte in seinen Gesichtszügen nach seinen wahren Absichten.

Er sah blass aus, wirkte aufgewühlt. Seine Bewegungen erschienen fahriger. Der Blick aus seinen milchiggrünen Augen wanderte unablässig über die Gräber, zu mir und wieder zurück in Richtung der Friedhofsmauern. Gerade so, als würde er nach etwas Ausschau halten.

»Ich«, flüsterte er und kam einen Schritt näher. »Ich habe mich selbst wiedergeboren, habe meinen ersten Atemzug getan, mir die Nabelschnur durchtrennt und endlich die Augen geöffnet. Ich sehe jetzt die Wahrheit.«

Ich ignorierte den Impuls, auf Abstand zu gehen, und mühte mich, keine Regung zu zeigen, während ich so unauffällig wie möglich mit der Hand nach meinem Handy in der Tasche tastete. Patrik klang, wie ein Lehrbuch-Amokläufer kurz vor dem Ausrasten. Wollte er sich vorher bei mir rechtfertigen? Mir seine wirren Motive erklären? Oder war das der Beginn eines Geständnisses?

»Was hat das mit mir zu tun, Patrik? Was willst du mir sagen?«

»Ich habe mich befreit. Aber nach Ihnen wurde bereits die Hand ausgestreckt. Man will Sie bannen und wie eine Marionette an unsichtbaren Fäden tanzen lassen.«

In seinem Gesicht war echte Besorgnis zu lesen, doch seine Worte ergaben einfach keinen Sinn. Gerade so, als wäre er in einer anderen, mir unverständlichen Welt gefangen.

»Ich bin dir für deine Hilfe dankbar. Aber ohne konkrete Hinweise, die auf den Fall bezogen sind, kann ich mit deiner Aussage nichts anfangen. Hast du etwas gesehen? Weißt du etwas, das du nicht sagen darfst?«

Er trat von einem Fuß auf den anderen, fasste nach seinen Ketten. »Hören Sie nicht auf die Stimmen.«

»Was für Stimmen? Patrik, du sprichst in Rätseln!«

Das war genug der Spielchen. Blitzschnell streckte ich meinen Arm aus, um ihn zu packen und für eine ordentliche Aussage mit zum Kommissariat zu schleifen. Doch Patrik wich mir aus. In einer seltsam steifen Bewegung sprang er drei Schritte rückwärts. Sein Blick wirkte trotz der kaltfarbigen Kontaktlinsen fast flehentlich auf mich.

»Vergessen Sie den Fall! Es wird weiteres Blut fließen, ohne dass Sie es verhindern können.«

Eine Drohung. Eine direkte Drohung. Ich schüttelte den Kopf. Diesmal würde ich ihn nicht so einfach laufen lassen.

Patrik nickte, als würde er verstehen. »Geben Sie auf sich acht, Marie Martius. Gottes Gehilfen sind mächtig und skrupellos.« Kaum ausgesprochen, drehte er sich um und sprintete den sandigen Weg entlang.

Ich setzte nach, zog mein Handy und wählte die Nummer vom Präsidium, um Verstärkung zu ordern. Doch noch bevor ich die kleine Brücke erreicht hatte, war Patrik aus meinem Sichtfeld verschwunden.

»Verdammt!« Als jemand vom Präsidium abhob, meldete ich mich mit Namen und Dienstnummer, nur um die Sache dann als falschen Alarm abzuhaken. Selbst wenn Patrik etwas wusste, fehlte mir momentan noch jeglicher Beweis dafür. Vielleicht wollte sich der Punk nur wichtigmachen. Womöglich gefiel ihm das plötzliche Interesse an seiner Person einfach so gut, dass er das Spiel künstlich in die Länge zog.

Eines hatte er mit seinem Auftritt immerhin geschafft: Er hatte mich aus meinem zerstörerischen Gedankenstrudel gerissen und auf das fokussiert, was wichtig war. Fakten und Tatsachen.

Zurück am Auto bemerkte ich einen Zettel, der unter den Scheibenwischer geklemmt war. Wohl wieder eine dieser unsäglichen Werbeaktionen von einem der zwielichtigen Gebrauchtwarenhändler.

Ich zupfte das gefaltete Papier von der Scheibe, sperrte den Wagen auf und stieg ein. Bevor ich den Zündschlüssel drehte, klappte ich die Notiz eher beiläufig auf und hielt verblüfft inne. Statt Verkaufsangeboten zu Schleuderpreisen fand sich eine handgeschriebene Adresse darauf. Ein neuer Werbetrick? Eine weitere verschlüsselte Nachricht von Patrik? Oder hatte jemand beim Ausparken meine Stoßstange zerkratzt?

Ich stieg aus und umrundete das Auto, konnte aber nichts Ungewöhnliches entdecken. Meine Neugier war dennoch geweckt. Ich holte einen Stadtplan aus dem Handschuhfach und schlug das Straßenverzeichnis auf. »Riemer Straße, wo bist du zu finden.«

Die angegebene Hausnummer lag in der Gegend der Verbindungsstraße nach Trudering. Es würde mich nur einen geringfügigen Umweg kosten, die Strecke auf dem Heimweg abzufahren. Ich legte den Plan beiseite und ließ den Motor an. Warum eigentlich nicht?

Ein paar Minuten später stand ich unschlüssig an der Ampel am Mitterfeld und überlegte, ob ich nach links oder rechts in die Riemer

Straße abbiegen sollte. Mein Instinkt ließ mich den Weg Richtung Ortskern einschlagen. Doch nach den ersten Häusern war klar, dass die Nummer auf dem Zettel in meinem Rücken lag. Ich orientierte mich um, drehte den Wagen und schlich die Straße entlang, den Blick auf die kleinen blauen Schilder mit den geschwungenen Ziffern gerichtet.

Als ich wieder an der Kreuzung war und die Gebäude auf der linken Seite bereits Pferdekoppeln wichen, ahnte ich, wo meine Suche enden würde. Schräg gegenüber der Autobahnauffahrt lag, hinter hohen Mauern sorgfältig verborgen, ein luxuriöses Haus, das mir durchaus bekannt war.

»Irgend so ein Mistkerl hat mir doch tatsächlich die Adresse eines Puffs an die Windschutzscheibe gesteckt!« Verärgert beschleunigte ich meinen Wagen. Das war definitiv genug für einen Sonntag.

KAPITEL 8

Während ich die Haustür aufsperrte, hörte ich bereits mein Telefon klingeln. Ich stürzte in die Wohnung, warf meine Sachen in den Flur und riss das Mobilteil aus seinem Ladegerät.

»Ja?«, keuchte ich außer Atem.

Auf der anderen Seite der Leitung blieb es still. Einen Moment lang dachte ich schon, dass nicht wie vermutet mein Anrufbeantworter, sondern mein Telefon kaputt war, als sich eine Männerstimme meldete.

»Spreche ich mit Marie? Hier ist Daniel Bartholdy. Deine Nussschnecken-Bekanntschaft.«

Ich schmunzelte, atmete durch, und die Anspannung des Tages fiel auf einen Schlag von mir ab. »Ich habe nicht mehr erwartet von dir zu hören. Schließlich dämmert es draußen bereits und unser geheimer Treffpunkt ist wohl schon geschlossen.«

Sein herzhaftes Lachen dröhnte durch den Hörer. Genau das Richtige für meine Nerven. Meinetwegen hätte er die nächsten zehn Minuten einfach so weiterlachen können. Stattdessen antwortete er: »Obwohl ich bekennender Fan der Laube und von süßen Stückchen bin, hatte ich diesmal etwas Ordinäreres im Sinn. Ganz ohne

Schützenverein und spionierende Gartenfreunde, dafür aber mit Tischdecke und Kerzenschein. Na, wie klingt das?«

Ein Date! Er wollte ein Date mit mir. Ich war hin- und hergerissen. Mein Herz schrie laut »Ja« und auch mein Magen stimme eifrig zu, doch mein Verstand hielt dagegen. *Geh nicht, das bringt nur Ärger. Erinnere dich an Jochen, deine letzte Beziehung und dein letzter Fehler!*

»Ich garantiere freies Geleit und kostenlose Logis.« Daniels frech-charmante Art ließ meinen Widerstand schmelzen. Was konnte es schaden, sich ein wenig abzulenken? Es musste ja nicht gleich im Bett und in einer Beziehung enden. Und Doktor Binding würde es bestimmt gutheißen.

»Also gut, in Ordnung. Du darfst mich in einer Dreiviertelstunde abholen. Und bring dein Lachen mit«, antwortete ich, bevor ich es mir selbst ausreden konnte. Zum Abschluss nannte ich ihm noch schnell meine Adresse und legte auf.

Warum tust du dir das an? Du weißt, wie das enden wird. Meine innere Stimme verfolgte mich bis unter die Dusche. Doch ich schruppte einfach über sie hinweg. Dinge mussten sich nicht wiederholen. Wenn ich mich änderte, dann würde sich auch alles andere ändern. Auch, wenn das hieß die Kontrolle ein Stück weit aufzugeben.

Ich wollte nicht mehr der beherrschte, berechenbare Mensch sein, zu dem ich erzogen worden war. Ich wollte aus der Routine ausbrechen, Wagnisse eingehen und Grenzen überschreiten. Das schien mir die einzige Möglichkeit, mich endlich von meinen alten Lasten zu befreien.

Vierzig Minuten später klingelte es an der Tür. Mein Date war pünktlich und ich bereit für einen Neuanfang.

Ich schaltete den Anrufbeantworter ein, den ich gleich nach dem Telefonat wieder aus dem Abfall gekramt hatte. Schließlich wollte ich nicht Gefahr laufen, einen weiteren von Daniels Anrufen zu verpassen. Dann warf ich einen letzten Blick in den Spiegel. Wen würde Daniel in mir sehen? Eine potenzielle Partnerin? Ein knisterndes Abenteuer? Oder eine vom Leben gezeichnete Frau und Kommissarin, die es sich zur Aufgabe gemacht hatte, den Wahnsinn in der Welt zu bekämpfen und sich selbst zusehends darin verstrickte?

Ich versuchte ein Lächeln, legte eine Haarsträhne zurecht, zupfte zum hundertsten Mal an meinem schwarz schimmernden Kleid herum und rückte den integrierten Push-up-BH zurecht. Das musste reichen. Ich schlüpfte in meine einzigen und bereits altersschwachen Pumps, entschied mich für den grauen Parker statt für die dünne Jeansjacke und trat mit Handtasche bewaffnet aus der Wohnung.

Im Neonlicht des Fahrstuhls wirkte mein Spiegelbild grässlich überzeichnet. Mein Schminkversuch entstellte meine Lippen, durch den Kajal wirkten meine Augen geschwollen und das elegante Kleid wehrte sich gegen die Berührung mit meinem Körper. *Du machst dich zu einer Witzfigur!*

Doch für einen Rückzieher war es zu spät. Der Lift hielt an, die Tür öffnete sich und bot dem Mann draußen vor der gläsernen Eingangstür freie Sicht auf dieses Desaster.

Er hingegen sah fabelhaft aus. Unter seinem schwarzen Mantel trug er einen dunkelgrauen Anzug, in dessen Stoff dünne orangefarbene Fäden gewebt waren. Sogar eine Krawatte hatte er umgebunden, ebenfalls in der Farbe von saftigen Mandarinen. Doch das, was mich meinen Kampf mit mir selbst vergessen ließ, war sein Blick. Diese wunderschönen dunklen Augen, die weder Abscheu, Skepsis noch Tadel widerspiegelten, sondern Bewunderung und Begehren.

Ich trat in einen kühlen Abend hinaus und fühlte mich das erste Mal an diesem Tag sorglos und glücklich.

»Guten Abend, Marie. Wenn ich gewusst hätte, dass du in Gestalt eines strahlenden Engels erscheinst, hätte ich meine Hörner vorher sorgfältiger abgeschliffen.«

»Lass nur«, konterte ich. »So habe ich etwas zum Festhalten, sollte ich Gefahr laufen, deinen Teufeleien zu erliegen.«

Daniel nickte mit einem anzüglichen Funkeln in den Augen und führte mich zu seinem Wagen, einem dunkelblauen 5er BMW. Er öffnete ganz in Gentleman-Manier die Beifahrertür und ließ mich einsteigen.

Es roch nach einer Mischung aus Autopolitur und Rasierwasser. Am Innenspiegel baumelte ein goldenes Plastikhufeisen. Auf der Rückbank lag, sauber gefaltet, eine farblich auf die blauen Stoffbezüge abgestimmte Decke. In der Mitte des Armaturenbretts leuchtete die obligatorische Musikanlage in Blau- und Gelbtönen. Ein typisches Männerauto.

Der Motor schnurrte leise, als Daniel den Wagen anließ, ausparkte und zielstrebig Richtung Altstadt lenkte. Als er

kurz vor dem Ostbahnhof allerdings unerwartet auf die Autobahn nach Passau abbog, regte sich Misstrauen. »Wo fahren wir hin?«

»Raus aus der Stadt, in einen kleinen Vorort. Nur ein paar Minuten entfernt. Dort gibt es einen Italiener, der wahre Wunder auf den Teller zaubert. Ich hoffe, du magst mediterranes Essen?«

Sein warmer Seitenblick reichte, um mich zu beruhigen. Es tat so verdammt gut, mal wieder von einem Mann umworben zu werden, ganz ohne, dass mein Beruf im Weg war.

Nachdem wir die Autobahn einmal gewechselt hatten und in Haar auf die Landstraße abgebogen waren, steuerte Daniel uns durch die verwinkelten Straßen in Baldham bis zu einem erhöht stehenden, romantisch beleuchteten Haus auf der anderen Seite einer Unterführung. *Ristorante La Promessa,* stand auf dem verschnörkelten Schild.

Alles passte. Sogar mein Kleid hatte seinen Widerstand aufgegeben und schmiegte sich stattdessen willig an meine Körperrundungen, um sie bestmöglich zur Geltung zu bringen. Ein vornehm gekleideter Kellner führte uns zum reservierten Tisch und entzündete mit der Kerze auch meine viel zu lang unterdrückte Sehnsucht nach Nähe und Zärtlichkeit.

Es tat gut, einfach nur Frau zu sein statt Kommissarin. Ich hatte in der Vergangenheit wenig Glück mit Männern gehabt. Statt ein gleichberechtigter Partner an meiner Seite zu sein, mich zu ergänzen, mich zu vervollständigen, waren sie mir am Ende immer wie invasive Parasiten vorgekommen. Solche, die an mir hafteten, mich einschränkten, mein Leben zu bestimmen suchten und dabei meine Energie raubten.

Tatsächlich kam ich die meiste Zeit auch ohne sie klar. Bis mir einer über den Weg lief, der mich daran erinnerte, was mir fehlte. Daniel hatte genau die Art von Charme, der ich erlag. Ein Mann, der wusste, was er wollte. Er war forsch, ohne rüpelhaft zu sein. Jemand, der nicht nur über sich selbst lamentierte, sondern zuhörte und sich für mich interessierte. Nicht zu schön, aber reizvoll.

Ich hatte nichts gegen Pommesbuden, aber es war angenehm, wieder einmal in ein Restaurant zu gehen, bei dem die Servietten nicht aus billigem Papier und das Besteck nicht aus Einweg-Plastik bestanden. Daniel erwies sich als äußerst geschickter Unterhalter. Er brachte mich zum Lachen, neckte mich und signalisierte dabei unmissverständlich seine Ambitionen. Das hier war auch für ihn eindeutig ein Date. Als er beim Dessert schließlich wagemutig nach meiner Hand tastete, zog ich sie dennoch zurück.

»Was ist es, das ich falsch mache?«, fragte er nach kurzem Schweigen.

»Nichts. Du … du bist ein toller Mann.«

»Aber?« Er wirkte nicht verärgert, sondern getroffen und ehrlich bemüht.

Umso mehr wand ich mich. Ich fühlte mich mit einem Mal in die Rolle der Prinzessin im Turm versetzt, und konnte doch nicht die Tür zu meinem Inneren öffnen. »Verzeih«, war alles, was ich über die Lippen brachte.

»Marie, ich mag dich.« Sein Blick streichelte mein Gesicht – so zärtlich, dass mir die Röte in die Wangen stieg und ich mich abwandte. Seine Aufmerksamkeit machte mich regelrecht trunken. Oder war es der Wein? Es waren doch höchstens zwei Gläser gewesen.

»Ich bin nur ein Mann«, redete Daniel weiter. »Einer, der ernsthaftes Interesse an dir hat. Aber es liegt ganz an dir, ob wir uns näher kennenlernen werden oder nicht.«

Ich linste zu ihm hinüber und lächelte schief. »Du meinst, du bist einer dieser sagenumwobenen Kerle, die eine Frau nicht in die Kiste kriegen wollen?«

Daniel grinste. »Zumindest nicht sofort.«

Es war als Scherz gemeint, und doch fühlte ich, wie sich etwas in mir verkrampfte. Was wollte *ich* eigentlich? Warum hatte ich mich auf diese Verabredung eingelassen? *Ich habe im Moment genug um die Ohren, da braucht es nicht auch noch ein weiteres Beziehungsdrama*, tadelte mich mein Verstand. Aber eine zweite Stimme übertönte ihn. *Gib ihm eine Chance! Du hast ein bisschen Glück verdient.*

Ich atmete durch, doch Daniel hatte mein Zögern bereits bemerkt. Sein Blick wurde forschender. »Offenbar hast du bisher keine sonderlich guten Erfahrungen mit Männern gemacht.«

Es war seltsam, wie intim sich der Raum zwischen uns bereits anfühlte, obwohl ich Daniel doch kaum kannte. »Ich habe einfach schon so viel Mist erlebt«, erklärte ich.

Er nickte. »Da wird es schwer, noch an die Ausnahme von der Regel zu glauben.«

»Es ist nicht so, dass ich nicht … ich meine …« Meine Wangen fühlten sich an, als würden sie aus glühender Lava bestehen. Wann war ich bei diesem Gespräch zu einem verschämten Teenager mutiert? *Sag doch einfach, was du willst.*

»Keine Ahnung«, erwiderte ich. Ich wusste nicht, was genau ich von ihm wollte und ob ich noch an so etwas wie Beziehungen glaubte. Aber gerade das galt es herausfinden.

Zaghaft schob ich meine Hand über die Tischdecke, bis meine Fingerspitzen die seinen berührten.

Er nickte abermals und strich mir mit dem Zeigefinger über meinen kleinen. Eine so winzige Geste der Zuneigung, und doch schaffte er es damit, meine sorgsam errichteten Barrieren beiseitezuräumen und mein Herz einen Spaltbreit zu öffnen.

Bei einem weiteren Glas Wein erzählte ich Daniel von meinen wenigen Beziehungen, die ich bereits hinter mir hatte. »Nachdem Jochen sich als despotischer Kontrollfreak herausgestellt hatte, habe ich mir geschworen, nie wieder etwas Ernsthaftes mit einem Mann anzufangen.«

Daniel hatte mich reden lassen und wartete auch jetzt einen Moment ab, bevor er nickte. »Du fürchtest also, dass du wieder so einen Kerl erwischt hast?«

Ich zuckte unbestimmt mit den Achseln. »Ich weiß nicht, was ich denken soll. Ich kenne dich doch kaum.«

»Dann lass uns das ändern, Marie. Gib mir eine Chance, dich vom Gegenteil zu überzeugen. Lass mich über deine hohe Mauer blicken, die du so sorgsam um dich errichtet hast.«

Mauer? Ich blinzelte, spürte den Impuls aufzubegehren, doch in der Rückschau betrachtet hatte er recht. Bei all meiner anerzogenen Disziplin, die so viele Jahre bestimmend in meinem Leben gewesen war, hatte ich mich abgeschottet und meine Emotionen genau dosiert. Je tiefer meine Gefühle für einen Mann gewesen waren, umso harscher hatte ich mich von ihm abgegrenzt. Bloß nicht die Herrschaft über mich selbst verlieren, sich bloß nicht einem unlogischen Gefühl hingeben, war meine Devise gewesen, und das war sie auch heute noch. Oder?

Etwas in mir geriet ins Wanken. Lag es am fantastischen Essen, an meiner Therapie oder wirklich an diesem Mann? War er anders als all die anderen zuvor? Wie sollte ich das entscheiden?

Mein Herz begann zu flattern. Flashbacks alter Beziehungen drangen an die Oberfläche. Jochen, wie er mich anschrie, mich bedrohte und sich im nächsten Moment wieder entschuldigte. Die Hände in die Stuhllehnen gekrallt, saß ich da, starrte Daniel an und brachte keinen Ton heraus.

Sein Blick glitt hinab zu meinen verkrampften Händen, zu meinem Brustkorb, der sich schwer atmend hob und senkte. Doch statt das alles zu kommentieren, lächelte er, als könnte er mich verstehen.

»Aber bevor wir zu tiefsinnig werden, erzähl mir lieber von deinem Tag. Wie steht es bei deinem aktuellen Fall?« »Meinem Fall?«

»Ja, der Mordfall vor der Kopten-Kirche. Wenn ich mich richtig erinnere, ging es dabei um ein totes Mädchen und einen wahnsinnig gewordenen Selbstmörder, oder?«

Seine Worte riefen die Bilder vom Tatort in mir wach und verjagten jedes andere Gefühl. Wie konnte er ausgerechnet jetzt mit diesem Thema anfangen? Hatte er persönliches Interesse daran? War er so ein getarnter Reporter, oder schlimmer … War er womöglich selbst in den Fall verwickelt? Die Gedanken in meinem Kopf überschlugen sich. Welchen Grund konnte es sonst geben, auf so plumpe Weise das Thema zu wechseln? Hatte er mich verfolgt, so wie Patrik? Um mir wie zufällig über den Weg zu laufen? Zwei Mal?

Unfähig, etwas zu sagen, starrte ich ihn weiter an.

»Oder hat der Teufel dieses Mal das Spiel gewonnen?« Daniel zwinkerte mir schelmisch zu, doch sein Gesicht verzog sich in meiner Vorstellung zu einer schadenfrohen Fratze.

Mein Herz schlug so schnell und laut in meinen Ohren, dass ich fürchtete, die anderen Gäste könnten sich genervt von der Störung zu mir umdrehen. Sogar die Kellner schienen die Ohren zu spitzen und ihre Köpfe in meine Richtung zu drehen. Schweiß rann mir heiß den Rücken hinab.

»Marie?« Daniel griff nach meiner Hand, doch ich ballte sie zur Faust.

»Wer bist du wirklich, Daniel?«, spie ich ihm durch zusammengebissene Zähne entgegen.

»Bitte, Marie. Ich wollte mich nicht über dich lustig machen«, flehte er förmlich.

Zu spät, mein Lieber! Ich habe dich durchschaut. Meine Sinne sind wach. Diesmal bin ich rechtzeitig zu mir gekommen und werde eine Grenze ziehen. Du wirst mich nicht benutzen und verletzen!

»Ruf mich nie wieder an.« Mit diesen Worten ließ ich ihn sitzen, eilte hinaus, orderte über Handy ein Taxi und betete, dass Daniel mir nicht hinterherkommen würde.

Knapp dreißig Minuten später setzte mich der Fahrer an der Ecke vor meinem Wohnblock ab und brauste davon. Nieselregen verwandelte den Straßenbelag in einen dunklen Spiegel und zeichnete die verzerrten Abbilder der Laternen auf den Asphalt. Die Geräusche um mich herum wirkten unnatürlich laut und fremd.

Reiß dich zusammen, Marie, hörte ich meinen Großvater aus der Dunkelheit zu mir sprechen. *Glück ist flüchtig und Gefühle behindern dich nur.* Eine Weisheit, die er mir eingebläut hatte und die immer ein Wegweiser für mich gewesen war, bis ich mich auf diese verdammte Therapie eingelassen hatte. Doch damit war jetzt Schluss.

Ich hatte mich durch Dr. Bindings Methode von unnützen Gefühlen und meiner Vergangenheit einwickeln und übermannen lassen. Mehr noch, mein professioneller Fokus war verrutscht. Das kleine Mädchen, ihr weißes Kleid, das Blut – all das hatte ich mit mir persönlich in Verbindung gebracht.

Hirngespinste! Tot blieb tot und vergangen blieb vergangen. Ab jetzt würde ich mich auf die Fakten konzentrieren, ohne auf meine trügerischen Gefühle oder gar die religiösen Fantasien eines Punks zu hören.

Zurück in der Wohnung ignorierte ich die blinkende Anzeige auf meinem Anrufbeantworter, stellte das Handy aus, kickte meine Pumps in die Flurecke, zerrte mir das Kleid vom Leib und fuhr mir mit einem Waschlappen über das beschmierte Gesicht. Ich versuchte meine Gefühle mit abzuwaschen. Meine Scham und Wut. Meine Verzweiflung. Aber es klappte nicht.

Abgekämpft und angetrunken schlüpfte ich in bequemere Kleidung, kochte mir einen Kaffee und startete meinen Computer. Es gab viel zu tun und noch viel mehr Fragen zu beantworten. Und ich würde genau jetzt damit anfangen, egal wie sehr sich mein Körper nach einem Bett sehnte.

Ich hatte einen scheinbar sinnlosen Mord auf dem Tisch liegen, mit einem immer noch unidentifizierten Täter, tiefgläubigen und bemerkenswert gefühlskalten Eltern eines toten Mädchens und einem wirren Punk, der mir zumindest indirekt gedroht hatte. Zusätzlich musste ich mich mit einer mir unbekannten Christenbewegung beschäftigen, die in Zusammenhang mit einer Vielzahl von Kirchen stand, und zu guter Letzt gab es da noch die Adresse eines Puffs, die man mir an die Autoscheibe geheftet hatte.

Da der Puff die abwegigste Spur war, fing ich damit an, um sie schnell abzuhaken. Ich suchte im Internet nach Informationen rund um diese Riemer Adresse und wurde nach kurzer Zeit fündig.

In einschlägigen Foren – virtuellen Treffpunkten für Gleichgesinnte – unterhielten sich Gäste mit Namen *Heingroß*, *Schwabenschwanz* oder *BigDick* über Vor- und Nachteile des Etablissements und ihrer üppigen Einrichtung. In den Erfahrungsberichten wurde über die teuren Drinks an der Bar gelästert, von den Whirlpools geschwärmt und mit den Erfolgen zwischen Herzkissen und Samtlaken geprahlt. Es wurde gegrabscht, geknutscht, mit dicken Stangen gerammelt und eimerweise abgespritzt.

»Insgesamt ist Moni zu empfehlen«, stand am Ende von einem der literarischen Ergüsse das nüchterne Gesamturteil.

Ich prustete los. Ob die Dame diesen Satz wohl als Referenz in ihrer Bewerbungsmappe angab? Hatte man mir die Adresse an die Scheibe geheftet, um mir damit indirekt einen Job zu offerieren? *Die mickrige Marie macht dich erst scharf und lässt dich dann eiskalt abblitzen.*

Mein eigener Scherz schmeckte schal. *Nicht ablenken lassen.* Der Puff war ganz offensichtlich eine Sackgasse. Ich schloss die Browser-Fenster mit den Forenbeiträgen und fütterte die Suchmaschine mit Schlagwörtern zu den Kirchen und Pater Josephis.

»Koptisch-orthodoxe Kirchengemeinde in München«, erschien als erstes Ergebnis. Tatsächlich schien St. Loreto einen Zweitnamen zu haben, genau wie ausgerechnet Daniel schon einmal erwähnt hatte. St. Mina war offenbar die koptische Bezeichnung, so wie auch Mönche beim Eintritt in ein Kloster einen neuen Namen erhielten. Bei dem Stichwort fiel mir noch etwas anderes ein. Hatte Daniel nicht auch eine Klosterkapelle erwähnt?

Ich versuchte es mit den Stichworten: St. Michael, München, Kloster und Kapelle. Doch damit erhielt ich keine brauchbaren Informationen. Also setzte ich bei Pater Josephis an. Was hatte er über den koptischen Glauben gesagt? *Christus war Gott und Mensch zugleich.*

Ich suchte nach ebensolchen Zitaten und wurde fündig. Genau diese Lehre der zwei Naturen des Christus war einer der kritischsten Punkte im Streit mit den anderen Christenströmungen.

Tatsächlich war die koptische Glaubensrichtung ägyptischen Ursprungs. Und sogar Berühmtheiten wie der ehemalige UN-Generalsekretär Boutros-Ghali waren Anhänger dieses Glaubens. Meiner Recherche nach bildeten sich europäische Gemeinden allerdings erst seit wenigen Jahren in Deutschland und der Schweiz.

Noch faszinierender war, dass die Kopten einen eigenen Papst hatten, der in direkter Folge auf den Apostel Markus zurückgeführt werden konnte. Für die Kopten war Markus der erste Stellvertreter Gottes gewesen und hatte sein Evangelium zu einer zweiten Bibel erhoben. Ein Fakt, der zumindest in meinem Religionsunterricht unterschlagen worden war.

Konzentriert forschte ich weiter und erfuhr auf einer privaten Website, dass auch die Riten und Feiertage sich deutlich von denen der katholisch-evangelischen Richtung unterschieden. Das koptische Märtyrer-Jahr begann jeweils am elften September. Ein Datum, das in meinem Kopf automatisch die Schrecken des Terroranschlags auf das World Trade Center in New York wachrief. Sogar die angebliche Beschneidung Jesu wurde an einem festgelegten Termin gefeiert.

Im Gegensatz zum Christentum war ein Kind dem koptisch-orthodoxen Glauben zufolge direkt nach der Taufe ein vollwertiges Mitglied der Gemeinde und durfte theoretisch am Abendmahlzeremoniell teilnehmen.

Hatte die kleine Emilia vielleicht in den Gottesdienst gewollt, als ihr Mörder aufgetaucht war und sie niedergestochen hatte? Aber Pater Josephis hatte beteuert, sie nicht zu kennen. Log er?

Ein paar Zeilen weiter kippte der Erzähltext für meinen Geschmack dann aber ins Abstruse: »Im Gegensatz zu anderen Kirchenkonzepten empfinden sich die Gläubigen als Ausländer und Fremde auf der Erde und suchen ihre wahre Heimat im Himmel.«

Das klang viel eher so, als wäre Pater Josephis jemand, der seine

Schäfchen für den Tag X zusammentrieb, um vom großen Mutterschiff aus dem All abgeholt zu werden.

Wie passten Patriks Theorien über Gott und den Teufel in dieses Szenario? Konnte der Punk ein Markus-Anhänger sein? Aber selbst wenn, wo in all dem fand sich eine Verbindung zum Mordfall?

Je mehr Stunden verstrichen, umso schwerer fiel es mir, meine Gedanken auf die eigentlichen Fragen gerichtet zu halten. Ein unbezwingbarer Drang zu gähnen erschwerte die Arbeit zusätzlich. Doch noch wollte ich nicht aufgeben. Irgendwo in all dem verbarg sich ein Hinweis. Eine Brotkrume, die mich zur nächsten führen würde.

Ich ging die einzelnen Punkte auf den verschiedenen Seiten noch einmal durch. Die Kopten waren die ägyptische Variante der Christen, sie legten die Bibeltexte ein wenig anders aus, hatten einen eigenen Papst und stellten die Schriften des Apostel Markus an oberste Stelle. Was sonst gab es über ihn zu wissen? Ich recherchierte weiter und entdeckte schließlich einen Satz, der mich innehalten ließ: »Der heilige Markus selbst bezeichnete sich als der erste afrikanische Apostel.«

Afrikanisch. War dies das erste greifbare Verbindungsglied? Ich kramte in meiner Erinnerung. Was hatte David so vorschnell über den Leichnam behauptet? »Ich vermute, dass der Mann nordafrikanischer Herkunft ist.«

Afrika, Ägypten, koptische Kirche. Das war ein erster Hinweis, der den Toten mit dem Tatort in Verbindung brachte. Doch Pater Josephis hatte auch bestritten, den Mann zu kennen. Also doch eine Sackgasse?

Womöglich war der Tote ein Urlauber gewesen, der zum Gottesdienst in die einzige koptisch-orthodoxe Kirche der Umgebung hatte gehen wollen. Das würde erklären, warum es so schwer war, ihn zu identifizieren.

Ich machte einen Vermerkt, die Hotels der Umgebung anzufragen. Aber selbst wenn sich diese Spur als richtig erwies, blieb die Frage nach dem Motiv für die Bluttat. Es ergab einfach keinen Sinn.

Meine Augen tränten vor Müdigkeit. Trotzdem recherchierte ich weiter und fand endlich eine deutschlandweite Liste an Kirchen, in denen regelmäßig koptische Gottesdienste abgehalten wurden. St. Loreto war eine davon. Zwei weitere gab es in Stuttgart und Nürnberg. Vielleicht kannte man den Toten dort.

Das war zwar nicht viel, aber immerhin etwas. Mit dem Gefühl, zumindest einen kleinen Schritt weiter gekommen zu sein, ging ich schließlich ins Bett. Morgen würde ich Haller beweisen, dass ich mit meiner Hartnäckigkeit richtig gelegen hatte. Morgen würde ich nach Nürnberg fahren.

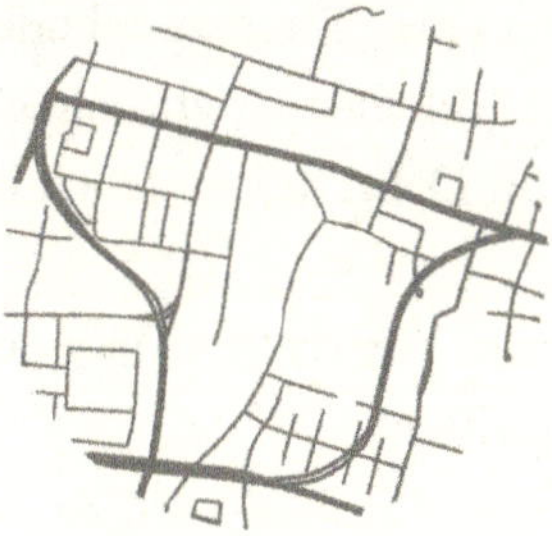

KAPITEL 9

Am nächsten Tag war ich trotz wenig Schlaf früh im Büro, um meinen Ausflug in die Nürnberger Kirchenwelt zu planen. Ich druckte mir eine Wegbeschreibung aus, überflog die bisher gesammelten Erkenntnisse, steckte die Fotos des unbekannten Toten ein und ging anschließend zu meinem Spind im Umkleideraum des Kommissariats, um mich auszurüsten.

Das Zahlenschloss war schwergängig, aber ich brachte es nicht übers Herz, es auszutauschen. Immerhin hatte es mich durch meine gesamte Polizeiausbildung und den langen steinigen Weg bis zur Kommissarin begleitet.

Im Inneren des Spinds lagerten meine Schätze für den Notfall: eine zweite Kleidungsgarnitur, sollte ich angekotzt werden oder Kaffee verschütten, dazu eine Packung Tampons, Schmerztabletten und ein Pickelabdeckstift. Auf dem Kleiderbügel darüber hingen eine schusssichere Weste und – in einem schwarzledernen Halfter – meine Waffe, eine Sig Sauer 9 Millimeter.

Ich zögerte. Eigentlich hatte ich als Kriminalbeamtin bei meinen Ermittlungen die Waffe am Körper zu tragen. Allerdings war ich nicht auf Verbrecherjagd, sondern wollte lediglich zu einer Kirche, um nach der Identität eines Toten zu fahnden. Wozu also schwere Geschütze auffahren? Meiner Erfahrung nach verschreckte man damit die Zeugen nur. Daher vertraute ich lieber auf meine Redekunst.

Andererseits waren Vorschriften nun mal Vorschriften. Also griff ich nach dem Halfter.

Ohne große Knarre geht es wohl nicht, du Schwächling!, ertönte im selben Moment die Stimme meines Großvaters. So laut und klar, dass ich zusammenzuckte und mich ertappt umdrehte. Doch ich war allein, denn mein alter Herr vegetierte in einem Pflegeheim dahin.

Ich ballte die Hand zur Faust, schlug mit dem Handrücken gegen die Innenseite des Spinds und verfluchte einmal mehr Haller und die Therapeutin.

Einmal, zweimal, dreimal atmete ich durch. Dann gab ich auf, schloss den Schrank und ging ohne Waffe zurück in mein Büro. Ich stellte das Telefon auf mein Handy um und war schon auf dem Gang, als Hauptkommissar Kurt Haller auftauchte und geradewegs auf mich zusteuerte.

»Martius, was treiben Sie die ganze Zeit? Schlafen? Was ist mit dem Fall? Warum liegt die Akte immer noch nicht abgeschlossen auf meinem Tisch?«

»Ich bin dran, Chef.«

»Dran, dran! Was heißt das?«

»Es gibt da noch ein paar ungeklärte Punkte. Unter anderem die Identität des Mannes. Aber meine Recherche gestern hat neue Ansatzpunkte ergeben. Ich bin gerade auf dem Weg nach Nürnberg, um der Sache nachzugehen.« Dass diese Aktion nur auf einer vagen Vermutung basierte, verschwieg ich.

»Wieso müssen Sie dazu nach Nürnberg? Dafür gibt es heutzutage Systeme wie INPOL oder das Telefon.«

Ich unterdrückte ein Seufzen. Natürlich wusste ich, dass es ein übergreifendes Dateninformationssystem der Polizei für Bund und Länder gab. Das musste mir Haller nicht erst erzählen.

»Wenn der ePass mit integriertem Fingerabdruck sich bereits flächendeckend als Personalausweis durchgesetzt hätte, dann könnte ich mir diese Fahrt wohl tatsächlich sparen«, gab ich zurück. »Aktuell sind in der Systemdatenbank allerdings nur Personen zu finden, die durch einen Beamten als verurteilt, gesucht oder vermisst registriert worden sind.«

Haller verschränkte die Arme vor der Brust. »Und das hat was ergeben?«

»Nichts«, antwortete ich. Doch er schien sich in das Thema verbissen zu haben.

»Und warum glauben Sie dann, dass Sie vor Ort mehr Glück haben werden?«, bellte er mir förmlich entgegen. Aber miese Behandlung war ich gewohnt, damit konnte er mich nach all der Zeit nicht mehr so schnell einschüchtern.

»Der Unbekannte könnte Mitglied einer koptischen Gemeinde sein. Da Pater Josephis …«

Mit einer schroffen Handbewegung schnitt mir Haller mitten im Satz das Wort ab und zeigte zu Uwe Kornzwiller und Persbach hinüber, die grinsend vor ihren Büros herumlungerten und die Szene mit sichtlichem Genuss verfolgten.

»Ich habe Sie gewarnt, Martius! Wenn Sie mit dem Fall nicht vorwärtskommen, wird es das letzte Mal sein, dass Ihre Kollegen den Dreck für Sie aufwischen. Dann war es das mit Ihrer Karriere. Dann sorge ich dafür, dass Sie demnächst als Schülerlotse Dienst tun.«

Ich schluckte und spürte regelrecht, wie das Blut aus meinem Gesicht wich. Auf einen Schlag waren meine Finger klamm und zitterten, während ich um Fassung rang. Das konnte er doch nicht machen. Nicht jetzt, da ich endlich einen Ansatzpunkt gefunden hatte!

»Sie haben mir am Freitag drei Tage für die Ermittlungen versprochen! Die sind noch nicht um«, rief ich mit belegter Stimme.

»Versprochen, versprochen. Wir sind hier nicht im Kindergarten! Wenn Sie den Job nicht hinkriegen, fällt das auf mich und die Abteilung zurück!«

Panik fraß sich durch meinen Magen die Speiseröhre hinauf und lähmte mir die Zunge. »Aber … die Hinweise … der Pater hat …«, brachte ich nur mehr stotternd hervor.

Hinter Haller setzten sich Kornzwiller und sein Schatten langsam in Bewegung und kamen auf uns zu. Mir wurde schwindelig vor Wut und Hilflosigkeit. Ich wollte schreien und um mich schlagen. In dem Moment klingelte mein Handy.

Haller verengte die Augen, während ich ungelenk in meiner Tasche nach dem Mobiltelefon kramte, es mir hektisch ans Ohr hielt und mich einmal unterdrückt räusperte. »Ja, Martius am Apparat.«

»Mein Kind! Mein Kind ist vom Teufel besessen!«, schrie eine Frauenstimme auf der anderen Seite der Leitung.

»Frau Thalhammer, sind Sie das?« Ein Quietschen und Pfeifen drang aus dem Hörer. »Hallo? Sind Sie das, Frau Thalhammer?«

Zwei Atemzüge lang war es still. Ich kontrollierte die Displayanzeige und dachte schon, die Verbindung wäre unterbrochen worden, als die Frauenstimme flüsterte: »Wir sind betrogen worden. Helfen Sie uns, Frau Kommissarin. Bitte.« Dann wurde aufgelegt.

Hauptkommissar Haller blickte mich fragend an.

»Das war die Mutter des ermordeten Mädchens. Sie klang völlig außer sich. Irgendetwas muss passiert sein. Irgendetwas Schlimmes.« Ohne die Reaktion des Hauptkommissars abzuwarten, spurtete ich los.

»Ich will einen Lagebericht, sobald Sie dort sind!«, hörte ich Haller hinter mir rufen, während ich an Kornzwiller und Persbach vorbeilief. Ich hetzte raus auf den Parkplatz, sprang in meinen Volvo und preschte die Ausfahrt hinaus auf die Straße.

Mit der linken Hand kurbelte ich die Fensterscheibe nach unten, griff die mobile Sirene, drückte sie auf das Autodach und gab Gas, die Ständlerstraße entlang, durch Perlach, bis rein nach Trudering.

Mein Mund war vor Aufregung ganz trocken, die Finger eiskalt und doch fest um das Lenkrad gekrallt. Im Slalomkurs bretterte ich die zweispurige Straße Richtung Osten entlang und versuchte gleichzeitig den Sinn hinter den Worten zu verstehen. *Mein Kind ist vom Teufel besessen.*

Ihr Kind war tot. Was also hatte sie damit gemeint? War der Tod des einzigen Kindes zu viel für ihre Nerven gewesen? Oder hatten die Eltern im Alleingang etwas über die Hintergründe des Falles herausgefunden? Wurden sie bedroht, weil sie das Motiv für die Tat kannten?

Wir sind betrogen worden. Was hatte sie mir damit sagen wollen? Wer hatte sie betrogen? Und wobei? Ein Schreckensszenario nach dem anderen tauchte vor meinem inneren Auge auf, bis hin zu Kinderhandel oder Schlimmerem.

Alle meine Sinne warnten mich, dass etwas Furchtbares passieren würde, wenn ich nicht rechtzeitig vor Ort war. So schnell ich konnte, bog ich, begleitet vom schrillen Gesang der Sirene, in die Seitenstraße ein und auf das Haus der Thalhammers zu.

Da war der weiße Gartenzaun! Ich bremste ab, parkte, riss die Autotür auf, eilte zur Haustür, klingelte und …

Rhythmisches Donnern hallte durch meinen Kopf, ein Dröhnen und Klopfen. Ich schlug die Augen auf und starrte benommen auf mein Lenkrad.

»Marie, kannst du mich hören?«

Rief da jemand? Mühsam drehte ich den Kopf und sah Uwe Kornzwiller und Herbert Persbach neben meinem Auto stehen. Beide hämmerten mit ihren Fäusten gegen das Fenster der Fahrerseite. Die Gesichter rot angelaufen vor Anstrengung.

»Die Mistkerle wollen mir den Fall wegnehmen«, murmelte ich und tastete unbeholfen nach dem Schloss des Anschnallgurts. Na warte, die konnten etwas erleben.

»Ist alles in Ordnung mit dir, Marie?«

»Schaffst du es, die Tür zu öffnen?«

Was wollten die beiden bloß von mir? Wieso sollte etwas nicht in Ordnung sein?

»Was ist passiert?«

»Bist du verletzt?«

Ihre Fragen verwirrten mich. Nachdem ich mich endlich vom Gurt befreit hatte, packte ich den Türgriff, rüttelte an ihm und hörte schließlich, wie die Verriegelung mit einem Klacken aufsprang.

Seltsam. Hatte ich die Knöpfe während der Fahrt versehentlich mit dem Ellenbogen nach unten gedrückt? Und … warum saß ich eigentlich wieder im Wagen?

Als Kornzwiller die Tür aufriss, traf mich eine Woge kühler Luft. Ich atmete ein paar Mal tief ein und aus, packte die hingehaltene Hand und zog mich aus dem Auto in den Stand.

»Bist du etwa eingeschlafen, Martius?« Persbachs besorgter Gesichtsausdruck wurde zu einem hämischen Grinsen.

»Wir haben seit über einer Stunde auf deinen Anruf gewartet, und du machst hier ein Nickerchen?« Auch Kornzwiller klang aufgebracht.

»Ich … ich weiß nicht«, antwortete ich irritiert. »Ich bin wie der Teufel hergefahren, hab den Wagen abgestellt, bin ausgestiegen und …«

So sehr ich mich auch bemühte, ich konnte mich nicht erinnern. »Das Nächste, was ich weiß, ist, dass ihr neben dem Auto steht und mich anschreit.«

»Was soll das heißen? Dass dich jemand überfallen und dann für ein kleines Schläfchen in dein eigenes Auto gesperrt hat? Mit von innen verriegelten Türen?« Persbach verzog abfällig das Gesicht.

Kornzwiller dagegen kratzte sich sichtlich unschlüssig das Kinn. »Wir sollten nachsehen, was im Haus los ist. Oder hat sich das erledigt?« Er warf mir einen fragenden Blick zu.

Ich schüttelte den Kopf und zuckte dann die Achseln. »Ich weiß es nicht. Aber es wird Zeit, dass wir es herausfinden.«

»Wir?« Kornzwiller musterte mich.

»Ich bin okay. Wirklich.« Zum Beweis streckte ich meine Arme zur Seite aus und hob ein Bein, als würde ich zum Alkoholtest antreten wollen.

Keine besonders gute Idee. Denn in Wahrheit war ich alles andere als fit. Ich fühlte mich schwindelig und schwankte leicht. Das alles kam mir unwirklich vor, so als würde ich etwas träumen, das ich bereits erlebt hatte. Doch die anderen beiden nickten nur. Also marschierten wir zu dritt zur Haustür der Thalhammers.

Und zum ersten Mal, seit ich der Abteilung angehörte, war ich dankbar, dass Kornzwiller die Führungsrolle übernahm.

»Die Tür steht offen. Gefahr im Verzug. Höchste Alarmbereitschaft«, raunte er und zog die Waffe. »Martius, du gibst mir Deckung.«

Reflexartig griff ich an die Hüfte, um ebenfalls meine Pistole zu greifen. Doch da war keine.

»Meine Waffe ist weg«, flüsterte ich und erinnerte mich im selben Moment daran, dass sie heil und aufgeräumt zusammen mit dem Gürtelhalfter in meinem Spind im Kommissariat hing. Nach dem Anruf war ich so überhastet aufgebrochen, dass ich ganz vergessen hatte, sie und die Schutzweste zu holen.

Persbach schnaubte und drängte sich kopfschüttelnd an mir vorbei, hob den Lauf seiner Sig Sauer und bedeutete Kornzwiller, dass er bereit war.

Der drückte die Haustür mit einer raschen Handbewegung zur Seite, machte mit dem Revolver im Anschlag drei schnelle Schritte nach vorne, lauschte einen Moment und gab dann das Kommando. »Gesichert.«

Erst folgte Persbach, dann ich. An der Wand entlang ging es weiter bis zur nächsten Tür. Eine kurze Abstimmung mit den Augen genügte und Kornzwiller stürmte, gefolgt von seinem Partner, das Wohnzimmer.

Die Sekunden in denen ich auf seinen Ruf wartete, kamen mir endlos vor. Atem und Herzschlag rannten in meiner Brust um die Wette. Immer wieder huschten meine Gedanken zwischen dem, was passiert war, und dem, was mich vielleicht gleich erwarten würde, hin und her. Bilder von zwei blutüberströmten Körpern blitzten vor meinem inneren Auge auf, wichen im nächsten Moment zurück und wechselten sich mit anderen, älteren Erinnerungsfetzen ab.

Mein Kind ist vom Teufel besessen!, hallte die Stimme von Frau Thalhammer in meinem Kopf wider und mischte sich mit anderen, weiter zurückliegenden Worten. *Der Teufel in Menschengestalt hat sein Opfer diesmal auf besonders brutale Weise zu sich geholt.* Das war Pater Josephis gewesen. *Wenn Gott seine Rächer schickt, wird auch der Teufel Sie nicht mehr retten können. Man will Sie bannen und wie eine Marionette an unsichtbaren Fäden tanzen lassen.* Und Patrik. *Scharlatanerie! Teufelsdiener!*

Teufel, Gott, Teufel, Gott – so viele Zeugnisse des Glaubens. Aber was davon entsprach der Wahrheit – und was war Schein oder gar dem Wahnsinn entsprungen?

»Gesichert.« Kornzwillers Ruf riss mich aus meinem Gedankenkarussell. Dann gab er Persbach den Befehl, die anderen Zimmer zu sichern, doch seine Stimme klang gepresst.

Als ich ins Wohnzimmer trat, verstand ich, warum. Herr und Frau Thalhammer lagen, offenbar von mehreren Messerstichen niedergestreckt, am Boden und rührten sich nicht. Sie waren tot.

Ein unkontrolliertes Zittern erfasste meinen Körper und ich musste mich gegen den Türstock lehnen. *Bin ich das gewesen?* Wie sonst ließ sich mein Gefühl eines Déjà-vus erklären?

Kornzwiller trat einen Schritt zurück. »Kommt dir das bekannt vor?«

Ich schluckte mehrfach.

»Er hat das Messer noch in der Hand, genau wie bei deinem unbekannten Schlächter vor der Kirche.« Kornzwiller zeigte auf den Mann am Boden.

Doch ich war unfähig, etwas zu erwidern. Wie in Trance zückte ich mein Handy, drückte die Kurzwahl für die Einsatzzentrale und bestellte mechanisch die örtliche Polizei zur Absperrung des Geländes, den Spurensicherungstrupp und David Gimpel als Gerichtsmediziner auf schnellstem Wege zum Tatort.

»Du solltest unsere Anwesenheit bei diesem gemeinschaftlichen Einsatz in deinem Protokoll vermerken«, sagte Kornzwiller und sah mich herausfordernd an.

Doch ich verstand seine freundschaftliche Geste dahinter. Er und sein Kumpel würden Stillschweigen über meinen Zustand, in dem sie mich gefunden hatten, bewahren.

»Ich werde dazuschreiben, dass ihr eine geschlagene Stunde gebraucht habt, um mich zu finden«, gab ich mit vorgerecktem Kinn zurück.

»Dann vergiss nicht zu erwähnen, dass du deine Waffe vergessen hast!«, mischte Persbach sich von hinten mit ein.

Kornzwiller hob einen Mundwinkel. »Lass gut sein, Herbert. Ich denke, wir sind uns einig hier.«

Ich nickte, dankbar für den Waffenstillstand. Nichts von all dem würde Haller zu lesen bekommen. Dennoch blieb eine Frage offen: Was hatte ich in der Zeit zwischen meiner Ankunft und dem Erscheinen meiner beiden Kollegen getan?

Unauffällig blickte ich an mir hinab. Keine Blutspritzer oder sonst ein Anzeichen dafür, dass ich möglicherweise in einen Kampf oder die Tat verwickelt gewesen war. Aber war das Beweis genug?

»Wahrscheinlich hast du sie gesehen, einen Schock bekommen und dich wieder ins Auto gesetzt«, kam mir Kornzwiller ein zweites Mal an diesem Tag zu Hilfe, nachdem sein Partner raus auf die Straße gegangen war, um die Kollegen einzuweisen. »Du wärst nicht die Erste, der so etwas passiert.«

»Deshalb stand auch die Tür offen«, spann ich die Theorie weiter. Das war in der Tat eine plausible Erklärung. Doch mein Instinkt warnte mich, dass ich dabei irgendetwas Wichtiges vergaß. Etwas, das fehlte, aber hierhergehörte.

Aber meinen Gefühlen war im Moment nicht zu trauen. Also schwieg ich. Vielleicht konnte meine Therapeutin helfen, die fehlenden Puzzlestücke wieder hervorzuzaubern und an die richtigen Stellen zu rücken.

Sie hatte mir geraten, meinen Gefühlen Raum zu geben und mich zu öffnen. Also sollte sie das Ganze wieder kitten und am besten gleich ganz rückgängig machen.

Unter dem Vorwand, auf David, Anne und Erwin zu warten, ging ich ebenfalls nach draußen und wählte auf meinem Handy die Nummer von Dr. Binding.

Es dauerte, bis sich die Vorzimmerdame meldete. Nachdem sie kurz in ihrem Kalender geblättert hatte, erinnerte sie mich daran, dass meine reguläre Sitzung erst für nächsten Montag vorgesehen war.

»Ich sagte doch schon, es handelt sich um einen Notfall! Ich brauche unbedingt einen Termin. Heute noch!« Ich merkte selbst, wie schrill und aufgeregt ich klang. Also setzte ich ein mühsam gedämpftes »Bitte« hinzu.

Zum Dank wurde ich für eine ganze Weile der beruhigenden Musik in der Warteschleife übergeben. Gerade als die ersten Einsatzfahrzeuge vor dem Haus hielten und ich kurz davor war aufzulegen, meldete sich die Sekretärin und teilte mir mit, dass Frau Binding um vier Uhr Zeit für mich freimachen würde.

»Vier Uhr, in Ordnung.« Erleichtert steckte ich mein Handy in die Tasche.

»Na, schon wieder ein Date mit deiner Kaffeebekanntschaft?« Wie aus dem Nichts stand David neben mir und zwinkerte schelmisch.

»Nein … nein, auf keinen Fall. Der … der kann mir gestohlen bleiben«, stammelte ich und überlegte gleichzeitig, wann ich ihm überhaupt von Daniel erzählt hatte.

»Bei unserer letzten Besprechung hörte sich das aber noch ganz anders an. Da warst du noch ganz versessen auf Plundern und Nussschneckchen.« Er lachte und hob anzüglich die Brauen.

»Ach«, ich zuckte die Achseln und musste gleichzeitig an meine erste Begegnung mit Daniel in der Gartenlaube denken.

An seine wundervollen, dunklen Augen, die amüsanten Gespräche und dieses wohlige Gefühl, das ich in seiner Anwesenheit gespürt hatte. Bis hin zum gestrigen Abend. Im Nachhinein kam mir meine Reaktion reichlich übertrieben vor. Hatte ich ihm Unrecht getan?

»Servus, Marie!«, grüßten Erwin und Anne im Duett. »Wo geht's zu deinen Leichen?«

Erwins Scherz versetzte mir einen Stich. Trotzdem lächelte ich und führte sie ins Wohnzimmer.

»Messer scheinen mächtig in Mode zu sein«, kommentierte David die Szene gewohnt kaltschnäuzig.

»Ich brauche alles, was ihr finden könnt. Fingerabdrücke, Blut, Haare … jedes Krümelchen könnte die ersehnte Antwort auf all die Rätsel enthalten«, gab ich Anweisung.

Und Kornzwiller ergänzte: »Nehmt die Klingel, Haustür und auch alle anderen Zimmer unter die Lupe. Es sieht zwar wieder mal so aus, als hätten wir Täter und Opfer vor uns, trotzdem darf keine Spur unbeachtet bleiben.«

Kalter Schweiß drang mir gefühlt aus jeder Pore und ließ mein Hemd unangenehm am Körper kleben. Was, wenn sie meine Fingerabdrücke auf dem Klingelschild oder an den Toten fanden?

»Sind dir schon die religiösen Insignien überall an den Wänden aufgefallen?«, fragte Anne mich, während sie die Wohnung Zimmer für Zimmer inspizierte.

»Klar. Außer Kreuzen und Heiligenbildchen gibt es hier ja sonst kaum etwas. Das ist mir schon bei meinem ersten Besuch merkwürdig vorgekommen, genau wie das fromme Gerede.«

Zu Ehren unseres Herrn, der uns rein erschaffen hat und uns genauso rein zu sich nehmen wird, wenn die Tore zum Himmelreich sich öffnen, hörte ich Herrn Thalhammer in meiner Erinnerung predigen.

»Gläubige Kirchgänger scheinen heutzutage doch zahlreicher zu sein, als ich dachte«, bemerkte Erwin, der sich nun ebenfalls den Bildern an den Wänden zuwandte, um sie zu fotografieren. »Wow, das ist ja 'ne wahre Fundgrube.«

Ich drehte mich zu ihm um. »Irgendetwas, das uns weiterhelfen könnte?«

»Erinnerst du dich an das Medaillon des Mädchens? Offenbar handelt es sich bei der Figur um den gleichen Kerl wie hier auf der Ikone.« Er zeigte auf eines der kleinen bemalten Holzbilder.

»Der heilige Markus«, schätzte ich. »Apostel und gleichzeitig erster Papst der Kopten.«

Erwin runzelte die Stirn. »Es gab einen zweiten Papst?«

»Gibt«, korrigierte ich ihn.

»Und Engel gibt's auch jede Menge«, sagte Anne und zog ein einfach gebundenes Heft aus einer der geöffneten Kommoden.

»Die Hierarchie der Engel«, las sie den Titel vor. »Außerdem scheint für jede noch so kleine Sünde ein eigener Folterknecht zuständig zu sein, der dir dafür die Hölle heiß macht. Im wahrsten Sinne des Wortes.«

Ich stutzte. Engel? Hölle? Das klang, als würde Patrik reden. Und hatte er mir nicht sogar einen weiteren Mord angekündigt? *Es wird weiteres Blut fließen, ohne dass Sie es verhindern können*, genau das waren seine Worte auf dem Friedhof gewesen. Hatte ich also einen Mörder davonkommen lassen?

Damit war das Ende meiner Karriere besiegelt. Verdammt, ich war doch die leitende Kommissarin! Diejenige, die den Überblick behalten, die möglichen Geschehnisse voraussehen und die Morde aufklären musste. Stattdessen verhedderte ich mich immer tiefer in die Wirrungen dieses Falles, strauchelte in meinem Kampf um Kontrolle, hatte mit einem Zeugen und möglichen Verdächtigen eine Sauftour unternommen und war jetzt möglicherweise sogar beteiligt.

Warum hatte ich Patrik nicht schon viel früher festgenommen? Wie deutlich hätte er denn noch werden müssen, damit mein Verstand das Offensichtliche erkannte? Nicht einmal im Protokoll hatte ich das Gespräch erwähnt.

Panik schnürte mir die Kehle zu. Ich hatte auf ganzer Linie versagt! Ich war schuld, dass die Thalhammers gestorben waren, so wie ich auch damals schuld gewesen war. Tränen stiegen mir in die Augen. *Ich wollte das nicht. Ich wollte dich nicht wütend machen, Papa.*

»Meine Güte, Marie. Du bist ja leichenblass, Mädel.« Kornzwiller fasste mich an der Schulter und wollte mich zum Rettungssanitäter schleifen, doch ich wiegelte ab.

»Ich brauch nur eine kleine Verschnaufpause, mehr nicht. Da du hier eh alles im Griff hast, werde ich aufbrechen.«

»Du willst nach all dem noch nach Nürnberg fahren?«, hakte Kornzwiller nach.

Aber meine Kraft reichte nicht mehr für weitere Kämpfe. Ich schüttelte den Kopf. »Nur in Ruhe ein paar Spuren in der Bibliothek recherchieren und dann etwas Schlaf nachholen. Versprochen.«

Sein Blick verriet überraschend ehrliche Sorge. Trotzdem ließ er mich ziehen und versicherte, dass er an meiner Stelle dafür sorgen würde, dass das Team seinen Job gründlich erledigte.

KAPITEL 10

Statt in die Bibliothek fuhr ich in die Innenstadt und stellte mein Auto in einer der engen Parkgaragen ab. Die Praxis von Doktor Binding lag etwas abseits der Fußgängerzone in einer Seitengasse.

Ich war zu früh. Nach einem Einkaufsbummel war mit nicht zumute. Die Vorstellung, sich zwischen Horden von Menschen durch ein Kaufhaus zu kämpfen, war unerträglich. Stattdessen stellte ich mich an die Straßenecke und beobachtete die Leute, wie sie die Geschäftsstraße hoch und runter eilten.

Ein eisiger Wind wehte um die Häuser, gerade so, als hätte sich der Teufel, der der Sage nach als Sturm um die Frauenkirche fegte, her verirrt. Ich zog meine Jacke enger um den Körper, schlug den Kragen hoch und versteckte meine Hände in den Taschen.

Gott, wenn es dich wirklich gibt, dann sag mir: Was ist das Ziel deines großen Plans? Was ist meine Rolle dabei?

In meinem Kopf rangen die alten mit all den neuen Informationen. Gingen die Menschen immer so seltsam gebückt, mit hochgezogenen Schultern und gequälten Gesichtern? Saßen ihnen tatsächlich Dämonen und Folterknechte im Nacken, um sie für ihre

Sünden zu bestrafen? War das die Erklärung für all den Wahnsinn? Oder lag es an mir? Verlor ich langsam den Verstand?

»Was soll ich tun?«, flüsterte ich.

Iss was. Die Antwort meines Magens drang so klar und deutlich in mein Bewusstsein, dass ich lachen musste. Es stimmte, ich hatte meine körperlichen Bedürfnisse den Tag über ignoriert und weder etwas getrunken noch gegessen.

Also ging ich kurzerhand zur nächsten Imbissbude und bestellte eine typisch bayrische Bratwurstsemmel und eine Cola als Zugabe für den Blutzuckerspiegel. Eine beruhigend reale und äußerst befriedigende Erfahrung, die half, mich vor dem Termin mit meiner Therapeutin ein wenig zu sammeln.

Pünktlich um vier Uhr rief mich die Vorzimmerdame auf und geleitete mich ins Behandlungszimmer, einem circa vierzig Quadratmeter großen Raum mit hohen Fensterfronten. Die Einrichtung bestand aus schlichten, aber eleganten Möbeln. An der Wand fand sich das obligatorische Bücherregal, daneben ein dunkelbrauner Schreibtisch samt moderner Leselampe und eine glattlederne Sitzecke.

Schon bei meinem ersten Besuch hatte mir die aufgeräumte, helle Ästhetik gefallen. Doktor Bindings sympathisches Lächeln, ihr natürliches Auftreten und der feste Händedruck waren überzeugend gewesen. Ihr hatte ich zugetraut, mich von meinem angeblichen Makel befreien zu können. Nach den letzten Tagen war ich mir da nicht mehr so sicher. Ich hatte mit ihrer Hilfe Fälle aufklären wollen. Jetzt stand ich stattdessen kurz vor einem nervlichen Zusammenbruch.

»Guten Tag, Marie.«

»Tag, Frau Doktor.«

»Bitte, setzen Sie sich. Ich habe gehört, Sie haben akute Probleme?«

Ich folgte ihrer Aufforderung und nahm zur Rechten des Sessels auf der Couch Platz.

»Erzählen Sie.«

»Da weiß ich kaum, wo ich anfangen soll.« Meine ineinander verschlungenen Hände rangen miteinander. Die geballten Ereignisse der letzten Tage, meine nur mühsam unterdrückten Gefühle und die Erinnerungen an mein eigenes Trauma füllten mich bis zum Bersten aus. »Es ist so schrecklich viel passiert«, brachte ich mit einem Schluchzen hervor.

Doktor Binding tröstete mich nicht, drängte mich nicht und zwang mich nicht, mich zusammenzureißen. Sie schaute mir freundlich entgegen und wartete ab, bis ich mich beruhigt hatte.

Ich dagegen rang mit aller Macht um Fassung. Stockend berichtete ich ihr in groben Zügen von den Morden, von den triggernden Parallelen zu meinen Traumata aus der Vergangenheit, von Patrik, dem merkwürdigen Punk mit seinen verworrenen religiösen Ansichten, von meinen dämonischen Angstvisionen, von Daniel und dem abendlichen Streit, von dem Gespräch mit meinem Großvater und wie es eskaliert war, von dem Druck, der beruflich auf mir lastete, und nach kurzem Zögern auch von meiner nicht zu erklärenden Erinnerungslücke vor dem Haus der Thalhammers.

»Das ist ziemlich viel Stoff für eine Sitzung«, sagte Doktor Binding mit einem Lächeln.

»Ich weiß.«

»Aus meiner Sicht sollten wir uns auf das konzentrieren, was bei Ihnen heute Mittag die Panik ausgelöst hat.«

»Die Gedächtnislücke?«

»Ja.«

Ihre Nüchternheit nahm dem Erzählten auf wohltuende Weise seinen übermenschlichen Schrecken. Hoffnung auf Hilfe keimte in mir auf.

»Sie glauben, etwas Wichtiges erlebt zu haben, bevor Sie wieder im Auto aufgewacht sind?«

Ich nickte angedeutet und stierte auf den Fußboden.

»Verstehe ich das richtig: Sie glauben, Sie könnten etwas mit dem danach entdeckten Mord zu tun haben?«

»Ich weiß, dass das unsinnig klingt. Es gibt kein Indiz am Tatort, das dafürsprechen würde, aber ich … ich fühle mich so …« Das Wort klebte mir am Gaumen und wehrte sich, ausgesprochen zu werden. Ich räusperte mich, würgte es hervor und spuckte es gegen seinen Willen aus: »Schuldig. Ich fühle mich … schuldig.«

Als Doktor Binding nicht gleich antwortete, blickte ich auf. Doch ihr Gesicht strahlte die gleiche Gelassenheit aus wie immer. »Was würde Ihrer Meinung nach helfen, um Sie von dieser schwelenden Angst zu befreien?«

»Mich zu erinnern«, antwortete ich, ohne nachzudenken. »Es ist besser, eine schreckliche Wahrheit zu kennen, als sich weiterhin die schlimmsten Möglichkeiten auszumalen.«

Mit einem wohlwollenden Blinzeln stimmte die Doktorin mir zu. Genau das waren auch ihre Worte gewesen, als ich das erste Mal in ihrer Praxis gesessen und von meiner Vergangenheit erzählt hatte.

Damals war alles vor dem Einzug bei meinem Großvater nebulös in meiner Erinnerung gewesen. Den Abend, an dem meine Eltern gestorben waren, hatte ich völlig verdrängt. Erst die Therapiesitzungen hatten das geändert. Doch auch heute war vieles aus meiner Vergangenheit noch in geheimen Kammern meines Gehirns verborgen.

Es bedurfte anstrengender Grabungen, um Fragmente davon Stück für Stück zurück in das helle Licht meines Bewusstseins zu zerren. Doch würde das auch im Fall der heutigen Erinnerungslücke funktionieren?

Doktor Binding schien meine Gedanken zu erraten. »Ich kann Sie wie bei unserer üblichen Regressionsarbeit mittels Hypnose zurück an den Tatort führen, um die fehlende Zeit zu rekonstruieren, wenn Sie das wollen.«

Das Kneten meiner Hände wurde zu einem verzweifelten Ringen mit mir selbst.

Die Therapeutin beugte sich vor. »Was fühlen Sie bei dem Gedanken, sich erneut in diese Situation zu begeben?«

»Angst.«

Sie nickte und lehnte sich zurück. »Sie müssen das nicht tun, Marie. Niemand zwingt Sie dazu.« Ihre Worte allein waren Balsam für meine Seele.

»Doch, ich muss«, gab ich zurück. »Ich muss, wenn ich mich selbst von diesem Wahnsinn befreien und diesen Fall lösen will. Das ist meine letzte Chance. Wenn ich diesmal wieder versage, ist meine Karriere beendet, bevor sie richtig begonnen hat.«

Doktor Binding sah mich durchdringend an. »In Ordnung. Wir machen zwei Dinge: Als Erstes sollten wir Ihr altes Schlüsselwort für die Selbsthypnose, das ich Ihnen zu Beginn unserer Sitzungen gesetzt hatte, erneuern. Damit können und sollten Sie sich zukünftig in Stresssituationen selbst in einen empfänglichen Zustand versetzen und sich beruhigende Suggestionen geben. Meiner Meinung nach die effektivste Methode bei Panikattacken. Denn für die Entspannungs- und Zählübungen, die wir sonst anwenden, ist man in solch einem akuten Zustand meist nicht mehr konzentriert genug. Erst wenn das verankert ist, führe ich Sie unter Hypnose ein paar Stunden zurück und wir sehen uns an, was da passiert ist. Wie klingt das für Sie?«

Ich stimmte zu, setzte mich aufrecht hin, schüttelte meine Hände aus und legte sie möglichst entspannt auf den Oberschenkeln ab. Doktor Binding schob unterdessen den Couchtisch zur Seite, rückte den Hocker zu mir heran und positionierte sich mir gegenüber.

»Sie schauen bitte in mein linkes Auge und konzentrieren sich auf meine Worte.«

Ein Prozess, den ich bereits kannte. Also folgte ich, ohne zu zögern, den Anweisungen und starrte ihr in die Pupille. Das kleine schwarze Loch wirkte wie ein Sog auf mich, wie ein Abgrund, in den man blickt und sich dabei weiter und weiter vorlehnt, bis man fällt.

Während sie mir mit sanfter Stimme befahl, meine Glieder der Reihe nach zu entspannen und schwer werden zu lassen, verschwand die Außenwelt um mich herum. Meine Augen begannen zu brennen. Die braungraue Iris vor mir schien sich zu drehen und mich schließlich ganz einzusaugen.

»Sie stehen auf einer Rolltreppe und fahren auf ihr nach unten. Ich werde von eins bis zehn zählen. Und mit jeder Zahl werden Sie tiefer und tiefer in die Entspannung sinken. … Eins.«

Ich spürte, wie meine Augen zu zittern begannen. Das Gesicht vor mir verschwamm. Alles in mir verlangte danach, loszulassen, die Kontrolle abzugeben. Noch zwei Mal bäumte sich mein Bewusstsein auf, dann schloss ich die Lider und sank in einen Zustand zwischen Wachen und Träumen. Dunkel, warm und behütet.

Bindings Stimme öffnete eine Tür zu meinem Unterbewusstsein und wiederholte die Suggestion, mit der sie bereits zu Beginn der Therapie einen geistigen Anker gesetzt hatte. Mit dem Fantasiewort *Wunraff* konnte ich so jederzeit in diesen Zustand zurückkehren und mir, ohne die kritische Filterung des Wachbewusstseins, selbst Anweisungen geben. Das hatte zumindest im Zusammenhang mit dem Zählen bisher gut funktioniert, um mich zu fokussieren.

Gedankenlos trieb ich dahin, bis es Zeit für den nächsten Schritt war: die Regression unter Hypnose. Meine Umgebung erstrahlte vor meinem inneren Auge in gleißendem Licht, ich wurde angehoben und wanderte durch die Zeit zurück zu jenem Punkt, als ich gehetzt und aufgewühlt am Haus der Thalhammers angekommen war.

»Können Sie das Lenkrad in Ihren Händen spüren? Das abgewetzte Leder? Die Plastikverkleidung des Armaturenbretts und der Tür?«

»Ja«, antwortete ich mit schwerfälliger Stimme.

»Nehmen Sie den vertrauten Geruch wahr? Ihren Geruch? In Ihrem Auto? Dort, wo Sie sicher und geschützt sind?«

Wieder bejahte ich.

»Wenn Sie jetzt aus dem Wagen aussteigen, werden Sie ganz ruhig. Ihnen kann nichts geschehen. Alles, was Sie von nun an erleben, werden Sie aus einer höheren Warte sehen, so als würden Sie wenige Zentimeter über Ihrem Kopf schweben. Sie sind vollkommen sicher und geschützt. Nichts, was Sie sehen, wird auf Ihren Zustand Einfluss haben. Was tun Sie?«

Ich stieg aus, ging an dem weißen Lattenzaun entlang zur Haustür und klingelte. Alles wirkte so echt, nur dass ich mich wie ein unbeteiligter Zuschauer fühlte, der durch meine eigenen Augen einen Film betrachtete.

Aus dem Haus waren verschiedene Stimmen zu hören, die sich anbrüllten. Ich klingelte. Eine Frau schrie auf. Reflexartig griff ich nach meiner Waffe. Doch da war keine. Ich hämmerte gegen die Tür. »Aufmachen! Kriminalpolizei! Machen Sie sofort auf!«

Schlagartig verstummte das Gezeter. Stattdessen erklangen Schritte. Jemand öffnete mit einem Klacken von innen das Schloss, während ich vorsichtshalber einen Schritt zurück und zur Seite trat. Die Tür schwang auf und ich sah …

»Ruhig. Atmen Sie tief ein und aus. Alles ist gut. Sie sind sicher und geschützt. Nichts von dem, was Sie sehen, kann Ihnen etwas anhaben. Was sehen Sie, Marie?«

Ich fühlte mein Herz geradezu schmerzhaft in meiner Brust schlagen. Es war zu schwer, meinen Blick auf die Tür zu richten.

»Sehen Sie den Antworten ins Gesicht, Marie. Dann wird sich der Schrecken zu erkennen geben und auflösen. Sehen sie ihn an.«

Also tat ich es. Ich drehte den Kopf und sah in das Gesicht eines Jungen mit orangefarbenen Haaren, die zu einem struppigen Kamm aufgerichtet waren. Patrik.

Sein Gesicht wirkte hart und unbewegt, wie eine Maske. Zwei lodernde Augen durchstachen die meinen. Eisige Pupillen fixierten mich. Sprachen zu mir. Flüsterten mir Worte zu. Gaben mir Befehle.

»Er trägt keine Kontaktlinsen«, sagte ich verwundert. Dann ertönte ein Pfiff und die Szene verschwamm.

Einzelne Bilder blitzten auf und verschwanden. Ich sah mich selbst im Hausflur stehen, ein riesiges Messer in der Hand. Mein Körper waberte, veränderte sich, wurde zu Patrik, zum blutüberströmten Mörder von Emilia und schließlich zu ihrem Vater.

Als Nächstes stand Familie Thalhammer vereint im Wohnzimmer. Doch statt einer waren dutzende Emilias in weißen Kleidchen versammelt und sangen ein Lied: »Häschen in der Grube, saß und schlief, saß und schlief. Armes Häschen, bist du krank, dass du nicht mehr hüpfen kannst? Häschen hüpf!«

Alles begann sich zu drehen. Immer schneller und schneller. Ich hatte das Gefühl, mich festhalten zu müssen, um nicht davonzufliegen. Ein Strudel aus Geräuschen und Eindrücken zerrte so sehr an mir, dass ich Angst hatte, darin verloren zu gehen. »Nein!«

»Folgen Sie nur meiner Stimme. Sie sind ruhig und entspannt. Mit jedem Atemzug löst sich das Chaos ein Stückchen mehr. Sie sind vollkommen sicher«, versuchte Doktor Binding auf mich einzuwirken. »Wenn ich gleich bis drei zähle, sinken Sie noch tiefer in die Entspannung und können sich den Bildern wieder völlig angstfrei öffnen. Eins. Zwei. Drei. Das Bild wird wieder klar und ganz deutlich.«

Ich atmete tief ein und aus. Die Verkrampfung wich aus meinem Körper. Die Szene hörte auf sich zu drehen und verwandelte sich erneut.

Ich sah ein Messer. Ein riesiges, blitzendes Messer, das, von einer Hand umklammert, in einen Körper stach. Wieder und wieder. Voller hasserfüllter Gewalt. Blut spritzte. Instinktiv schaute ich an mir hinunter und erschrak. Ich sah mich, das Messer in Händen haltend, in einer Pfütze aus Blut. Ich wollte schreien, doch meine Lippen waren versiegelt.

»Er hat dich verführt! Dieser Dämon hat dich verhext, deine Sinne vernebelt! Sünderin!«

Ich kannte die Stimme. Verwundert blickte ich auf und sah mich zusammen mit meinen Eltern am Tisch sitzen. Mein Vater trug einen Talar und thronte als Riese mit erhobenem Zeigefinger über allem.

»Doch Gott schickt mich als seinen Racheengel und fordert Auge um Auge, Zahn um Zahn!«

Mein rasender Herzschlag übertönte als tickende Zeitbombe die Szene. Schneller und immer schneller, bis mich etwas ruckartig rückwärts zog. Ich ließ mich hintenüberkippen und fiel. Fiel in endlose Schwärze. Tiefer und tiefer. Bis ich die Worte von Doktor Binding wahrnahm.

Sie geleitete mich in einen sicheren Raum, umgab mich mit dem Gefühl von Wärme und Licht. Ließ mich die Rolltreppe wieder emporfahren und langsam zurück im Hier und Jetzt landen.

Als ich die Augen aufschlug, hatte ich das Gefühl, für Stunden weg gewesen zu sein. Meine Kehle war trocken, fast wund. Meine Hände fühlten sich kalt und feucht an.

»Was ist passiert?«, fragte ich und richtete mich auf.

Doktor Binding hatte den Kopf schräg gelegt und sah mich eine Weile lang an. »Offen gestanden weiß ich nicht so recht, was ich davon halten soll«, sagte sie schließlich. »Ich gebe zu, dass es im ersten Moment so aussieht, als wären Sie – beteiligt oder nicht – zumindest dort gewesen, als der Mord geschah. Aber irgendetwas hat die vollständige Erinnerung blockiert. Vielleicht durch die Verquickung mit dem Tod Ihrer Eltern, dessen Hintergründe noch verschüttet liegen.«

»Aber was ist mit dem Punk? Warum ist Patrik in meiner Rückführung aufgetaucht? War er wirklich da?«

Doktor Binding rieb sich mit der Hand die Stirn. »Kann sein. Muss aber nicht. Bei diesem Kuddelmuddel, den Sie in der Regression durchlebt haben, ist das schwer zu sagen. Er könnte genauso gut ein Sinnbild für etwas sein.«

Das hieß also, ich hatte wieder keinerlei Antworten erhalten, sondern nur noch mehr Fragen. Wie sollte ich jemals in diesem Fall vorwärtskommen, wenn immer neue Hürden vor mir auftauchten?

»Bin ich eine Gefahr für andere?«, fragte ich.

»Nein, so weit würde ich nicht gehen. Aber ich rate Ihnen, sich eine Auszeit zu nehmen, um die aktuellen Erlebnisse erst einmal zu verarbeiten.«

Ich sprang auf. »Und den Fall abgeben? Niemals! Davon hängt meine ganze Zukunft ab!«

Doktor Binding lächelte unverbindlich, stand auf und geleitete mich zur Tür. »Vergessen Sie nicht: Die Selbsthypnose ist ein mächtiges Werkzeug. Nutzen Sie sie. Vertrauen Sie auf Ihre eigene Stärke, Marie.«

Damit entließ sie mich und ich ging mit gemischten Gefühlen zurück zu meinem Auto.

Halt dich an die Fakten, ermahnte mich meine innere Stimme. *Was weißt du wirklich? Wo kannst du als Nächstes ansetzen?*

Diese Fragen würde ich beantworten müssen, um die weiteren Schritte zu planen. Morgen, wenn ich eine Nacht ordentlich durchgeschlafen hatte.

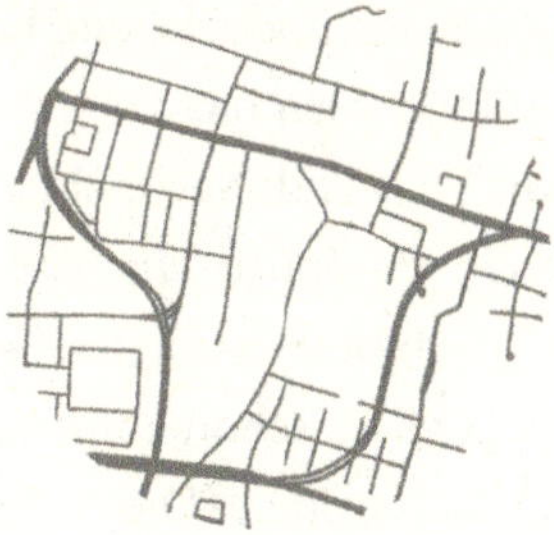

KAPITEL 11

Der Radiowecker klingelte um halb sieben und riss mich aus tiefem, traumlosem Schlaf. Ich schaltete ihn aus, stieg unwillig aus dem Bett, befüllte als Erstes die Kaffeemaschine und machte mich im Bad notdürftig frisch. Kein aufwendiges Frisieren, kein Make-up. Wozu auch? Ich bevorzugte es bequem, ganz besonders bei der Kleider- und Schuhwahl. Sollten doch andere die brunftigen Männchen anlocken. Ich war endgültig raus aus dem Spiel. Das redete ich mir zumindest ein.

Mit einer Tasse dampfend heißem Koffein ging ich ins Wohnzimmer. Der Anrufbeantworter blinkte immer noch. Ob die Nachricht von Daniel war? Eine Bitte, ihm zu verzeihen? Oder doch eher eine Schimpftirade, wie verkorkst und kaputt ich war? Zögernd drückte ich den Abspielknopf und kniff in Erwartung seiner Stimme die Augen zusammen.

»Sie haben vier neue Nachrichten.« Es piepte, doch statt Daniel ertönte zum hundertsten Mal das Rauschen vom Band.

»Scheiße!« Was, wenn Daniel tatsächlich angerufen und dieser verdammte Apparat nur Krach aufgenommen hatte? In Wahrheit wollte ich unbedingt von ihm hören und einen Grund finden, ihm zu verzeihen. Ich bereute meine übertriebene Reaktion im Restaurant, aber ihn anrufen, das konnte ich nicht.

Wieder ertönte ein Piep und Nachricht zwei war an der Reihe. Und wieder war es ein Potpourri aus Tönen. Nur, dass es sich diesmal eher wie mehrfach beschleunigtes Gebrabbel anhörte.

Ich wollte die Wiedergabe schon abbrechen, als sich nach dem nächsten Signalton Daniel meldete. Die Aufnahme war von gestern und sie war genauso liebenswert, wie ich es heimlich erhofft hatte. Er bat mich um eine Chance, das offensichtliche Missverständnis aufzuklären. Ich zerfloss vor Scham und gleichzeitiger Freude.

Mein Herz befahl mir, ihn augenblicklich zurückzurufen, mein Verstand war dagegen anderer Meinung: *Genieße das versöhnliche Gefühl, aber belasse es dabei. Du hast gesehen, wie schnell er dir wehtun kann. Lass es nicht erneut zu. Im Moment bist du die Siegerin. Oder willst du weiterhin in diesem Morast aus Gefühlen versinken?*

Nein, das wollte ich nicht. Also nahm ich einen großen Schluck Kaffee und wappnete mich für Nachricht vier. Doch zu meiner Erleichterung und Enttäuschung war die letzte Aufnahme einmal mehr eine Botschaft aus zerhacktem Kauderwelsch. *Siehst du, so ernst kann es Daniel nicht sein, wenn er es nur ein Mal versucht hat.* Das redete ich mir zumindest ein.

Stattdessen brach ich auf, um die Identität von Emilias Mörder zu klären. Mein Ziel war die Gedächtniskirche in der Allersberger Straße und ein Pater namens Annamäus.

Trotz morgendlichem Verkehr kam ich mit meinem Volvo gut auf der Autobahn voran und erreichte nach knapp zwei Stunden Fahrt die Nürnberger Innenstadt. Ich fand die wuchtige Kirche im Stadtteil Lichtenhof mitten an einer viel befahrenen Hauptstraße.

Ihr kantiger Backsteinbau mit den zwei massiven Hochtürmen erinnerte an ein wehrhaftes Fort. Das Eingangsportal schien als einziges Schmuckelement zu dienen. Und auch wenn ich alles andere als eine Expertin in sakraler Bauweise war, erkannte ich doch, dass dieser Prunk mit breit ausladender Treppe sein Ziel nicht verfehlte. Man wurde regelrecht hineingesogen in das Gebäude.

Das Innere war nicht minder beeindruckend. Auf der Suche nach Pater Annamäus schritt ich durch den, mit einer Empore überbauten, Vorraum und blieb staunend am Übergang zu der offenen Halle stehen. Ein überlebensgroßes Kreuz hing hoch oben im Gebälk über dem Altarbereich. Jesus schwebte als gigantische Figur über seiner Gemeinde und wurde durch das Rosettenfenster an der Rückwand angestrahlt. Als Abrundung des klug durchdachten Spektakels erhob sich auf einem Podest vor dem Fenster eine riesige, fächerförmig gestaltete Orgel.

»Beeindruckend, nicht wahr?«, sagte jemand neben mir.

»Und ob.«

»Das erste Mal hier?«

»Ja«, antwortete ich, immer noch ganz gefangen von der Szenerie.

»Wir freuen uns immer über Gäste in unseren Gottesdiensten. Ganz egal, auf welche Weise sie Gott verehren. Es ist für jeden etwas geboten.«

Ich drehte meinen Kopf und blickte in das rundliche Gesicht eines Geistlichen. »Pater Annamäus?«

Der füllige Mann in seiner klassisch katholischen Robe schüttelte lächelnd den Kopf. »Die koptisch-orthodoxe Gemeinde trifft sich heute erst um elf Uhr zur Vormittagsmesse.«

»Dann gibt es mehrere Glaubensgemeinden, die sich in dieser Kirche versammeln?«

»O ja, ein halbes Dutzend, würde ich meinen. Die römisch-katholische, serbisch-orthodoxe, methodistische, baptistische, freikirchliche und auch koptisch-orthodoxe.«

Die Überraschung schien mir ins Gesicht geschrieben, denn der Geistliche lachte herzlich auf, legte mir seine Hand auf die Schulter und bedeutete mir, ihm in den Vorraum zu folgen.

»Hier in den Schaukästen finden Sie alle Informationen zu Veranstaltungen und Gottesdiensten jeder vertretenen Konfession.« Er zeigte auf die Glasschränke links und rechts die Wand entlang. »Pater Annamäus hängt seine Blätter dort im linken Kasten aus.«

Ich trat näher. »Kennen Sie den Pater gut?«

»Nein, das nicht gerade. Wir sehen uns zwar auf den übergreifenden Kirchentreffen, um unsere Aktivitäten zeitlich abzustimmen, aber wirklich persönlichen Kontakt konnte ich bis jetzt noch nicht mit ihm aufbauen. Auf diesen Zusammenkünften gibt es einfach zu viele wichtige Tagesordnungspunkte.«

Das klang in meinen Ohren wie eine Ausrede, doch so leicht würde ich meinen Gegenüber nicht davonkommen lassen. »Stimmt es, dass die Kopten einen eigenen Papst haben? Warum dann nicht auch eigene Kirchen?«

Der Geistliche schmunzelte. »Lassen Sie sich nicht zu sehr von solch menschgemachten Hierarchien verwirren. Gott lenkt Ihr persönliches Geschick allein aus Ihrem Herzen heraus. Sie müssen ihn dafür nur einlassen.« Mit diesen Worten verbeugte er sich angedeutet und wandelte gemächlichen Schrittes davon.

Na bravo. In kryptischen Andeutungen schienen alle Geistlichen die gleiche Schule besucht zu haben. Ich schaute auf die Uhr. Viertel nach zehn. Zeit genug für ein kleines Frühstück.

Als ich Richtung Hauptstraße spazierte, kam mir ein Halbwüchsiger auf seinem Skateboard mit altmodischem Ghettoblaster in der Hand entgegen.

Die Musik glich in meinen Ohren eher einem lauten Quietschen, abgelöst von stakkatohaften Gesängen. Angewidert verzog ich das Gesicht und wich dem Krawallmacher aus, doch er rollte hinter mir her, umrundete mich einige Male und hielt schließlich direkt vor mir an. Dabei starrte er mir in die Augen, streckte mir die tragbare Stereoanlage entgegen und rief: »Du hast hier nichts verloren! Geh nach Hause. Geh nach Hause und lass die Toten ruhen. Tot ist tot. Pass auf, dass du es nicht auch bald bist.«

Reflexartig versuchte ich ihn am Schlafittchen zu packen, doch er stieß sich nach hinten ab, drehte das Skateboard und schoss davon.

Was zum Teufel? War denn jeder auf dieser Welt verrückt geworden? War das das neueste Spiel der Halbstarken? Wahllos Passanten vor einer Kirche mit kruden Botschaften zu erschrecken? Oder lag es an mir? War mein Seelenzustand ansteckend?

Sie sind in Gefahr, hörte ich Patrik in meiner Erinnerung. Alles Quatsch! Entnervt ging ich in die nächstbeste Bäckerei und kaufte mir eine Butterbrezel zusammen mit einem Becher Kaffee, um das Erlebte erst mal zu verdauen.

Hinter der großen Glaswand zur Straße wuselte das Nürnberger Leben. Menschen hasteten vorbei, Autos strömten die Hauptstraße entlang und irgendwo dahinter lag der Hauptbahnhof – Umschlagplatz für Reisewütige und Stadtflüchtende. Auch mir war nach Flucht zumute. Irgendwohin, wo es keine Menschen gab, keine Verantwortung und keinen Tod.

Ich dachte an Uwe Kornzwiller, wie er mir zu Hilfe gekommen war und die Situation am Haus der Thalhammers geregelt hatte, so routiniert und überlegen. Ich dagegen hatte wie ein verschrecktes Mäuschen dagestanden, ohne vorschriftsmäßige Waffe und ohne Verstand.

Mein Vater hätte sich im Grabe umgedreht, wenn er gesehen hätte, was seine Tochter da trieb. Mein Opa dagegen würde sich bestätigt fühlen. »Ich hab dir doch gesagt, dass der Polizeikram nichts für dich ist. Auf der Militärakademie hättest du gelernt, deine Disziplin zu wahren, hättest strikte Befehle befolgt und dabei Karriere gemacht.«

Ich seufzte. Vielleicht sollte ich mir mein Versagen einfach eingestehen und die Konsequenzen ziehen. Gleich heute Abend würde ich mit Hauptkommissar Haller sprechen.

Niedergeschlagen aß ich auf, trank aus und machte mich auf, um Pater Annamäus zu treffen.

Es war zehn vor elf, als ich das Portal der Gedächtniskirche ein zweites Mal durchschritt. Gläubige kauerten in den Bankreihen. Eine multikulturelle Mischung, soweit sich das an reinen Äußerlichkeiten ausmachen ließ.

Vielleicht lebten die Familien schon seit mehreren Generationen in Deutschland, auch wenn die ursprünglichen Kopten meinen Recherchen nach zumeist aus Afrika, Ägypten oder Libyen stammten. Doch das spielte genau genommen gar keine Rolle und für genauere Analysen war ich, im Gegensatz zu David Gimpel, in Ethnologie nicht bewandert genug.

Nicht einmal für einen Urlaub hatte ich es in diese Ecken der Welt geschafft, obwohl ich immer von einer Kreuzfahrt auf dem Nil geträumt hatte. Die angespannte politische Lage und die sich häufenden terroristischen Anschläge in diesem Gebiet machten es schwer, noch von romantischen Bootsfahrten und bestaunenswerten Pyramiden zu träumen. Gefahren war ich in meinem Beruf genug ausgeliefert, bis hin zu rüpelhaften Hosenscheißern auf Skateboards.

Auf der Suche nach Pater Annamäus fand ich im vorderen Teil des riesigen Kirchenschiffes zuallererst eine öffentliche Teeküche, den Aufgang zum ersten Obergeschoss, eine weitere kleinere Küche und schließlich eine versteckt gelegene Tür, hinter der ich Gemurmel wahrnahm. Also klopfte ich.

»Ja, bitte?«

Ich drückte die Messingklinke, die Tür schwang auf und eröffnete den Blick in ein winziges Zimmer. Ein schmächtiger Mann mit dunklen Augen und schwarzen Haaren stand an einem Schreibtisch und sortierte Papiere.

»Pater Annamäus? Mein Name ist Marie Martius. Kann ich Sie bitte für einen Augenblick sprechen?«

Er blickte auf, legte den Kopf ein wenig schräg, als überlegte er, wo er mich einzuordnen hatte, winkte mich herein und bot mir mit einer knappen Handbewegung einen Platz auf dem Stuhl neben ihm an. »Komm, setz dich. Ich muss nur schnell meine Unterlagen für die heutige Liturgie zusammensammeln.«

Ich folge seiner Einladung und wartete geduldig ab, bis er sich mir zuwandte. »Welche Frage kann ich dir beantworten?«

Ein Satz, der aus seinem Mund ausgeleiert klang, ohne dass ihm eine Emotion beigemengt war. Also tat ich es ihm gleich, agierte mit Sachlichkeit und legte meine Karten ohne große Geheimnistuerei auf den Tisch. »Ich bin Kriminalkommissarin aus München und ermittle in zwei Mordfällen.«

Die Stirn des Geistlichen legte sich in Falten.

»Leider konnte eines der Opfer bisher nicht identifiziert werden. Ich habe Grund zur Annahme, dass die Person Mitglied der koptisch-orthodoxen Kirche war und …«, ich zog ein Foto des Leichnams aus meiner Jackentasche, »… da es sich offenbar um keinen Kirchgänger der Münchner Gemeinde handelt, habe ich gehofft, dass Sie ihn vielleicht als einen der Ihren erkennen würden.«

Ich streckte ihm das Bild entgegen und forderte ihn mit einem Nicken auf, es sich anzusehen.

Der Pater zögerte. »Du kommst ein wenig ungelegen. Meine Messe beginnt in wenigen Minuten.«

»Bitte Pater, nur ein Blick auf das Foto, mehr verlange ich nicht.«

Er fasste sich zögernd ans Kinn, dann nahm er mir das Bild aus der Hand. Sein Blick wanderte wie ein Scanner über das Gesicht des toten Mannes, wieder und wieder. Dann schließlich seufzte er tief, ließ die Hand sinken und sagte: »Das ist Abeba Habib.«

Ich biss mir auf die Lippe, um meine Freude zu verbergen. Endlich hatte ich einen Treffer gelandet. »Können Sie mir mehr über ihn und seine Lebensumstände erzählen?«

Der Pater schüttelte den Kopf. »Ich muss jetzt eine Messe halten.«

Als er Anstalten machte zu gehen, verstellte ich ihm den Weg. »Es geht hier um Mord! Abeba Habib ist tot. Also sagen Sie mir, was Sie über ihn wissen.«

Geschlagen sank Pater Annamäus auf seinen Schreibtischstuhl und faltete die Hände. »Er war ein guter Gläubiger, hat die Gemeinde immer tatkräftig unterstützt und besaß ein kleines Restaurant namens *Last Supper* ganz in der Nähe.«

»Hat er hier Angehörige, die benachrichtig werden müssen?«, hakte ich nach.

»Nein, soweit ich weiß, lebte er allein. Das hat mich immer gewundert. Er ist vor gut zwanzig Jahren als Jugendlicher nach Deutschland gekommen, um hier sein Glück zu finden. Doch das Heimweh hat ihn nie ganz losgelassen. Die Kirche war für ihn ein Art Familienersatz.«

Eine Geschichte von vielen. Aber da musste es mehr geben. Irgendetwas, das den Grund für seine bestialische Tat erklärte. »Hatte er Sorgen oder Probleme in letzter Zeit?«

Der Pater rieb sich die Stirn. »Nicht, dass ich wüsste.«

Es war offensichtlich, dass ihm das Gespräch unangenehm war. Die Frage war, warum?

»Können Sie sich erklären, was Herr Habib in München gewollt haben könnte?«

Zu meiner Überraschung nickte der Geistliche. »Ja. Er ist regelmäßig in das Medial Care Center gefahren, um an den Gottesdiensten dort teilzunehmen.«

»Medial Care Center?« Ich wurde hellhörig. »Was genau kann ich mir darunter vorstellen?«

Mittlerweile hatte sich Schweiß auf der Stirn des Paters gebildet. »Den Erzählungen zufolge, ist es eine Art Meditationszentrum für Gläubige.«

Da war sie, die nächste heiße Spur. »Unter Meditationszentrum stelle ich mir eine eher freigeistliche Einrichtung vor. Ist die koptische Kirche so modern?«

Pater Annamäus lächelte gequält. »Natürlich halte ich uns für eine moderne Kirche. Und Pater Josephis hat mir im Übrigen versichert, dass sich dieses Center an die christlichen Glaubensrichtlinien hält. Sonst hätte ich den Aushang über die Kurse nie genehmigt.«

Ich holte meinen Notizblock aus der Tasche. »Wie, sagten Sie, heißt das Zentrum?«

»Medial Care Center. Die Adresse findest du draußen im Schaukasten.«

»Und Sie sagen, Sie haben die Informationen von Pater Josephis?«

»O ja, er war ganz begeistert davon.« Eine Pause entstand. Einige Atemzüge lang starrte er auf seinen Schreibtisch. »Hat das Center etwas mit dem Mord an Abeba zu tun?«

Ich fixierte ihn. »Das wird sich noch herausstellen. Gibt es denn einen Grund, das zu vermuten?«

Pater Annamäus presste die Lippen aufeinander, schüttelte den Kopf, nahm seine Papiere und stand auf. Und diesmal ließ ich ihn gewähren. Bevor er das Büro verließ, drehte er sich noch einmal um. »Wie ist er gestorben?«

»Durch Messerstiche.« Erst jetzt erhob auch ich mich, trat auf ihn zu und zeigte ihm meinen letzten Trumpf: das Foto von Emilia. »Kennen Sie dieses Mädchen?«

Der Geistliche schüttelte den Kopf. Dann ging er und ich folgte ihm.

Für einen Moment war ich sogar versucht, die Messe zu besuchen, doch als die Gläubigen das erste sakrale Lied anstimmten, flüchtete ich mich stattdessen in den Vorraum und suchte in den Schaukästen nach den Informationen über das erwähnte Zentrum.

Der Aushang war schlicht und bestand aus einer kurzen, wenig aussagekräftigen Beschreibung, einer Liste mit Kursen und Terminen sowie einem nicht besonders selbstlosen Preis. Doch das, was mir für eine Sekunde den Atem raubte, war die Adresse der Einrichtung. Sie stimmte exakt mit der des Puffs überein!

War Abeba Habib in ein getarntes Freudenhaus gefahren, bevor er Emilia und sich selbst abgeschlachtet hatte? Was machte das für einen Sinn? Oder täuschte mich meine Erinnerung? Verwechselte ich die Adressen?

Am besten setzte ich Erwin Konrad darauf an. Ich hatte an diesem Vormittag einige neue Anhaltspunkte gesammelt. Es wurde Zeit, das weitere Vorgehen mit meinem Team in München abzustimmen. Vielleicht gab es nach den gestrigen Ermittlungen im Haus der Thalhammers auch dort neue Erkenntnisse.

Zurück in meinem Auto rief ich als Erstes meinen Chef an, um ihm von der erfolgreichen Identifizierung Abeba Habibs zu berichten.

Er nahm es wenig enthusiastisch auf, erinnerte mich daran, dass er weiterhin keinerlei Veranlassung sähe, in diesem Fall unnötig lange nach aus der Luft gegriffenen Verschwörungstheorien oder schattenhaften Hintermännern zu fahnden.

Erst nach langem Hin und Her gestattete er mir immerhin, mich vor der Rückfahrt mit den hiesigen Kollegen kurzzuschließen und Habibs Wohnung zu durchsuchen, wenn auch ohne eigenes Team für die Spurensicherung.

Mein systematisches Vorgehen hatte sich ausgezahlt, egal was Haller zu meckern hatte. Fakten sammeln, Fakten auswerten und daraus die richtigen Schlüsse ziehen, das war der Weg zum Erfolg. Mein Verstand arbeitete wieder wie geschmiert. Ich hatte meine labile Phase überwunden.

Nach dem Gespräch mit Haller rief ich Erwin Konrad an. »Hallo Erwin, hier Marie Martius. Ich habe tolle Neuigkeiten, wie steht's bei euch?«

Auf der anderen Seite der Leitung hörte ich ein Schmatzen, gefolgt von einem gurgelnden Geräusch, das nach einem löchrigen Strohhalm klang. »Marie … warte … ich muss nur noch den Rest des Burgers …«, erneutes Schmatzen drang durch die Ohrmuschel, »… so, jetzt stehe ich zur Verfügung. Du hast also Neuigkeiten? Prima, wir auch. Allerdings hab ich keine Ahnung, was sie für den Fall bedeuten könnten.«

Ich steckte den Schlüssel ins Schloss. »Mach's nicht so spannend, Erwin. Was habt ihr entdeckt?«

»Einiges. Vor allem eine Menge Fingerabdrücke. Von Emilia, von Herrn Thalhammer, von seiner Frau, von einer fremden Person. Und nicht nur das.«

Mir war, als würde mir mein schlechtes Gewissen ein Loch in den Bauch fressen. Hatten sie auch meine gefunden? Galt ich als verdächtig? Wurde ich vielleicht schon überwacht? Reflexartig suchte ich meine Umgebung nach getarnten Polizisten ab. Dort, der Fußgänger an der Ampel, der Mann mit Zeitung an der Bushaltestelle, die Frau mit den Einkaufstaschen. Oder lauerten sie hinter einem der Fenster in den Bürogebäuden gegenüber?

»Im ersten Stock gibt es neben Emilias Kinderzimmer ein weiteres, das eindeutig von einem kleinen Jungen bewohnt wird. Dort haben wir allerdings keine Abdrücke gefunden.«

»Du meinst, zur Familie gehört ein Sohn? Habt ihr das überprüft?«

»Die Anfrage beim Einwohnermeldeamt läuft.«

»Was schätzt ihr, wie alt der Junge sein müsste?«, hakte ich nach und lauerte dabei weiter auf Hinweise, dass er auch mich verdächtigte.

Erwin räusperte sich. »Ich hab zwar selbst keine Kinder, aber wenn ich das Spielzeug und die Einrichtung betrachte, dann müsste er geschätzt zwischen zehn und zwölf Jahre alt sein. Allerdings scheint er schon länger nicht mehr dort gewesen zu sein. Das Zimmer ist aufgeräumt und alles mit einer Staubschicht überzogen.«

»Vielleicht ist er gestorben? Habt ihr im Sterberegister und in den Vermisstenanzeigen nachgesehen?«

»Ja, alles bereits in Arbeit. Die Fingerabdrücke des Fremden hat Anne durch den Computer gejagt, ohne Erfolg. Unser Unbekannter ist bisher weder straffällig gewesen noch anderweitig polizeilich aufgefallen.«

»Danke, gute Arbeit.« Ich atmete durch. Also waren es nicht meine Spuren. Meine Fingerabdrücke waren bei meiner Rekrutierung im System gespeichert worden.

Ich berichtete Erwin von meinen Fortschritten und beauftragte ihn, Abeba Habib ebenfalls im Computer zu überprüfen und sich danach um den Puff, beziehungsweise das Medial Care Center, zu kümmern.

»Mach ich. Und da wäre noch etwas, Marie.« Er zögerte. »Deine Fingerabdrücke waren auf der Klingel im Flur.« Wieder macht er eine Pause. »Natürlich weiß ich, dass du bereits vorher bei den Thalhammers zu einer Befragung gewesen bist und Haller hat auch keine weitere Untersuchung in diese Richtung angeordnet, aber …«

Ich ließ Erwin den Satz nicht beenden. »Danke für die Info. Mach dir keine Sorgen, ich habe nichts zu verbergen.«

Lügnerin, wisperte eine Stimme in meinem Kopf.

»Was ist mit der Zeit, in der du …«, startete Erwin einen zweiten Versuch.

»Ich sag doch, es ist alles in Ordnung. Mach dich lieber an die Überprüfung der Adresse, die ich dir genannt habe.« Gar nichts war in Ordnung. Aber das musste niemand wissen. »Okay, verstanden. Wann können wir dich zurückerwarten?«

»Ich schätze, die Durchsuchung von Abebas Wohnung wird etwa zwei Stunden in Anspruch nehmen. Ich bin um vier im Büro. Also schau, dass du bis dahin etwas herausgefunden hast.«

»Bringst du uns Lebkuchen mit?« Die Frage war so aus dem Zusammenhang gerissen, dass ich trotz aller Anspannung schmunzeln musste.

»Bis Weihnachten ist noch Zeit. Lass uns erst einmal die Wiesn heil überstehen. Da gibt's genug Lebkuchenherzen, die du dir von deinen Pressemädels schenken lassen kannst.«

»Verdammt, Martius, manchmal könnte man dich glatt für liebenswert halten, wenn du dich nicht immer so kaltschnäuzig geben würdest.«

O Erwin, wenn du nur wüsstest. Trotz des flapsigen Gesprächsendes stand mir der Schweiß auf der Stirn. Mein Herz pumpte wie nach einer Verfolgungsjagd.

War der Mord so abgelaufen, wie ich unter Hypnose gesehen hatte? War ich währenddessen tatsächlich im Haus gewesen? Oder noch schlimmer: War ich eine Mörderin?

Oder hatte Uwe Kornzwiller recht mit seiner Vermutung, ich wäre beim Anblick der Leichen unter Schock einfach wieder ins Auto gestiegen? Allerdings klärte das nicht die unbekannten Fingerabdrücke. Gehörten sie einem Besucher? Oder Patrik?

Bei seiner Zeugenvernehmung hatte man ihm keine abgenommen. Und wenn er ein Motiv besaß, dann lag es noch im Dunkeln. Genau wie der tatsächliche Tathergang. Denn die Fakten ergaben einfach keinen Sinn, egal wie eindeutig sie erschienen. Mann ersticht Frau und anschließend sich selbst. Das gleiche Muster wie vor der

Kirche. Das war kein Zufall, kein reiner Akt des Wahnsinns. Es fehlten das Motiv und der Auslöser. Irgendetwas, das die Männer dazu getrieben hatte. Dahingehend hatten meine Recherchen keinerlei Erkenntnisse erbracht.

Auch wenn die koptisch-orthodoxe Kirche nicht dem klassischen Bild des Christentums entsprach, so war sie genauso wenig ein Sammelpunkt von Fanatikern, die Sünden mit dem Tod bestraften.

Also machte ich mich wieder an die Arbeit und ließ mir von der Auskunft die Adresse des Restaurants »Last Supper« geben, das Pater Annamäus erwähnt hatte. Anschließend meldete ich mich bei der Nürnberger Kripo, unterrichtete den Chef des Kommissariats, Alfred Hübner, über die Situation und bat um Unterstützung im Fall Abeba Habib.

»Mein Team hat die Leiche bereits obduziert und kann Ihnen den Totenschein zuschicken. Ich brauche lediglich seine Anschrift und jemanden, der mir Zutritt verschafft. Den Rest bekomme ich allein hin«, erklärte ich so bestimmt wie möglich, um jegliche Diskussion über Zuständigkeiten im Keim zu ersticken.

Erstaunlicherweise funktioniert der Plan. Der Nürnberger Hauptkommissar versprach, einen Trupp zusammenzustellen, sich in einer halben Stunde wieder zu melden, und mir die Adresse durchzugeben. Bestens!

In der Zwischenzeit fuhr ich zum Restaurant. Es lag wenige Straßen entfernt, nahe den Gleisen. Graue Häuserfronten, verschmutzt durch die Abgase endloser Autokolonnen auf der Durchfahrtsstraße. Nur ein verblichenes beigefarbenes Schild über der Tür verriet, dass zwischen den gleichförmigen Eingängen der fünfstöckigen Mehrfamilienhäuser ein Lokal angesiedelt war.

Die Tür war verschlossen und ein grobmaschiger Fenstervorhang verdeckte die Sicht in den Raum. Auch auf mein Klopfen rührte sich nichts, obwohl ein Zettel im Schaukasten behauptete, dass das »Last Supper« seit elf Uhr geöffnet hatte.

Abeba Habib war tot. Und offenbar hatte niemand sonst Zugang zum Lokal. Aber wieso hatte niemand das Fehlen des Chefs gemeldet? Bevor ich darauf eine Antwort fand, klingelte mein Handy. »Marie Martius.«

»Hier Hübner. Die Wohnung des Toten liegt in der Burgerstraße. Eine Streife ist schon unterwegs. Wie schnell können Sie vor Ort sein?«

»Das bin ich schon.«

»Wie?«

»Ich stehe gerade vor Habibs Lokal in derselben Straße.«

»Die Verstärkung wird in wenigen Minuten eintreffen.« Mit säuerlichem Unterton verabschiedete sich der Hauptkommissar und wenige Atemzüge später tauchte das erste Blaulicht auf.

Wie ich bereits vermutet hatte, waren Habibs Privat- und Restaurantadresse identisch. Die Polizisten hatten den Hausmeister des Gebäudes hinzugerufen, um die Wohnung ohne Brecheisen betreten zu können. Ein Durchsuchungsbefehl war aufgrund des dringenden Tatverdachtes nicht nötig. Der Weg war frei.

Schon kurz nach Sichtung des Lokals war klar, dass Abeba Habib in einem Hinterzimmer gelebt hatte. Dazu kamen eine Küche und der Wirtsraum. Einfache Holztische, Stühle und eine Schanktheke, das war alles. Trotz der ärmlichen Ausstattung war das Lokal in einem gepflegten Zustand. Die Räume waren sauber und aufgeräumt. Auf den Tischen lagen kleine, runde Deckchen und Teelichthalter mit frischen Kerzen. Trotzdem hing alter Zigarettenrauch in der Luft. Wenn überhaupt, dann hatte Habib sich sein Leben von der trinkfesten Stammkundschaft finanziert.

Ansonsten gab es im »Last Supper« wenig Aufregendes zu entdecken. Ein verziertes, metallisches Jesuskreuz hing an der Wand, daneben ein Bild eines bärtigen, prunkvoll gekleideten Mannes – offenbar ein Portrait des koptischen Papstes.

Im Hinterzimmer, das mit einem Bett, einem Nachtkästchen, einem zweitürigen Schrank und einem Schreibtisch eingerichtet war, fand ich eine abgegriffene, in Leder gebundene Bibel, ein weiteres Kreuz an der Wand und daneben einige handbemalte Holzikonen. Im Schrank befanden sich Kleidung, ein Paar Schuhe, ein Stapel Bücher und zwei Ordner mit den nötigsten privaten wie geschäftlichen Unterlagen, wie ich nach dem Durchblättern feststellte. Einzig der Computer und eine Box mit Kassetten, die auf dem Schreibtisch standen, erschienen einer näheren Untersuchung wert.

Das Restaurant war offenbar ein Ein-Mann-Betrieb. Es gab keinen Hinweis auf Personal, nicht einmal eine Putzfrau tauchte in den chronologisch abgehefteten Rechnungen auf.

»Hier ist eine Brieftasche«, rief Hübner aus dem Schankraum.

Ich eilte zu ihm und untersuchte die Börse. Zwei Zwanziger, ein bisschen Kleingeld und eine EC-Karte, das war alles. Das war alles. Ernüchterung machte sich breit. Aber was hatte ich auch anderes erwartet? Einen Bekennerbrief, in dem all die offenen Fragen geklärt wurden? So was gab es nicht. Nie. Außer vielleicht in Filmen.

Nach einem weiteren Rundgang musste ich schließlich einsehen, dass es nichts weiter zu entdecken gab. Also besprach ich mit Hübner das weitere Vorgehen und machte mich früher als geplant auf den Heimweg.

KAPITEL 12

Die Autobahn war angenehm leer, die Sonne versteckte sich hinter einem Dunstschleier, die Fahrbahn war trocken und die Sicht klar. Mein Volvo glitt mit gleichbleibenden hundertvierzig Stundenkilometern die Straße entlang, so stoisch und zielsicher, wie man es eben nur in einem Volvo erleben konnte. Alles an diesem S40er Modell erschien mir wohltuend optimiert. Das Äußere praktisch und auf Sicherheit bedacht und im Inneren gerade genug Komfort, um nichts Wesentliches zu vermissen. Die Armaturen bestachen durch Funktionalität, ohne viele elektronische Spielereien oder dekorative Elemente. Ein Wagen, wie er besser nicht zu mir passen konnte.

Ich schaltete das Radio ein. Musik dudelte aus den Lautsprechern – vielleicht Madonna oder sonst eine Popdiva. Musiktrends hatten mich nie wirklich interessiert. Die einzige CD, die ich in letzter Zeit erstanden hatte, war das erste Album von Norah Jones.

Ihre melancholischen Jazzmelodien hatte ich zufällig in einem Restaurant gehört, für gut befunden und beim nächsten Einkaufsbummel in der CD-Börse mitgenommen. Der Secondhandladen für Ton- und Filmträger war seit Jahren meine einzige Anlaufstelle.

Dort ließen sich Musikwünsche zur Hälfte des üblichen Ladenpreises erfüllen.

Ich wollte gerade den Sender wechseln, als mir im Rückspiegel ein Wagen auffiel, der ungewöhnlich schnell näherkam. Ein dunkelblauer Honda CR-V, einer dieser modernen, hochbeinigen Möchtegern-Jeeps aus der Fernsehwerbung. Doch erst als er auf wenige Meter heran war, ohne zu einem Überholmanöver anzusetzen, begriff ich, dass unmittelbare Gefahr drohte.

Der schmächtige Mann im Wagen hinter mir trug eine beigefarbene Skimaske, ein Kleidungsstück, das dreihundert Kilometer von den Alpen entfernt nur einen Schluss zuließ: Er hatte etwas vor, bei dem er unerkannt bleiben wollte.

Ich notierte in Gedanken das Nummernschild und trat reflexartig kräftiger aufs Gas. Für einen Augenblick fiel der Honda zurück, blendete auf und schoss mit aufröhrenden Pferdestärken hinterher. In wenigen Sekunden hatte er aufgeholt und rammte ungebremst seinen stählernen Kühlergrill in mein Heck.

»Scheiße!« Mühsam versuchte ich meinen schlingernden Wagen in der Spur zu halten. Der Volvo stöhnte auf. Metall quietschte, Glas knirschte, als sich der dunkelblaue Angreifer aus dem blechernen Schlachtfeld löste, um zu einem erneuten Schlag auszuholen.

»Was willst du, verdammt! Gefällt dir mein Auto nicht, oder was?«, schrie ich ihn in meiner Verzweiflung an. Dann übernahm mein Überlebensinstinkt. Ich krallte meine Finger in das Lenkrad und presste meinen Fuß mit aller Macht auf das Gaspedal, obwohl ich wusste, dass ich dem Gegner so nicht entkommen konnte. Nicht mit gerade mal 116 PS unter der Haube.

Wieder krachte es in meinem Rücken. Durch den Aufschlag wurde ich ein Stück aus dem Sitz gehoben, doch mein Anschnallgurt rastete ein und riss mich schmerzhaft zurück in die Polster.

Ich biss die Zähne zusammen, blinzelte den Tränenschleier fort und sah gerade rechtzeitig wieder klar, um zu realisieren, dass ich auf eine Böschung zusteuerte. Ruckartig riss ich das Lenkrad nach links, bevor mein Blick erneut hoch zum Rückspiegel huschte.

Zu zweit schossen wir an den anderen Autos vorbei, während sich das Spiel fortsetzte. Wieder und wieder rammte mich der Jeep, während ich darum kämpfte, nicht von der Fahrbahn abzukommen oder in einen anderen Wagen zu knallen.

Der Tacho zeigte hundertachtzig Stundenkilometer. Mehr war nicht drin. Der Motor des Volvos dröhnte ohrenbetäubend laut. Der gesamte Innenraum vibrierte. Die Straße schien die Breite eines Fahrradwegs angenommen zu haben. Lastwagen standen wie Bojen fest verankert in einem schmalen Fluss aus gefrorenem Teer, während ich zu kentern drohte.

Nach einer Weile änderte der Gegner seine Taktik und setzte zu einem Überholmanöver an.

»Schneller, du Scheißkarre!«, rief ich, während mein Fuß das Pedal im Bodenraum malträtierte.

Der Honda war bereits auf Höhe meines Kofferraums und steuerte nach rechts, um mich seitlich zu erwischen. Ich wich halb auf den Rasenstreifen aus und betete zu allen Schutzengeln, kein Hindernis oder Pannenfahrzeug auftauchen zu lassen.

Als die Schnauze des Angreifers sich in meinen linken Kotflügel fraß, spürte ich, wie das Heck wegdriftete. Ein zweiter Stoß erfasste meinen Wagen kurz hinter dem Fahrersitz. Das Fenster hinten zersplitterte mit einem dumpfen Knall in tausend winzige Mosaiksteinchen, die wie ein dickes Spinnennetz im Rahmen hängen blieben. Der vertikale Seitenholm knickte ein, ein scharfer Luftzug zerrte an meinen Haaren und übertönte die Radiomusik.

Mach dich auf das Ende gefasst, warnte mich eine Stimme in meinem Kopf. *Wenn es so weit ist, lehn dich leicht nach rechts, zieh den*

Kopf ein, Arme vor das Gesicht und Füße zum Sitz, so wie du es in der Polizeifahrschule gelernt hast.

Noch einmal wuchtete ich das Lenkrad herum und pumpte abwechselnd mit dem Gas-, Kupplungs- und Bremspedal. Doch der Wagen reagierte nicht mehr. Halb fuhr ich, halb wurde ich geschoben. Mein verbeultes Heck drehte sich in Fahrtrichtung, bis ich einen letzten Ruck spürte. Die Reifen blockierten, Metall barst, der Wagen schien auf meiner Seite erst in die Knie zu gehen, um sich dann mit umso größerer Wucht abzustoßen und zu überschlagen.

Wie in Zeitlupe drehte sich die Straße vor mir mehrfach. Die Motorhaube wölbte sich, alle sechs Airbags kamen mir gleichzeitig entgegen, Kotflügel und Dachkanten knickten ein. Kleingeld, Abfall und andere lose Gegenstände flogen durch den Innenraum wie in einer Waschtrommel. Staub nahm mir die Sicht nach draußen, Dreck klatschte an mein Seitenfenster. Ein weiterer Schlag, ein leichtes Federn, dann war es vorbei.

Benommen ließ ich die Arme sinken und schaute auf meine Hände. Wie durch ein Wunder waren sie unversehrt. Auch meine Oberkörper und die Beine schienen heil zu sein. Nur die linke Schulter schmerzte.

Ich saß aufrecht in einem metallenen Trümmerhaufen und blickte fassungslos um mich. Das Auto war nach den Überschlägen auf den Reifen gelandet. Vor und neben mir sackten die Airbags in sich zusammen. Die Windschutzscheibe hing wie ein Collier aus glitzernden Brillanten im Rahmen. Alles in allem wirkte das Auto, als hätte King Kong darauf eingeprügelt. Und doch hatte ich überlebt.

Bei dieser Erkenntnis schossen mir Tränen in die Augen. Aber noch war die Gefahr nicht vorüber. Ich musste raus aus dem Wagen. Musste mich in Sicherheit bringen, Deckung suchen, falls der Angreifer nachsetzen würde.

Von Adrenalin beflügelt, schälte ich mich aus dem Gurt und rüttelte an der Fahrertür. Doch jeder Versuch, sie zu öffnen oder mich auch nur aus meiner Position aus dem Fenster oder auf den Rücksitz zu ziehen, blieb erfolglos. Ich war im zerbeulten Rest meines Volvos gefangen.

Da endlich fiel mir mein Handy ein. Ich griff in meine Jackentasche, doch sie war leer. Das war meine letzte Option auf Rettung gewesen. Ich war am Ende. Wehrlos ausgeliefert. Resignierend lehnte ich mich zurück und schloss die Augen.

»Hallo? Hören Sie mich?«, erklang aus der Ferne eine Stimme. »Halten Sie durch, Rettung ist unterwegs.«

Ich öffnete die Augen. In einer Scherbe des kaputten Außenspiegels sah ich einen grauhaarigen Mann auf mich zukommen. Er bewegte sich unbeholfen über den unebenen Grund des Ackers, auf dem ich gelandet war, und sah nicht eben aus, als könnte er mit seinen dünnen Ärmchen meine verklemmte Fahrertür aus den Angeln heben. Trotzdem erschien er mir wie ein strahlender Ritter.

Er sprach weiter auf mich ein, bis Feuerwehr, Polizei und Krankenwagen eintrafen. Obwohl ich in meiner Erinnerung sicher war, ihm geantwortet zu haben, konnte ich mich später nicht mehr an sein Gesicht oder seinen Namen erinnern. Der Schock des Unfalls saß zu tief.

Es dauerte gut eine Stunde, bis mich die Einsatzkräfte aus dem Wrack befreit hatten. Die Beamten der Verkehrswacht befragten mich noch vor Ort zu dem Vorfall und wollten eine genaue Beschreibung des anderen Wagens. Ich nannte Farbe und Typ, doch das Nummernschild, das ich mir hatte merken wollen, war wie ausradiert aus meinem Gehirn.

Der Sanitäter stellte ein paar Prellungen fest, gab mir eine Beruhigungsspritze gegen den Schock und wollte mich für eine

Infusion und genauere Untersuchung der Schulter mit ins Krankenhaus nehmen, doch ich wehrte ab. Mein einziger Wunsch war es, nach Hause in meine Wohnung zu fahren.

In meiner Verzweiflung überlegte ich sogar, Daniel anzurufen und ihn zu bitten, mich abzuholen. Doch mein Handy war immer noch verschwunden und ein neuerlicher Streit zu abschreckend. Ich war zu geschwächt, um einem möglichen Wortgefecht etwas entgegenzusetzen. Und natürlich würde er mein Verhalten im Restaurant und seine unbeantworteten Anrufe diskutieren wollen.

Nein, auch wenn die Aussicht auf eine starke Schulter verlockend war, verwarf ich die Idee. Wahrscheinlich hatte Daniel sich sowieso schon eine andere Kaffeebekanntschaft geschnappt und mich längst vergessen.

Stattdessen bat ich einen Polizisten, im Kommissariat anzurufen und das Team von meiner Lage zu informieren. David oder Erwin würden sich bestimmt erbarmen und mich abholen.

Und tatsächlich dauerte es nur knapp eine Stunde, bis eines unserer abteilungseigenen Zivilfahrzeuge am Unfallort eintraf. Zu meinem Erstaunen stieg aber weder David Gimpel noch Erwin aus dem Wagen, sondern Uwe Kornzwiller. Und er war offenbar allein gekommen.

Nachdem er mich am Krankenwagen entdeckt hatte, rannte er los, so engagiert, wie ich ihn selten erlebt hatte.

Ich war auf Spott gefasst, doch als er vor mir stand, spiegelte sein Gesicht pure Sorge wider. Das war das dritte Mal, dass er mir zu Hilfe kam, statt mich eiskalt auflaufen zu lassen. War es Mitleid oder hatte er seine Taktik geändert, ohne dass ich die Tücke dahinter durchschaute?

»Martius, was machst du für Sachen!«, begrüßte er mich mit zusammengezogenen Brauen.

»Ich dachte, eine Rolle seitwärts würde mir eine neue Perspektive auf den Fall eröffnen«, antwortete ich flapsig, um zu signalisieren, dass so weit alles in Ordnung war.

Tatsächlich lächelte Uwe. »Schön zu sehen, dass es dir gut geht, Marie.«

»Schön, dass du da bist.«

Einladend breitete er seinen Arm aus. »Wollen wir?«

Ohne zu zögern, machte ich zwei Schritte auf ihn zu und ließ mich von seinem starken Arm einfangen. Kein echter Ersatz für Daniels Schulter, aber doch ein bisschen Geborgenheit für den Moment.

Uwe meldete uns beim Einsatzleiter der Polizei ab, führte mich zum Auto und reichte mir vom Rücksitz sogar eine Decke.

»Du hättest dich im Krankenhaus durchchecken lassen sollen«, sagte Uwe, als er behutsam Gas gab, um sich in den Autobahnverkehr einzuordnen.

»Mir fehlt nichts. Die Schulter ist wohl nur geprellt. Immerhin war ich brav angeschnallt«, gab ich zurück, aber es tat dennoch seltsam gut zu wissen, dass er sich um mich sorgte.

Er nickte. »Weiß man schon, wer der Kerl war?«

»Nein. Ich kann mich leider nicht an das Nummernschild erinnern. Und bis auf den alten Mann haben sich noch keine Zeugen gemeldet. Dabei müsste es Dutzende davon geben.«

»Typisch.«

Ein paar Minuten saßen wir einfach nur stumm nebeneinander, während der Wagen Richtung München über die A9 rauschte. Ich ertappte mich dabei, wie ich immer wieder im Seitenspiegel nach dem Jeep Ausschau hielt.

»Glaubst du, es war ein gezielter Angriff?«

Die Frage war naheliegend. Doch erst als Uwe sie aussprach, wurde mir die Konsequenz daraus bewusst. »Du meinst, die Sache könnte mit meinem Fall zusammenhängen?«

Die letzten Strahlen der untergehenden Sonne ließen die Sorgenfalten in seinem Gesicht noch tiefer wirken, während er den Blick auf die Straße geheftet hielt. »Was denkst du?«, gab er die Frage schließlich an mich zurück.

»Ich denke, ich habe mit meinen Nachforschungen jemanden nervös gemacht. So sehr, dass dieser jemand dachte, mich einschüchtern zu müssen.«

»Töten wollte er dich.«

»Möglich.« Ich rieb mir die schmerzende Schulter und starrte aus dem Seitenfenster. »Aber das wird mich nicht aufhalten. Ganz im Gegenteil. Morgen werde ich den neuen Spuren von Anne, Erwin und David nachgehen und dann dieses religiöse Zentrum durchleuchten, von dem Pater Annamäus gesprochen hat.«

»Soll ich Haller fragen, ob er mich dir offiziell zur Seite stellt? Immerhin ist die Sache mittlerweile von einer reinen Aktenablage zu einem echten Ermittlungsfall geworden.«

»Du willst für *mich* arbeiten?« Ehrlich überrascht drehte ich den Kopf und musterte ihn. *Was hast du vor, Bursche? Willst du dich bei mir einschleimen und mir den Fall diesmal auf die sanfte Tour abnehmen?*

Uwe grinste. »Warum nicht?«

»Das würde der Chef nie erlauben. Immerhin hält er meine bisherigen Theorien für ausgemachten Humbug, da wird er wohl kaum einen zweiten Mann abstellen wollen. Dem wäre am liebsten, ich schreibe die Namen der Toten ins Protokoll mit Abeba Habib und Herrn Thalhammer als Täter und fertig.«

Auf diese Antwort hin schwieg Uwe, bis wir München erreichten. »Wo soll ich dich absetzen?«

Ich lotste ihn ostwärts auf den Mittleren Ring, ließ ihn die Engelschalkinger Straße nach links abbiegen und bat ihn schließlich, mich an der Kreuzung zur Freischützstraße aussteigen zu lassen.

»Noch mal Danke fürs Abholen«, sagte ich, nachdem ich mich mit schmerzenden Gliedern aus dem Wagen gehievt hatte.

Uwe beugte sich über den Beifahrersitz zu mir. »Kein Thema. Kommst du morgen ins Büro? Haller will sicher einen Bericht.«

»Darauf kannst du wetten«, erwiderte ich lächelnd. »In diesen Fall werde ich mich verbeißen, bis ich ihn herunterschlucken kann oder daran ersticke.«

Zurück in meiner Wohnung schmierte ich mir zwei Butterbrote und stieg in die Badewanne, um meinen geschundenen Körper zu entspannen. Mein Adrenalinpegel hatte sich normalisiert und ich bekam die Folgen des Unfalls trotz der Spritze jetzt deutlich zu spüren. Jeder einzelne Knochen und Muskel schien wund, genau wie meine Seele.

Während ich zwischen Badeschaum meine Gedanken dahintreiben ließ, klingelte im Wohnzimmer das Telefon und ein hoffnungslos sentimentaler Teil in mir wünschte, dass es Daniel war, der zu meiner Rettung kommen würde. Doch die wohlige Wärme war zu angenehm. Statt aus der Wanne zum Telefon zu spurten, blieb ich liegen. Ich würde auch ein Leben ohne Männer verkraften.

Als ich eine Stunde später, in meinen flauschigen Bademantel gewickelt, den Anrufbeantworter abhörte, stellte ich fest, dass es nicht Daniel war, der mir eine Nachricht hinterlassen hatte.

»Tot ist tot«, sagte eine tiefe, verzerrte Stimme. »Und du bist es auch bald.«

Ich erschauderte. Das war fast identisch mit den Worten des Rotzjungen vor der Gedächtniskirche. Hatte man mich die ganze Zeit über beschattet? Wer hatte so viel Macht und Einfluss, meine Schritte so engmaschig zu überwachen? Die Kopten? War ich auf entscheidende Antworten im Mordfall gestoßen, ohne es zu realisieren?

Ich durfte niemandem mehr trauen. Selbst Uwe Kornzwiller und Haller erschienen mir mit einem Mal verdächtig. Einerseits war da diese unerwartete Kameradschaft und bei meinem Chef diese strikte Ablehnung jeglicher Nachforschungen. War das normal? Steckte mehr dahinter? Oder wurde ich paranoid?

Das erneute Klingeln des Telefons ließ mich aufschrecken. Reflexartig griff ich nach dem Mobilteil und zögerte dann, abzuheben. Wie sollte ich mich verhalten, wenn diese Stimme mir ein weiteres Mal drohte?

Erst beim dritten Klingeln nahm ich das Gespräch entgegen. »Marie Martius am Apparat.«

»Hallo Marie, ich bin es, Daniel.«

Ich atmete auf.

»Marie, ich weiß, dass du sauer auf mich bist. Aber bitte, sprich mit mir.« Als ich das Beben hinter seinen Worten wahrnahm, füllte mein Herz sich mit bittersüßer Wärme. Noch nie hatte ein Mann, den ich doch kaum kannte, so um mich geworben.

Und ich mochte ihn. Viel zu sehr wahrscheinlich. Aber ich war in erster Linie Kriminalkommissarin, und das hieß, Privates zurückstecken zu können … zu müssen.

»Ich kann nicht«, sagte ich und schloss die Augen. »Auch wenn ich wollte, ich kann nicht. Mein aktueller Fall ist einfach zu wichtig, um mich von privaten Gefühlen ablenken zu lassen.«

Stille. Schwerer Atem. Ein Schlucken.

»Alles klar.« Daniels Stimme gewann eine andere, kühlere Note. »Ich laufe dir nicht nach. Wenn das deine Entscheidung ist, dann habe ich verstanden. Lebwohl.«

Damit legte er auf.

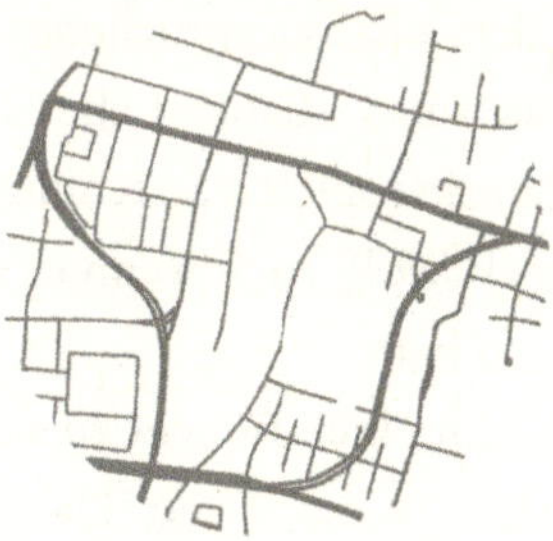

KAPITEL 13

Am nächsten Morgen war mein Körper ein einziger verkrampfter Schmerz. Die Schulterpartie und unzählige weitere Stellen schillerten in verschiedenen Abstufungen von Gelb über Grün bis Lila. In meinem Nacken schienen Splitter von der Größe eines Eispickels zu stecken, während mein Kopf sich wie eine schäumende Blase gefüllt mit Nitroglyzerin anfühlte.

Zusammen mit einer ersten Tasse Kaffee schluckte ich gleich drei Kopfschmerztabletten, steckte die Packung ein und versuchte erst gar nicht, etwas zu frühstücken.

Um ohne Auto ins Büro zu kommen, rief ich mir über die Funkzentrale ein Taxi und wartete draußen, um Sauerstoff zu tanken. Die kühle Septemberluft verursachte mir trotz Jacke Gänsehaut. Doch auf der Stirn wirkte sie wie ein erlösender Kuss und drängte das Dröhnen in den Hintergrund.

Im Kommissariat angekommen, erntete ich aufmunternden Zuspruch der Kollegenschaft. Uwe erkundigte sich nach meiner Schulter und reichte mir mein Handy, das man im Fußraum meines Wagens gefunden hatte. Doch ich mimte die Unverwundbare. Zwar war ich dankbar für das, was er am Vortag für mich getan hatte, und behielt den unausgesprochenen Übergang zum persönlichen Du bei, blieb in Gedanken aber weiterhin misstrauisch. Schließlich waren mir seine spitzen Seitenhiebe noch zur Genüge in Erinnerung. Wolf blieb Wolf, auch wenn er sich seit Neuestem ein Lammfell übergezogen hatte.

Bevor mich Haller für einen Bericht zu sich rufen konnte, flüchtete ich ins Untergeschoss zu Anne, David und Erwin, um die Untersuchungsergebnisse der Thalhammers zu besprechen.

»Wieder das gleiche Szenario wie beim ersten Mord«, erklärte David. »Eine Vielzahl von Stichverletzungen, tief und mit äußerster Gewalt ausgeführt. Die Wunden befinden sich allesamt im Bereich des Oberkörpers. Todesursache war bei Opfer und Täter ein Durchstoß der Lunge und des Herzens.«

Ich rieb mir kopfschüttelnd die Stirn. »Das heißt, entweder war der Täter blind vor Wut, hat nicht richtig gezielt oder dem Opfer absichtlich so viele Wunden zugefügt, bevor er die tödlichen Stiche gesetzt hat.«

»Bei seinem Opfer vielleicht, aber bei sich selbst?«, mischte Anne sich ein. »Es ist doch vollkommen unlogisch, sich selbst zu perforieren wie einen Schweizer Käse und sich dann erst umzubringen.«

»Genauso unlogisch wie die Tatsache, dass sich das Opfer offenbar nicht gewehrt und kaum bewegt hat während der Abschlachtung«, ergänzte David, gefolgt von einem tiefen Seufzen. »Das war nicht nur eine Nachahmungstat, sondern exakt der gleiche Ablauf wie bei dem Fall vor der Kirche. Wenn es nicht so abwegig wäre, würde ich sagen, es handelt sich um denselben Mörder. Aber ein Toter kann nicht morden.«

»Könnten die Tatorte denn inszeniert worden sein?«, fragte ich und blickte zu Anne und Erwin.

Die Kriminaltechnikerin wiegte den Kopf. »Im Grunde ist natürlich alles möglich.«

»Aber dann muss es sich um einen Detailfetischisten handeln«, ergänzte Erwin. »Da passt jeder Spritzer Blut auf dem Teppich und an der Wand. Einzig die unidentifizierten Fingerabdrücke wären dafür ein Anhaltspunkt.«

»Ich glaube, ich weiß, wem die gehören«, sagte ich.

»Wem?« David und die anderen starrten mich perplex an.

»Erzählt mir noch einmal genau, was ihr über das zweite Kinderzimmer herausgefunden habt.«

Anne schlug ihr Notizbuch auf und beschrieb, was sie im Obergeschoss des Hauses vorgefunden hatte. »Schon die Maße des Bettes deuten auf ein maximal zwölfjähriges Kind hin. Die Spielsachen gehören höchstwahrscheinlich einem Jungen. Nachforschungen haben ergeben, dass unter der Adresse ein Timothy Thalhammer im Melderegister eingetragen ist. Aber, und jetzt kommt die Krux an der Sache, das Kerlchen müsste heute bereits siebzehn Jahre alt sein!«

Als ich nickte, war es Erwin, der als Erster begriff. »Du kennst ihren Sohn?«

»Ich vermute, es ist Patrik.«

»Der Punk?«

Ich konnte den beiden nicht sagen, warum ich das vermutete. Schließlich war es nur eine wirre Erinnerung unter Hypnose gewesen, in der ich ihn am Tatort gesehen hatte. Aber die Indizien sprachen alle dafür. Und noch etwas fiel mir wieder ein: »Er hat mich die letzten Tage verfolgt und im Gespräch indirekt den zweiten Mord vorhergesagt.«

»Dann sollten wir ihn schnellstmöglich festnehmen lassen«, rief David.

»Sohn zu sein, ist nichts Illegales«, gab ich zu bedenken. »Und für eine tatsächliche Beteiligung an den Morden fehlen uns die nötigen Beweise. Aber die werde ich mir besorgen, darauf könnt ihr Gift nehmen. Erwin, wie steht's mit der Recherche über das Anwesen an der Riemer Straße?«

»Du meinst den Puff?« Er grinste. »Eine wirklich interessante Geschäftskombination.«

»War ja klar, dass dir das Thema gefällt.« Anne rollte mit den Augen.

»Du kannst bei der Inspektion gern mitkommen.« Erwins Grinsen wurde noch ein bisschen breiter. »Vielleicht entdeckst du dort ja deine meditative Seite.«

Sie zog die Brauen zusammen. »Was soll das nun wieder heißen?«

»Das Medial Care Center ist also nicht nur ein Deckname für den Puff?«, hakte ich nach, ohne auf das Geplänkel zwischen den beiden einzugehen.

»Das Center und die Lustvilla sind ganz offiziell unter derselben Adresse beim Gewerbeamt gemeldet. Und es gibt für beide eine ansehnliche Steuererklärung. Gemeinsamer Besitzer der Firmen ist ein Alexandro Panzotti, wohnhaft im Grünwalder Villenviertel.«

»Was für ein Center?«, fragte David sichtlich irritiert.

Also berichtete ich in knappen Worten, was ich von Pater Annamäus erfahren hatte, und erzählte im Anschluss von der Wohnungsdurchsuchung bei Abeba Habib.

»Die Polizei hat einige Unterlagen und Gegenstände sichergestellt. Unter anderem auch Haare des Toten, mit deren DNS wir ihn eindeutig identifizieren können sollten. Hinweise auf lebende Angehörige gibt es nicht.«

»Das klingt ja nicht sonderlich spektakulär«, kommentierte Anne, während sie einen Blick mit Erwin und David tauschte. Offenbar hatten die drei sich ebenfalls so ihre Gedanken über die Hintergründe meines Unfalls gemacht.

Aber auch darauf würde ich nicht weiter eingehen. »Wir haben den Namen des Toten und eine neue Spur«, sagte ich und schlug auffordernd in die Hände. »Ihr kümmert euch also um den Datenaustausch mit den Nürnberger Kollegen und ich statte Herrn Panzotti einen Besuch in seinen Geschäftsräumen ab.«

Erwin hob die Brauen und schaute belustigt an mir herunter. »Ich hoffe, du hast das kleine Schwarze und deine High-Heels in der Tasche.«

Diesmal vergaß ich nicht, meine Waffe aus dem Spind zu holen. Doch bevor ich aufbrechen konnte, musste ich zu Haller. Meine schriftlichen Protokolle der letzten Tage waren längst überfällig, außerdem brauchte ich ein Auto.

Ich war unsicher, was mich erwartete. Ob er seine Meinung zu dem Fall geändert hatte? Würde er immer noch auf eine schnelle Ablage der Akten drängen? Ich nahm mir vor, seine Reaktion so neutral wie möglich aufzunehmen.

Als ich in sein Büro trat, stand Kurt Haller mit dem Rücken zu mir und blickte aus dem Fenster. »Martius, sind Sie das?«

»Ja, Chef.«

»Wie geht's Ihnen?« Immer noch starrte der bullige Mann mit dem mächtigen Stiernacken nach draußen auf die Straße.

»Den Umständen entsprechend gut«, antwortete ich und unterdrückte den Impuls, mir an die pochende Schläfe zu fassen.

»Was glauben Sie, warum man Sie auf der Autobahn angegriffen hat?«

Die Richtung des Gespräches verunsicherte mich. Seit wann war der Hauptkommissar so fürsorglich? »Ich weiß nicht, ob man von Angriff sprechen kann«, wich ich der Frage aus.

»Scheißdreck, Martius! Man wollte Sie töten, das wissen Sie genau!«

Ich schluckte. Wollte er mich von dem Fall abziehen? Hatte Kornzwiller hinter meinem Rücken intrigiert und meine Schwäche angeprangert?

»Chef, ich habe die Sache im Griff. Lassen Sie mich das Ganze zu Ende bringen. Sie sagten doch selbst, dass es meine letzte Chance ist, mich zu beweisen.«

Haller schnaufte und drehe sich zu mir um. »Marie, ich habe die Vergangenheit nicht vergessen. Und ich möchte kein Teammitglied verlieren, weil ich die privaten Probleme meiner Leute außer Acht gelassen habe.«

Spielte er tatsächlich auf den Tod meines Vaters an? Aber der hatte in einer ganz anderen Abteilung gearbeitet. Hatte Haller womöglich mit Stefanie Binding gesprochen? Wusste er von meinen Halluzinationen und der belastenden Erinnerung an den Tatverlauf im Haus der Thalhammers?

Ich spürte, wie das Blut aus meinem Gesicht wich.

»Nicht jeder ist nervlich stark genug, um die Belastungen, die solch ein Beruf mit sich bringt, zu verkraften.«

»Ich versichere Ihnen …«

»Martius! Ich kenne die Akte über den Tod Ihrer Eltern. Vielleicht ist das hier einfach nicht der richtige Fall für Sie.«

»Doch, das ist er!« So schnell wie das Blut aus meinem Körper gewichen war, so schnell schoss es jetzt zurück in meine Wangen, dass sie glühten. »Bei allem Respekt, Herr Hauptkommissar. Ich bin erwachsen. Ich habe eine harte Ausbildung und ein ausführliches Studium hinter mir. Ich kann selbst entscheiden, was mir guttut und was nicht. Nur weil ich eine Frau bin und meine Eltern mit sechs Jahren verloren habe, heißt das nicht, dass ich irgendeine Sonderbehandlung benötige. Lassen Sie mich beweisen, dass ich genauso gut arbeiten kann, wie Kornzwiller und Persbach, ja sogar besser! Ich brauche kein Mitleid, ich brauche ein Auto!«

Haller griff sich ans Kinn und beäugte mich eingehend. Immer wieder schüttelte er den Kopf, bis er schließlich nickte. »Nehmen Sie den silbernen 3er BMW.«

Ich atmete auf. Ohne ein weiteres Wort, verließ ich das Büro, holte mir die Wagenschlüssel aus der Verwaltung ab und machte mich auf den Weg nach Riem zu Alexandro Panzotti.

Die Fahrt vom Revier bis nach Grünwald dauerte nicht einmal zwanzig Minuten. Dort angekommen, stellte ich das Auto an der Straße ab und ging zu Fuß zum kameraüberwachten Eingang. Links und rechts der breiten Einfahrt fanden sich jeweils ein unscheinbares Namensschild und eine Klingel mit Sprechanlage.

Ich läutete bei MCC, der mutmaßlichen Abkürzung des Medial Care Centers, und zog meine Jacke zurecht, um die Waffe, die ich darunter in einem Halfter trug, zu verdecken.

Einen Augenblick später meldete sich eine freundliche Frauenstimme: »Mein Name ist Alicia, was kann ich für Sie tun?«

»Hallo Alicia, ich würde gern Herrn Alexandro Panzotti sprechen.«

»Tut mir leid, aber Herr Panzotti ist beschäftigt. Worum geht es bitte?«

»Mein Name ist Marie Martius, Kriminalkommissarin. Ich bin sicher, dass ihr Chef in dieser Angelegenheit ein paar Minuten seiner kostbaren Zeit erübrigen kann.«

Kurze Stille. Dann bat mich die Dame, zu warten.

Ich fühlte mich unbehaglich dabei, als Frau am Eingang eines Puffs zu stehen. Ein Freier würde mich, meiner legeren Kleidung wegen, allerdings wohl eher für die Gärtnerin statt für eine Angestellte des Etablissements halten.

Die Vorstellung ließ mich schmunzeln. Mit viel Fantasie konnte man mich tatsächlich als solche bezeichnen. Schließlich hütete ich die guten Pflänzchen, kontrolliere mein Beet auf bösartige Triebe und entfernte sie mit Stumpf und Stiel, wenn ich sie identifiziert hatte. Welche Art Pflanze wohl Panzotti war? Eine eitle Rose, ein vertrockneter Ginsterbusch oder eine wehrhafte Distel?

»Entschuldigung, dass Sie warten mussten«, flötete Alicia durch den Lautsprecher. Es folgte ein langgezogenes Summen und das Tor glitt auf. »Bitte folgen Sie dem Weg bis zum Haus. Ich erwarte Sie dort.«

Die Nennung meines Berufsstandes hatte offenbar Wunder bewirkt. Doch Freundlichkeit war etwas sehr Trügerisches. *Sei auf der Hut*, warnte mich meine innere Stimme. *Und halte die Augen in alle Richtungen offen.*

Das Gebäude lag gute zehn Meter entfernt. Links neben mir ragte eine mannshohe Holzwand empor, die das Areal in zwei Hälften teilte. Ein geschwungener Weg aus einzeln im dichten Rasen platzierten Schieferplatten führte mich auf die Ostseite des prunkvollen Baus. Hie und da stand eine Steinfigur in der Wiese, die an die Römerzeit erinnerte.

Der Eingang zum Medial Care Center bestand aus einem gläsernen Vorbau und lenkte Besucher in eine helle, stilvoll eingerichtete Halle. Wie versprochen stand Alicia an der Tür und lächelte unverbindlich. Sie trug ein beigefarbenes, konservativ geschnittenes Kostüm und einen streng gebundenen dunkelbraunen Pferdeschwanz – ganz so, wie es sich für eine züchtig religiöse Einrichtung gehörte. Einzig ihre Stöckelschuhe störten diese Illusion.

Wir stiegen eine großzügig dimensionierte Treppe hinauf in den ersten Stock, bogen in einen Gang ein, der links und rechts alle drei Meter von einer Tür gesäumt war, und hielten vor einer weiteren Glaswand. Über der eingelassenen Tür stand in eingravierten Lettern: »Innerer Raum der Sehenden.«

Alicia drückte einen kleinen silbernen Klingelknopf und forderte mich auf, einzutreten.

»Was ist der Innere Raum der Sehenden?«, fragte ich.

»Der Allerheiligste wird es Ihnen bestimmt gern erklären, wenn Sie ihn darum bitten.«

Der Allerheiligste! Mir schwante Schreckliches. »Ist das hier so was wie ein Meditationszentrum?«, versuchte ich erneut ein Gespräch. Doch auch diesmal erhielt ich nichts weiter als ein verklärtes Lächeln und den Hinweis, dass Panzotti mir all meine Fragen beantworten würde.

Es ging weiter, einen Gang entlang, der in einen quadratischen Raum mündete. Darin befand sich links und rechts jeweils eine Flügeltür. An der linken klopfte Alicia, öffnete und ließ mich eintreten.

»Frau Martius, nehme ich an?«, begrüßte mich ein attraktiver Mann mit sonorer Stimme und kam mir von seinem ausladenden Schreibtisch her entgegen.

»In der Tat. Und Sie sind Herr Alexandro Panzotti, wie ich vermute?«

Der Mann hob die Hand und deutete einladend auf einen Sessel, dem Tisch gegenüber. »So ist es. Bitte, setzten Sie sich doch.«

Er trug eine beigefarbene Tunika, die mich an die Steinfiguren im Garten erinnerte. Im Gegensatz zu den labyrinthartigen Gängen im Haus war dieses Zimmer lichtdurchflutet. Vier deckenhohe Fenster eröffneten den Blick auf die von der Straße abgewandte Seite. Vom Schreibtisch aus sah man herbstlich beackerte Felder, die sich bis zur Grenze eines Waldes zogen und seitlich ein entfernt liegendes Neubaugebiet streiften.

»Was kann ich für Sie tun, Frau Kriminalkommissarin?«

Aus der Nähe schätzte ich Alexandro Panzotti auf Anfang vierzig. Gesunde Bräune im Gesicht, schwarzes, lockiges Haar und bestechend blaue Augen. Seine ausladenden Gesten zeugten von einer gehörigen Portion Selbstbewusstsein, das charmante Lächeln von dem geübten Umgang mit Menschen.

»Ich ermittle in einem Mordfall, in den ein Mann namens Abeba Habib verwickelt ist. Kennen Sie ihn?«

»Ein klangvoller Name. Ägyptisch?«, fragte er zurück.

»Sagen Sie es mir. War er Teilnehmer an einem Ihrer Seminare?«

»Wir begrüßen sehr viele Menschen zu unseren Kursen. Es ist unmöglich, sich jeden einzelnen Namen zu merken.«

»Aber Sie führen doch sicherlich eine Liste über Ihre Besucherschar. Schließlich müssen Sie die korrekte Bezahlung der Teilnehmergebühr kontrollieren, nicht wahr?«

Panzotti blinzelte den Anflug von Ärger fort und zauberte stattdessen ein breites Grinsen auf sein Gesicht. »Sie haben recht.«

»Und angesichts Ihres modern eingerichteten Hauses gehe ich davon aus, dass sie solch eine Liste natürlich nicht handschriftlich, sondern mit Hilfe eines Computers pflegen, oder?«

»Äußerst scharfsinnig, Frau Kommissarin. Ich werde veranlassen, dass mögliche Eintragungen zu dem Namen ausgedruckt werden. Das tue ich, obwohl ich dies mit Verweis auf den Datenschutz wohlweislich auch verweigern könnte. Oder sogar müsste.« Bei diesen Worten stützte Panzotti sich mit seinen Händen auf die Arbeitsplatte und lehnte sich vor. »Aber natürlich bin ich bereit, Sie bei Ihrer Arbeit für das Wohlergehen des Volkes zu unterstützen.«

Seine Arroganz reizte mich, doch ich ließ mich nicht auf ein Wortgefecht ein. Stattdessen präsentierte ich ihm mein sanftestes Lächeln. »Welch erhabene Einstellung. Wenn doch nur alle Menschen so wären, dann würden es die Ganoven dieser Welt schwer haben.«

Um ein Haar hätte Panzotti geschmatzt, so sehr genoss er es, gebauchpinselt zu werden. Doch meine Strategie funktionierte und das war das Wichtigste.

Nachdem er Alicia über das Telefon informiert hatte, trat er neben mich und fasste mich an der Schulter. »Wie wäre es, soll ich Ihnen unsere Einrichtung zeigen, bis die Datenbanksuche beendet ist?«

»Das wäre ganz wunderbar«, säuselte ich, auch wenn ich versucht war, seine Hand an meiner Schulter wie ein lästiges Insekt abzuschütteln. Stattdessen stand ich auf. Eine Rundtour würde mir Gelegenheit geben, weitere Nachforschungen über die Einrichtung anzustellen.

Panzotti sah mir tief in die Augen. Er war größer als ich und nutzte seinen Vorteil instinktiv aus. Seine Hand lastete schwer auf meiner Schulter. Eigentlich eine bedrohliche Situation, doch ich starrte wie paralysiert in das Eisblau seiner Augen.

Er versucht dich zu manipulieren, warnte mich mein Verstand. Im selben Moment brach Panzotti den Bann, zog seine Hand zurück und ging voraus, Richtung Tür.

»Fühlen Sie sich hin und wieder leer und seelenlos?«, fragte Panzotti, während er die zweite Flügeltür ansteuerte und beide Hälften gleichzeitig aufdrückte.

»Öfter als mir lieb ist«, antwortete ich frei heraus.

Ich würde dieses Spielchen mitmachen, solange es ging. Sollte der Kerl ruhig denken, dass er mich mit seinem Schöne-Neue-Welt-Gewäsch ködern konnte. Ich würde wachsam bleiben.

»Sehen Sie, und dafür ist diese Einrichtung da«, redete der Center Chef munter weiter. »Wir stärken Ihren Glauben an Gott, zeigen Ihnen, dass sie nicht allein mit Ihren Sorgen und Zweifeln sind und führen Sie wieder zurück auf einen Weg, der ein Ziel hat – ein Ziel, das nicht den Teufel des Kommerzes in sich trägt, sondern die Seele erhöht und ihre himmlische Melodie erklingen lässt.«

»Das hört sich verlockend an, aber ich bin keine Christin«, gab ich zurück.

»Wir sind keine Kirche, Frau Kommissarin. Wir sind eine freie Einrichtung für alle Menschen, die nach Seelenheil suchen.« Panzottis Stimme troff vor Süße.

Komm Bienchen, führ mich zu deiner Königin. Zeig mir deine geheimen Waben.

»Das hier ist unser großer Versammlungsraum«, erklärte er und zeichnete mit der Hand einen Bogen in die Luft, der die gesamte, mit Holz verkleidete Halle unter uns durchmaß.

Wir standen auf einer Galerie über der Bühne, auf der ein Rednerpult thronte. Auf der gegenüberliegenden Seite befand sich ein Notausgang. Die einzigen Fenster, durch die Tageslicht in den Raum fiel, waren kleine, quadratische Luken im Giebeldach. Das daraus resultierende Muster aus Schatten und Licht auf dem Parkettboden gab der sonst so kargen Halle einen mystischen Anstrich.

»Kommen Sie, ich würde Ihnen gern die Entspannungshäfen zeigen.« Panzotti ging abermals voraus, eine schmale Wendeltreppe nach unten.

Eine holzverzierte Tür führte uns in weitere fensterlose Gänge. Wir wanderten an unzähligen Türen vorbei und machten schließlich vor einer der letzten Halt.

Mit einer beiläufigen Armbewegung versicherte ich mich, dass die Waffe noch an ihrem Platz war. »Was befindet sich hinter all diesen Türen?«

»Dies sind die Kammern, in denen unsere Besucher zu sich selbst finden.«

»Ich dachte, die Seminare sind im Versammlungsraum?«, fragte ich gespielt unbedarft und verfluchte mich gleichzeitig dafür, Uwes Angebot nicht angenommen zu haben. Selbst mit ihm als Partner wäre mir gerade deutlich wohler gewesen.

Panzotti dozierte unterdessen weiter. »Zu einem heilen Geist gehören immer zwei Teile. Das Innen und das Außen. In den Zusammenkünften sprechen wir die äußere Seite eines jeden an – die, die Sie anderen präsentieren, die, die durch Signale und durch ihre Aura kommuniziert. In den Seelenkammern geht es um das Innen, um die Zwiesprache mit sich selbst und das Aufgehen in der oft so gefürchteten Leere. Denn unter der schützenden Hand Gottes wird die Leere, die man zulässt, mit Liebe angefüllt.«

»Was für eine schöne Vorstellung«, sagte ich und dachte: *Was für ein schwülstiger Mist! Du zockst hier arme Suchende ab und stopfst sie mit religiösem Geseier voll, bis sie vor dir knien und am Ende dich anbeten.*

»Sie können es ausprobieren, wenn Sie wollen.« Panzotti öffnete die Tür und schob mich mit sanftem Druck in den dunklen Raum.

Im spärlichen Licht, das vom Gang hereinfiel, sah ich Monitore an der Wand aufgereiht. Ein bequemer, schwarzer Fernsehsessel bildete den Mittelpunkt des höchstens zwei mal zwei Meter großen Zimmers.

»Machen Sie es sich bequem und setzen Sie die Kopfhörer auf«, sagte Panzotti.

Und für einen winzigen Augenblick war ich versucht, der Anweisung Folge zu leisten. »Nein, danke. Ich würde viel lieber auf das eigentliche Thema zurückkommen. Ihre Assistentin hat die Unterlagen von Herrn Habib bestimmt schon ausgedruckt.«

Der Center Chef blieb für einen Moment in der Tür stehen, als wolle er mir den Weg versperren, dann lächelte er und trat beiseite. »Wie Sie wünschen, Frau Kommissarin.«

Statt in sein Büro kehrten wir direkt in die Empfangshalle zurück. Alicia wartete bereits mit zuckersüßem Lächeln auf uns und übergab mir ein einfaches Blatt Papier. »Hier die gewünschte Information. Herr Abeba Habib hat letztes Jahr drei unserer Kurse besucht, ist seither aber nicht mehr da gewesen.«

Ihre über die Maßen sanfte Stimme machte mich aggressiv. »Ach ja? Zur Sicherheit werde ich die Daten mit den Bankauszügen des Toten abgleichen. Das verstehen Sie doch.«

Alicia und Panzotti setzten in geübtem Gleichklang ein weiteres künstliches Lächeln auf, das nur so vor Verlogenheit strotzte.

Irgendetwas an diesem Center war faul, ich hatte nur noch nicht herausgefunden, was. Fürs Erste steckte ich den Ausdruck in die Tasche, verabschiedete mich und wanderte durch den Garten zurück zum Auto.

Noch bevor ich das Tor überhaupt erreicht hatte, schwang es auf und ein Mann in Lodenmantel, mit Jägerhut und Hundetriller um den Hals, stürmte in den Garten. In seiner Eile stieß er beinahe mit mir zusammen, stutzte, als er Auge in Auge mit mir zum Stehen kam, und hetzte dann, ohne ein Wort der Entschuldigung, weiter zum Haus.

Blöder Affe! Hast die Erleuchtung wohl so dringend nötig, dass du dabei alle Höflichkeit vergisst!, dachte ich und schickte ihm einen strafenden Blick hinterher.

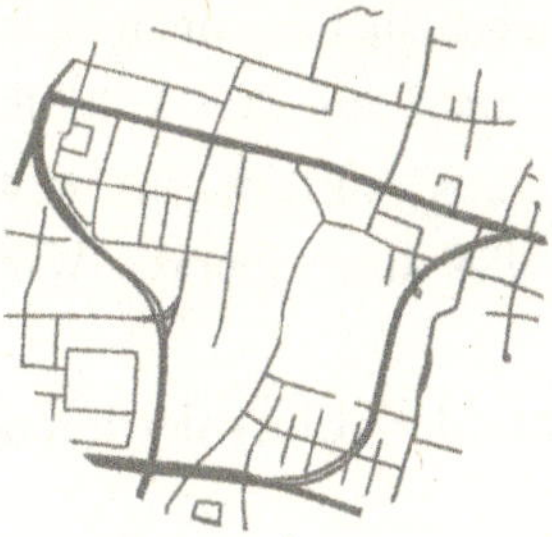

KAPITEL 14

Nachdem ich den 3er BMW mit einem Knopfdruck auf den Schlüsselsensor aufgesperrt und gerade Platz genommen hatte, erschien wie aus dem Nichts Patrik auf der Beifahrerseite. Er riss die Tür auf und setzte sich neben mich.

»Fragen Sie nicht, fahren Sie.« Die milchiggrünen Augen verrieten keinerlei Regung, doch seine Stimme bebte und die sonst so ruhigen Hände flatterten in seinem Schoß wie zwei aufgeschreckte Schmetterlinge.

Einen Moment lang wägte ich ab. Sollte ich ihn verhaften? Oder zumindest für eine Befragung in Gewahrsam nehmen? Doch ich entschied mich dagegen, startete den Wagen und gab Gas.

Der Punk drehte den Rückspiegel und beobachtete mit angehaltenem Atem, wie das Anwesen Panzottis kleiner wurde und schließlich aus unserem Blickfeld verschwand. Erst dann entspannte er sich und schien wieder ansprechbar.

»Also schön, dann erzähl mal: Was sollte das?«, fragte ich, während ich ohne bestimmtes Ziel Richtung Innenstadt fuhr.

Patrik richtete sich auf und legte seine Hände flach auf die Oberschenkel. »Ich habe Ihnen die Adresse gegeben, damit Sie das Nest der Mörder ausheben, nicht damit Sie einer der ihren werden.« Seine Stimme hatte den wohlklingenden Bariton-Ton wiedergefunden und vermittelte wie gewohnt den Eindruck, etwas Geheimnisvolles und überaus Wichtiges zwischen den Zeilen auszusagen.

»Das Nest der Mörder? Einer der ihren? Was willst du damit sagen?«

»Das Center ist die Brutstätte gottgesandter Rächer. Dort wird ihnen die Macht gegeben, die Sünder zu erkennen. Dort erhalten sie ihre Weihe, um in Gottes Namen zu töten!« Erneut spannte Patrik sich an und krallte seine Finger in den Hosenstoff, bis die Knöchel weiß hervortraten

Aber so leicht würde er mich diesmal nicht in seine Wahnvorstellungen ziehen. »Warum sollte ich dir das glauben? Warum sollte ich dir überhaupt eine deiner Gespenstergeschichten abnehmen, obwohl du mich von Anfang an belogen hast?«

Ich spürte förmlich, wie er mich anstarrte. Irritiert? Abwartend? Ertappt? Ich wusste seinen Ausdruck nicht zu deuten.

»Du hast mir verschwiegen, dass du das kleine Mädchen vor der Kirche sehr wohl gekannt hast. Dass du viel mehr Emilias Bruder, Timothy Thalhammer, bist.«

Patrik blieb stumm. Lag ich falsch mit meiner Annahme? Oder hatte ich mein Glück überstrapaziert? Ich umklammerte das Lenkrad fester, die Muskeln gespannt, um einen möglichen Angriff von der Seite abzuwehren.

Aber Patrik regte sich nicht. Also spielte ich meine letzte Karte aus, um ihn zum Reden zu bringen. Auch wenn ich keinerlei Beweise dafür hatte, dass eine dritte Person an den Morden beteilig gewesen war, musste ich es einfach versuchen. »Du bist an beiden Tatorten gewesen. Also sag mir jetzt: Bist du der wahre Mörder von Emilia und deinen Eltern?«

»Nein.« Patrik antwortete, ohne zu zögern, so ernst und klar, dass ich ihm glauben wollte. Warum auch sollte ein Junge seine Familie auslöschen?

»Was steckt dann hinter all dem? Erklär es mir«, bohrte ich nach.

Patrik lehnte sich zurück in den Sitz und fuhr sich mit beiden Händen den orangefarbenen Haarkamm entlang. Dann griff er nach den Gebetsketten, die er um den Hals trug, und begann sie durch die Finger wandern zu lassen. »Fahren Sie an die Isar. Dort zeig ich es Ihnen.«

»An die Isar?«

»Nehmen Sie den Weg Richtung Grünwald zur Großhesseloher Brücke.«

»Und was soll dort sein?« Es wäre Wahnsinn, dieses Spiel weiter mitzuspielen. Er war ein potenziell Verdächtiger. Vielleicht suchte er ein ruhiges Plätzchen, an dem er mich unauffällig beseitigen konnte. Andererseits hätte er dazu bereits genug Gelegenheiten gehabt.

Ich wollte nicht, dass er der Mörder war. Weil wir uns in gewisser Weise glichen. Vom Leben verkorkst und in jeder Sekunde um Kontrolle ringend. Im ewigen Kampf mit sich selbst. Ich hätte anhalten und Patrik aussteigen lassen können. Ich hätte ihn sogar mit aufs Revier nehmen können, um ihn erneut zu befragen. Aber mir war klar, dass ich nur Antworten erhalten würde, wenn wir es auf seine Weise und in seinem Tempo durchzogen.

»Sie werden es sehen, wenn wir dort sind«, war die Antwort und ich spürte, dass er auch auf weitere Nachfragen nicht mehr preiszugeben bereit war. Also bog ich bei der nächstbesten Gelegenheit ab und nahm den schnellstmöglichen Weg über den Mittleren Ring nach Grünwald.

Auf halber Strecke hörte ich Patriks Magen laut und deutlich knurren. »Wie wäre es mit einer Einkehr in einem Biergarten in der Nähe? Die Isar läuft uns ja nicht davon.«

Überraschenderweise war er einverstanden. Vielleicht war das seine erste Mahlzeit des Tages. Immerhin lebte er auf der Straße. Oder nicht?

Sein äußeres Erscheinungsbild war immer ordentlich und sauber gewesen. Ich erinnerte mich zurück an das erste Verhör, sah seine gepflegten Hände und den teuren Platinring vor mir. Nein, Patrik schlief definitiv nicht zwischen Mülltonnen und Kartons oder in einem dieser Abbruchhäuser ohne fließend Wasser und Strom. Jemand beherbergte ihn oder er hatte selbst genug Geld, um sich eine Wohnung zu leisten. Wie also finanzierte er sich sein Leben?

In Harlaching bog ich von der Hauptstraße ab und steuerte den Wagen durch ein von Villen geprägtes Viertel zur *Menterschwaige*. Der Biergarten lag idyllisch am Hochufer der Isar und war gesäumt von alten Kastanienbäumen, die der typisch bayrischen Einkehr ihren urwüchsigen Charakter verliehen. Auf dem Kies standen Reihe um Reihe einfache, grün lackierte Biertische und Bänke vor dem Wirtshaus und dessen angebauten Verkaufsständen. Es gab von Sauerkraut über gegrillte Hendl bis hin zu Schweinshaxen und Obatzda alles, was das Herz begehrte. Am Ausschank wurden die Maßkrüge abgefüllt.

Es war gerade noch warm genug, um mit Jacke nicht zu frieren. Die Sonne schielte durch das üppig bunte Blätterdach und vervollständigte das idyllische Bild.

Patrik wählte eine Portion Schweinebraten mit Kartoffelsalat, ich begnügte mich mit einem Teller Pommes und einer großen Brezel. Da ich im Dienst war, nahm ich mir ein Wasser, Patrik dagegen griff, ohne zu zögern, zum Radler.

Als wir uns setzten, sah ich den Punk zum ersten Mal lächeln. Sein sonst so ernstes Gesicht strahlte kindliche Freude aus.

»Magst du Biergärten?«, fragte ich so ungezwungen wie möglich.

Patriks Blick forschte in meinem Gesicht. Dann griff er nach dem Besteck und sagte: »Man kann hier atmen, ohne zwischen Mauern zu ersticken. Statt bedrückendem Beton bietet die Natur einem Schutz. Man ist frei, zu kommen und zu gehen, wann immer man will. Die Menschen in einem Biergarten wirken wie eine große Familie, die ein Picknick veranstaltet.«

Ich begann ebenfalls zu essen, um nicht den Anschein eines Verhörs zu erwecken. Ich wollte diesen Jungen näher erforschen, den Grund für seine Andersartigkeit aufdecken und seine Denkweise verstehen. Vielleicht würde ich so das Rätsel um seine Familie und die Morde lösen. Irgendwie hing alles mit ihm zusammen. Mit Patrik.

»Ich kann mir vorstellen, dass du oft auf Leute triffst, die deinem Aussehen nicht sehr tolerant gegenüberstehen«, tastete ich mich behutsam vor.

»Sie meinen, weil ich aussehe wie ein Punk? Ja, das Äußere verschließt einige Türen und öffnet dafür andere.«

»Warum hast du diese Verkleidung gewählt, obwohl dir die dahinterstehende Philosophie offenbar nichts bedeutet? Oder schätze ich dich falsch ein? Willst du Konventionelles zerstören nur um des Zerstörens willen?«

Patrik schob sich ein großes Stück Fleisch in den Mund. Er betrachtete mich, während er kaute, und ich glaubte, Verwunderung aus seinen Zügen zu lesen.

»Oder versteckst du dich hinter dieser Maske, damit niemand dein wahres Ich sieht? Willst du deine Narben damit verdecken?«

Er blinzelte und fasste sich an die sehnigen Male an seinem Hals. »Sie sind eine schlaue Frau, Marie. Aber Sie hören nicht richtig zu. Sie verstehen nicht, was ich sage, sondern glauben das, was Sie selbst hinter den Worten vermuten.«

Eben noch unbeschwert, mimte er jetzt eine Überlegenheit, die mich überrumpelte. Mein Versuch, ihn unauffällig auszuhorchen, war damit gründlich gescheitert.

Lass die Person selbst erzählen, anstatt bohrende Fragen zu stellen, erinnerte ich mich an einen Lehrsatz aus der Polizeischule. »Dann hilf mir, dich zu verstehen.«

Wieder schob er sich eine gehäufte Gabel in den Mund. Ich wartete ab, nahm mir ein Stück Brezel und tunkte es in den Ketchup, der eigentlich für die Pommes gedacht war.

Um uns herum plauderten, lachten und stritten die Menschen. Die Blätter in den Baumkonen rauschten, Kies knirschte unter den Schuhen der Vorbeikommenden und entfernt war das leise Brummen der vorbeifahrenden Autos zu vernehmen.

»Mein Aussehen ist keine ideelle Frage, sondern ein Schutz. Aber ich schütze nicht mich, ich schütze Sie, Sie und alle anderen«, erwiderte Patrik, nachdem er aufgegessen hatte. »Man hat mich gezwungen, die Wahrheiten der Welt zu sehen. Es gibt viele davon und ich habe lange gebraucht, um endlich die meine zu erkennen.«

Ich seufzte unterdrückt. Wieder nur unverständliche Rätsel. Aber noch gab ich nicht auf. »Dann teile deine Wahrheit mit mir.«

»Ich werde Ihnen heute mein Geheimnis zeigen«, flüsterte er und schaute mir dabei tief in die Augen.

Seine Art, Dinge anzudeuten, aber nicht auszusprechen, machte mich neugierig und wütend zugleich. Führte er mich an der Nase herum? Was sollte es schon Großartiges an der Isar zu sehen geben? Noch mehr Leichen? Möglich. Doch diesmal trug ich meine Waffe bei mir und war sehr wohl darauf trainiert, sie im Ernstfall zu benutzen.

Während Patrik Schluck um Schluck seine Radlermaß leerte, kaute ich lustlos an meiner Brezel.

»Warum sind Sie so versessen darauf, Antworten, die hinter dem Offensichtlichen liegen, zu finden?«, fragte Patrik nach einer Weile.

»Das ist mein Job als Kriminalkommissarin.«

»Ist es wegen dem Tod Ihrer Eltern?«

Ich schnappte nach Luft. Wie konnte er davon wissen? Hatte er in meiner Vergangenheit herumgeschnüffelt? Oder hatte ich es ihm erzählt? Verschwommene Erinnerungen an den Abend in der Kultfabrik wurden wach. Wir hatten über seine religiösen Ansichten gesprochen. Ich hatte entgegen meinem Vorsatz getrunken, viel zu viel. Später waren wir in einen privaten Partykeller gewechselt. Hatte ich ihm dort, gegen jede Regel, Persönliches erzählt? Ein dumpfes Gefühl in meiner Magengrube sagte Ja. Was wusste er?

Gib deinem Gegenüber nie freiwillig etwas in die Hand, das er gegen dich verwenden kann, hallte die strenge Ermahnung meines Großvaters in meinem Kopf wider. *Wenn du gewinnen willst, musst du die Oberhand behalten.*

»Jeder Tote verdient es, dass man den Mörder fasst und die Hintergründe der Tat lückenlos aufklärt. Schon um die restliche Bevölkerung vor möglichen weiteren Angriffen zu schützen«, antwortete ich so gelassen wie möglich.

»Aber haben Sie den Mörder nicht bereits?«

»Den Mörder vielleicht, das Motiv nicht.«

»Was, wenn Gott der Mörder ist?«

»Gott?« Wieder driftete unser Gespräch in eine absurde Richtung ab. Irgendetwas wollte er mir mit all dem Gerede über Gott und den Teufel sagen, doch ich wusste beim besten Willen nicht was.

»Gott mag nicht mein bester Freund sein, und ich bin sicher nicht der beste Gottversteher«, erwiderte ich, »aber warum sollte er seine eigene Schöpfung töten wollen?«

»Es wäre nicht das erste Mal«, antwortete Patrik.

Ich dachte nach, versuchte mich an die Religionsstunden meiner Jugend zu erinnern. »Du meinst die Sintflut?«

»Es gibt viele Zeugnisse, dass Gott aus Zorn und Machtdemonstration gemordet hat.«

»Aber hat Jesus mit seinem Tod nicht alle Sünden auf sich genommen und die Menschen dadurch befreit?«

»Das ist eine Lüge! Gott hat ihn für sein zügelloses Menschsein bestraft. Er hat ihm seine Lust am Leben missgönnt und ihn für seine Gefühle Maria-Magdalena gegenüber bestraft.«

Damit war ich schachmatt. Ich kannte die christliche Geschichte zwar in groben Zügen, für Gegenargumente zu solch einer These reichte meine religiöse Bildung aber bei Weitem nicht aus. »Und deshalb hältst du dich lieber an den Teufel?«, fragte ich aufs Geratewohl.

»Gott ist ein Unterdrücker. Luzifer ist ein Freigeist. Er brachte der Menschheit im Garten der Unwissenheit die Vernunft, damit sie die Wahrheit über ihren Vater erkennen konnte. Doch der Verstand des Menschen ist zu klein, die Zusammenhänge zu groß.«

»Aber du hast die Wahrheit trotzdem entdeckt?«

Patrik wollte antworten, hielt mit halb geöffnetem Mund inne, dann grinste er. »Sie glauben, ich bin ein Spinner, nicht wahr?«

»Ich bin Kriminalbeamtin«, erwiderte ich. »Für mich zählen Fakten und keine theoretischen Dispute. Beweis mir irgendetwas von all dem und du hast mich auf deiner Seite.«

Patrik nickte nur. Damit war vorerst alles gesagt. Wir beendeten unsere Brotzeit und brachen auf, als die Dämmerung einsetzte.

Sobald ich wieder im Wagen saß, kroch das mulmige Gefühl in meinem Magen erneut aus seinem Versteck. Hatte ich in den letzten Stunden auch nur einen Deut mehr über Patrik erfahren? Nein. War er eine Bedrohung für mich? Ich wusste es nicht. Trotzdem ließ ich mich wie versprochen auf die Reise an die Isar ein. Haller saß mir im Nacken. Ich musste in diesem Fall endlich einen entscheidenden Schritt weiterkommen.

Patrik leitete mich über die Hauptstraße nach Grünwald und schließlich in ein Wohngebiet. Immer wieder ließ er mich abbiegen, bis wir eine Sackgasse erreichten. Die kleine, abgelegene Straße verlief parallel zu einem Waldstück, hinter dem ich das Isarufer vermutete. Patrik bedeutete mir, am Ende zu parken.

»Und jetzt?«, fragte ich.

»Den Rest gehen wir zu Fuß.«

Ich schaute mich um. Die Umgebung hatte an Farbe verloren und Dunkelheit senkte sich wie eine erdrückende Decke auf die Welt.

»Ist es denn weit?«

»Angst vorm Schwarzen Mann?«, war das Einzige, was Patrik erwiderte. Dann ging er los, einen Spazierweg entlang, der in das Wäldchen führte. Und ich folgte ihm.

Als wir am Hochufer der Isar ankamen, war es bereits so dunkel, dass ich den Weg, der sich zu einem schmalen Trampelpfad gewandelt hatte, kaum mehr erkennen konnte.

In Schlangenlinien ging es die Böschung hinab, bis hinunter zum Wasser. Wie ein Strom aus glänzendem Teer wälzte sich die Isar unter der Großhesseloher Brücke hindurch und schob sich durch das Kieselsteinbett an uns vorbei.

»Ich sehe kaum die Hand vor Augen, Patrik. Was um Himmels Willen willst du mir zeigen?«, platzte der Unmut aus mir heraus.

Doch der Punk schien sich seiner Sache sicher zu sein. Er griff meinen Arm und ging zielstrebig auf die Brücke zu. »Sehen Sie sie?«, fragte er im Flüsterton.

»Was soll ich sehen?«, gab ich zurück, während ich neben ihm her stolperte.

Patriks Griff wurde fester, als wolle er mich zur Ruhe ermahnen. »Hören Sie auf zu denken. Vertrauen Sie auf ihre Augen. Sehen Sie die Lichter dort, an diesem Brückenpfeiler?«

Ich stierte durch die Nacht zu einem der Betonfüße. Tatsächlich waren dort mehrere flackernde Punkte zu erkennen. *Vielleicht Glühwürmchen?* Meine Unruhe stieg. Angespannt tappte ich an der Seite des Punks vorwärts. Je näher wir den Lichtern kamen, umso deutlicher wurde sichtbar, dass es sich um Feuerstellen handelte, an denen eine Gruppe Menschen hockte.

»Dein Geheimnis ist eine Gruppe Obdachloser, die unter der Brücke schlafen?«, rief ich erbost und blieb stehen. Patriks Gesicht neben mir war nur noch ein grauer Schemen.

Er drückte erneut meinen Arm, ließ dann los, drehte sich von mir weg und kramte in seiner Jacke. »Warten Sie einen Moment, dann zeige ich Ihnen die Wahrheit.«

Ich hörte das Geräusch eines Feuerzeugs. Ein fahler Lichtkranz umgab den Punk. Dann drehte er sich um, legte mir eine Hand auf die Schulter und hielt mit der anderen das brennende Feuerzeug auf Brusthöhe zwischen uns.

Ich kam mir vor wie in einem schlechten Horrorfilm. Im flackernden Lichtschein stand er vor mir und starrte mich an. Starrte mir in die Augen und sagte: »Sieh her. Sieh in die Tiefen meiner Pupille und erkenne!«

Seine Stimme klang, als würde sie von alten Kirchenwänden widerhallen, als würden unsichtbare Schwingungen mich einhüllen und meinen Geist davontragen. Obwohl mein Verstand über die skurrile Szene lachte, wehrte ich ihn nicht ab, sondern folgte seiner Anweisung. Die Nacht um mich herum rückte näher und drückte sich wie ein weiches Kissen an meinen Körper.

»Seine Augen sind kastanienbraun«, ging es mir durch den Kopf, dann verloren sich meine Sinne im Nichts.

Ich blinzelte und brauchte einen Moment, um zu realisieren, dass ich immer noch am Isarufer stand. Patrik deutete auf die Brücke. »Sehen Sie sie?«

»Was soll ich sehen?«, fragte ich voller Unmut.

»Die Engel«, flüsterte er.

Und ich sah sie. Sah Engel, wo vorher nur die Obdachlosen gehockt hatten. Grausame, unerbittliche Engel, die wie Furien über die Gruppe herfielen, ihnen im Nacken saßen oder wie dämonisches Ungeziefer über die geschundenen Körper krabbelten. Hieb um Hieb, Stich um Stich trieben die lichten Wesen Dolche, Schwerter und Speere in ihre wimmernden Opfer. Ein göttliches Massaker!

Zu Tode erschrocken zog ich meine Waffe, legte mit gestrecktem Arm auf die Ungeheuer an und versuchte ein Ziel zu fixieren. Ich hielt den Atem an, versuchte mich zu konzentrieren. Doch die Eindrücke lähmten meinen Verstand und ließen meine Hände zittern. Meine Knie wurden weich und ich sackte zu Boden. Ein Schrei des Schreckens und der Fassungslosigkeit entfuhr meiner Kehle.

Diese Wesen waren Fiktion, mussten es sein! Doch die Schreie der Männer und Frauen dort unter der Brücke klangen echt. Was sollte ich tun? Wie konnte ich diesem schauerlichen Treiben Einhalt gebieten? Wie konnte ich gegen etwas kämpfen, das ich, obwohl ich es vor mir sah, nicht glauben wollte!

»Das … das kann nicht …«, stotterte ich, während mein Blick wie gebannt auf dem blutigen Schauspiel lag.

Wie war das zu erklären? Kreiste dort wirklich eine Horde Racheengel über den Menschen und folterte sie zu Tode? Oder wurde ich verrückt? Hatte mich der gleiche Wahnsinn eingeholt, der einst in meinen Vater gefahren war? Brach sich in dieser Sekunde das Erbe seine vorherbestimmte Bahn?

Tränen strömten mir die Wangen hinab und troffen auf den Kiesstrand, während ich gleichzeitig zu lachen begann. Ein Gefühl von Erleichterung machte sich in mir breit. Endlich! Endlich hatte der Wahnsinn ein Gesicht bekommen – ein Engelsgesicht!

Patriks Hand legte sich warm und schützend auf meine Schulter. »Es ist gut, alles ist gut.«

Er ging neben mir in die Hocke, fasste mein Kinn und drehte meinen Kopf. »Kommen Sie, Marie. Kommen Sie mit mir.«

»Aber die Leute«, begehrte ich auf. »Sie sterben! Wir müssen ihnen helfen!«

Patriks milchiggrüne Kontaktlinsen wirkten wie zwei fahle Monde, die gütig auf mich herabblickten. »Es ist gut so, wie es ist. Sie erhalten die gerechte Strafe für ihre Sünden.«

Ich schüttelte den Kopf. Nein, die Welt funktionierte nicht auf diese Weise. Denn wenn es so wäre, wenn jedes Unglück Gottes Strafe war, was sagte das über mich aus? Was sagte das über mein Leben aus! Das durfte nicht sein!

Der Punk packte mich an meinen Armen, stand auf und zog mich trotz meines Widerstands mit sich. »Kommen Sie, ich werde Ihnen alles erklären.«

Mein Geist war wie betäubt. Erinnerungen prasselten auf mich ein. Der Tod meiner Eltern, Emilia in ihrem weißen Kleid in einem See aus Blut, die durchbohrten Leichen der Thalhammers, Pater Josephis, wie er sein Buch streichelte, die Deckenmalereien der St. Michaels Kirche, Kornzwiller, wie er am Unfallort an der Autobahn auf mich zukam, und dazwischen immer wieder Patriks Augen. Sein Blick, der so starr und überirdisch wirkte. War er ein Engel?

Hatte er mit allem recht? War wirklich Gott für die Morde verantwortlich? Wenn ja, waren meine Ermittlungen sinnlos. Niemand würde mir glauben. Glaubte ich mir selbst? Was würde meine Therapeutin dazu sagen, wenn ich ihr von dem heutigen Abend erzählte?

Meine Gedanken rotierten. Wanderten zurück in der Zeit. Zu meinem Vater am Weihnachtsabend. Auch er hatte von Dämonen, Sünde und Gott gesprochen. Wofür waren meine Eltern gerichtet worden? Oder war ihr Tod meine Strafe gewesen? War am Ende ich für das Unglück verantwortlich?

»Ich bin schuld«, wisperte ich, die Waffe immer noch in der Hand, während mich Patrik zurück in die Dunkelheit zog.

»Was Sie gesehen haben, ist nur eine Wahrheit von vielen«, sagte er in beruhigendem Tonfall. »Um Ihre zu finden, müssen Sie in sich selbst forschen. Was Sie gesehen haben, hat nichts mit Ihrem eigenen Schicksal zu tun. Ich wollte nur, dass Sie mir glauben.«

Immer weiter redete Patrik auf mich ein. Und langsam kam ich wieder zur Besinnung. Er erzählte mir, dass es einen Priester im Medial Care Center gäbe, der die Macht hätte, Menschen die Augen zu öffnen. Er hatte an Patrik diese Initiation durchgeführt und ihm so den Zugriff auf versteckt angelegte übernatürliche Fähigkeiten verliehen. Das sei Voraussetzung, um in die Behausung Gottes aufgenommen und als sein Jäger ausgesandt zu werden.

»Behausung Gottes? Jäger? Wozu?«, fragte ich, bemüht, die Informationen in logische Zusammenhänge zu bringen.

»Um dem wahren Wort Gottes Nachdruck zu verleihen. Um die Welt für den himmlischen Aufstieg bereit zu machen«, antwortete Patrik. »Die Menschen sind hier, um das Himmelreich auf Erden vorzubereiten. Aber erst wenn diese Welt von Sünde befreit ist, wird Gott uns vergeben.«

»Und dann werden wir selbst zu Göttern?«, fragte ich, weil ich mich an eine Äußerung von Pater Josephis erinnerte.

»Nein! Menschen sind ein Volk aus Dienern!«

Als Patrik lauter wurde, wusste ich, dass ich etwas auf der Spur war. Genau jetzt musste ich ihn bei seinen eigenen Worten packen und auf das Gesagte festnageln, ihn zu einer Offenbarung zwingen. Ganz egal, wie sehr meine eigene Welt gerade eben noch ins Wanken geraten war. »Was ist mit deiner kleinen Schwester? War sie der gleichen Meinung?«

»Sie glaubte, die Menschen sind auf der Erde nur zu Besuch, als wäre diese Welt ein einziger großer Spielplatz! Sie war verblendet, wusste es nicht besser!«

»Und deshalb musste sie büßen?«

Patriks grüne Augen schienen zu glühen, als würden sie mich für meine Worte verbrennen wollen. Da er nicht auf meine Frage antwortete, versuchte ich es anders. »Wie steht das Ganze in Zusammenhang mit diesen … Engeln?«

»Sie sind das Werkzeug, das Abbild der göttlichen Fäuste der Jäger«, erklärte Patrik monoton, stockte dann und fuhr mit veränderter Stimme fort. »Doch in Wirklichkeit wird der Geist der Auserwählten missbraucht! Das heilige Ziel ist nur eine Tarnung für die Rachegelüste des Einen! Mitleidlos und grausam herrscht der Gottvater über sein Volk. Seine Liebe ist zu einem Katalog aus Züchtigungen verkommen. Er ist der wahre Feind des Menschen!«

Ich versuchte mich zu konzentrieren und seinen wiederholt vorgebrachten Thesen zu folgen. Doch was er sagte, klang immer noch wie ein Rätsel für mich. »Du meinst, Gott ist eigentlich der Teufel?«

»Gott hat uns erschaffen, doch nicht aus Liebe oder Güte, sondern aus rein sadistischem Vergnügen. Er ist nicht unser Retter in der Not. Er ist die Not! Luzifer hat das früh erkannt, wollte den Menschen zu Hilfe eilen und ist dafür verbannt worden. Was uns das Center glauben machen wollte, ist Lüge!«

Patrik klang jetzt leidenschaftlicher denn je. Im Tonfall eines Weltenpredigers sprach er auf mich ein. »Doch bevor Luzifer gehen musste, hat er uns den Verstand geschenkt, in der Hoffnung, dass wir die Wahrheit erkennen und uns selbst retten würden.«

»Aber das haben wir nicht, oder?«, hakte ich ein.

»Nein. Zu groß ist die Macht der Gottesdiener. Zu groß ist die Verschwörung und Angst vor dem, was uns als Hölle aufgezeigt wird. Doch leben wir nicht schon in einer?«

Patrik redete so lange auf mich ein, bis ich mich tatsächlich fragte, ob er recht haben könnte. Beschrieb er nicht genau das, was ich selbst erlebte? Ich fühlte mich einsam und sinnentleert. Jeder Tag ein Drahtseilakt für mein Seelenheil. Aber zu beschäftigt, um die Wahrheit zu erkennen: dass mein Leben die Hölle war.

Wolkenschleier wölbten sich über den Sternenhimmel und tauchten oben wie unten in das gleiche trostlose Schwarz. Die Düsternis sickerte in mich hinein, machte meine Glieder schwer und meinen Willen klein. Ich suchte einen Anker, etwas, das diesen Alptraum beenden würde. *Konzentrier dich. Halte dich an die Fakten. Was ist der nächste logische Schritt? Was die richtige Frage?*

»Warum musste deine Schwester sterben? Welche Sünde hat Emilia begannen?«, redete ich gegen Patriks Predigt und die Dunkelheit in mir an, bis ich schrie. »Sag es mir!«

Schlagartig wurde es still. Patrik stand wie ein Geist vor mir auf dem Kies. Die Augen leer und ausdruckslos. Er griff nach seinen Ketten, spielte mit ihnen, wie er es immer tat, wenn meine Frage etwas in ihm berührt hatte.

»Patrik, sag mir, was hinter all dem steckt. Sag mir, was genau du mit dem Center zu tun hast. Wie hängt alles zusammen? Warum warst du dort, als ich aus der Villa kam? Warum warst du bei den Morden anwesend?«

Der Punk blieb stumm und machte einen Schritt rückwärts.

»Patrik, sag mir, was mit deiner Familie passiert ist«, drängte ich.

Er machte noch einen Schritt von mir weg. Dann drehte er sich um. Und bevor ich reagieren konnte, war er in der Dunkelheit verschwunden. Ich war allein. Immer noch die Waffe in der Hand, meinen Fragen und Visionen ausgeliefert. Waren die Engel wirklich gewesen oder ein Trugbild? Sollte ich den Vorfall melden? Doch wer würde meiner Aussage Glauben schenken? Niemand.

Als es im Waldstück die Böschung hinauf knackte, fuhr ich herum und zielte ins Dunkel. Hatten die Engel mich gesehen? Kamen sie, um auch mich zu foltern?

Wieder knackte es und ich zuckte, den Finger am Abzug. Würde ein Schuss sie aufhalten? Sie verletzen? Sie töten? Was würde das aus mir machen? *Eine Sünderin. Eine hoffnungslose, mordende Sünderin, die brav ihrem Vater nachgeeifert hat.*

»Nein!«, schrie ich aus Leibeskräften und rannte los. Blind durch die Nacht, suchte den schmalen Pfad, auf dem wir zum Strand gekommen waren, und hastete teils taumelnd, teils auf allen vieren zurück. Der Aufstieg schien unendlich. Mein Herz hämmerte schmerzhaft in meiner Brust.

Spitze Zweige und Gestrüpp streiften meinen Kopf und meine Schultern, wenn ich vom Weg abzukommen drohte. Mein Verstand wusste das, doch meine Fantasie machte daraus die gierigen Klauen dunkler Dämonen. Oder waren es die Engel? Waren sie schon so nahe?

Keuchend kämpfte ich gegen die Panik an, doch mein Geist war zu verwirrt. Immer wieder schrie ich meine Angst hinaus. Mein Leid. Meine Seelenqual.

Als ich vor mir zwischen den Bäumen endlich Straßenlaternen leuchten sah, sammelte ich meine letzten Kräfte. Ich wollte weg, nur weg. Nach Hause. In mein Bett, unter die Decke, um all das Erlebte zu vergessen.

Erst als ich, immer noch keuchend, aus dem Fahrstuhl stieg und endlich vor der Tür zu meiner Wohnung stand, setzte mein Verstand wieder ein und lähmende Erschöpfung ergriff meinen Körper.

Ich holte meinen Schlüsselbund aus der Jacke und wollte gerade aufsperren, als ich das zersplitterte Holz am Türrahmen bemerkte.

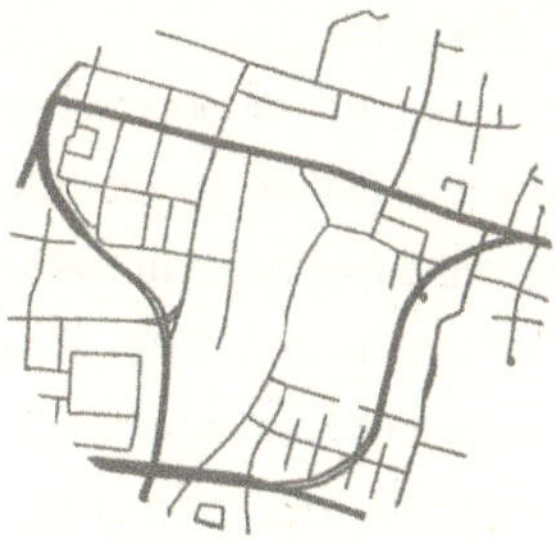

KAPITEL 15

Ein kleiner Stups gegen die Tür genügte und sie schwang auf. Nur der Lichtschein aus dem Treppenhaus ließ erahnen, was mich erwartete. Im Flur lagen Dinge kreuz und quer am Boden. Dinge, die mir gehörten, aber nicht dorthin.

Ich zog meine Waffe und lauschte. Nichts. Also schaltete ich das Flurlicht an und trat mit vorgehaltener Waffe ein.

Das Chaos war grenzenlos. Schuhe, Jacken und Mützen lagen zwischen zerfetzten Zeitschriften und dem ausgekippten Inhalt meiner Flurkommode. Die Tapete war teilweise heruntergerissen. Das hier war nicht einfach nur ein Einbruch, hier hatte jemand aus reiner Zerstörungswut randaliert, nicht nach Wertsachen gesucht.

Schussbereit näherte ich mich einem Zimmer nach dem anderen, lauschte erneut, schaltete das Licht ein und sicherte die Lage. Als ich zuletzt auch die Toilette überprüft und keinen Eindringling gefunden hatte, ließ ich die Waffe sinken, setzte mich auf den Badewannenrand und starrte auf den Fliesenboden.

Meine Wohnung war ein einziges Schlachtfeld, die Einrichtung kaputt geschlagen, jede Schachtel, Schublade oder Dose geleert und ihr Inhalt auf dem Teppich verteilt.

»Wer tut so was? Warum?«

Ich schluckte mehrfach. Und für einen winzigen Moment dachte ich daran, wie es wäre, mir die Pistole an die Schläfe zu halten und einfach abzudrücken. Die Sig Sauer hatte fünfzehn Patronen im Magazin. Durch das neue Abzugssystem mit Short Reset garantierte die Waffe laut Hersteller einen schnellen zweiten Schuss. Nach nur drei Millimeter Rückweg des Abzugs war sie wieder feuerbereit. Noch bevor ich den Schmerz spüren würde, hätte ich mir damit mein Gehirn perforiert.

Die gut siebenhundert Gramm Gewicht der schwarz-metallisch glänzenden Pistole in meiner Hand zogen mich wie ein Mehlsack nach unten. Ich kippte vornüber, landete zwischen den Resten des zerschlagenen Klodeckels auf den Knien und starrte auf die Möglichkeit in meiner Hand. Entsichern. Zielen. Feuern. Dann wäre alles vorbei. Kein Chaos mehr in meinem Leben. Kein Leben mehr.

Doch der Moment verging und mein Verstand rüttelte mich wach. *Genau das ist es doch, was sie von dir wollen! Sie demoralisieren dich, schüchtern dich ein, weil du ihnen auf den Fersen bist. Du hast sie mit deinen Ermittlungen aufgeschreckt. Du bist auf der richtigen Fährte!* Also steckte ich die Sig Sauer zurück in meinen Gürtelhalfter und mühte mich auf die Beine.

Dieser Einbruch war kein Zufall. Erst der Angriff auf der Autobahn und jetzt der Vorstoß in mein privates Rückzugsgebiet. Was, wenn ich zu Hause gewesen wäre? Hätten sie mich endgültig ausgeschaltet? Abgestochen, genau wie die anderen Opfer? Hätten sie mich dazu gezwungen, Selbstmord zu begehen? Oder wollten die Täter mit dieser Verwüstung nur eine weitere Warnung aussprechen?

Ich ging die Wohnung erneut ab, um nach Hinweisen zu suchen, und wurde im Wohnzimmer fündig. Es musste am Schock gelegen haben, das ich es bei meinem ersten Kontrollgang nicht wahrgenommen hatte. Zwischen all dem Chaos, den umgeworfenen und zertrümmerten Möbeln, den heruntergerissenen Vorhängen und Bücherregalen war etwas an die Wand gegenüber der Eingangstür geschmiert worden.

Es war nur ein Wort. Nur acht Buchstaben, hastig mit roter Farbe auf die Tapete gekleistert. *Schuldig*.

Mit pochendem Herzen bahnte ich mir einen Weg. Am Boden verstreut entdeckte ich Zeitungsartikel, die nicht ich gesammelt hatte. Fotos und Schlagzeilen, die den Mord an Emilia und ihren Eltern zeigten. Blutüberströmte Körper. Das starre Gesicht des Mädchens. Das Messer. Ich watete durch die Trophäen sensationslüsterner Reporter, bis ich eine Überschrift sah, die mich innerlich gefrieren ließ: *Diesem Kind hat der Weihnachtsmann die Eltern genommen.*

Das dazugehörige Foto zeigte ein Mädchengesicht mit großen dunkelbraunen Augen und einem weißen Spitzenkragen, der das festliche Kleid schmückte. Gesicht und Kleid waren mit unzähligen Blutspritzern bedeckt.

Der Weihnachtsmörder. Albert Martius bringt in einem Anfall von Wahnsinn erst seine Frau und dann sich selbst um. Die sechs Jahre alte Tochter überlebt als Einzige das Massaker.

Das war zu viel. Ich taumelte zurück und keuchte auf. Nein. Nein, nein, nein. Ich drehte mich im Kreis, sackte inmitten des Chaos zu Boden und begann hemmungslos zu weinen, wie ich seit Jahren nicht mehr geweint hatte.

Sie hatten mich. Sie hatten mich kleingekriegt und meine empfindlichste Stelle offenbart. Hier konnte ich nicht bleiben. Nicht in diesem Chaos. Nicht zwischen all den Erinnerungen. Ich schaffte das alles nicht mehr. Aber wer würde mir helfen?

Mein Großvater saß im Pflegeheim, eine beste Freundin hatte ich nicht und mit dem Nachbarn auf der Etage hatte ich höchstens mal ein »Hallo« gewechselt.

Genau diese Anonymität hatte ich mir ausgesucht. Sich bloß nicht durch den Kontakt zum sozialen Umfeld belasten, ja keine

Freundschaften eingehen oder Freundlichkeit vorspiegeln. Jetzt erhielt ich die Quittung dafür.

Ich überlegte, einen Arbeitskollegen anzurufen, David vielleicht oder Anne. Aber dann hätte ich gleichzeitig auch den Grund und alle damit verbundenen Umstände erklären müssen. Das konnte ich nicht.

Ich sehnte mich nach einer Schulter, an die ich mich lehnen und an der ich mich ausweinen konnte. Ganz egal, was mein verkorkstes Selbst sonst behauptete, in diesem Moment brauchte ich einen starken Arm, der mich auffing.

Ich schloss die Augen und stellte mir vor, wie es wäre, ganz fest umschlungen gehalten zu werden, schützend und umsorgend. Wie es wäre, sich anzulehnen. Und als ich den Blick in Gedanken hob, sah ich … Daniel.

Mein Verlangen war so übermächtig, dass ich all meine Bedenken und logischen Einwände beiseiteschob, mein Handy aus der Tasche zog und seine Nummer wählte.

Es klingelte endlose Male, dann ging sein Anrufbeantworter ran. Ich schluchzte. »Hallo Daniel, hier ist Marie. Daniel, es geht mir schlecht. Falls du zu Hause bist, bitte nimm ab. Ich brauche dich.« Und nach einer Pause, in der ich auf seine Reaktion gehofft hatte, fügte ich kleinlaut hinzu: »Es tut mir wirklich leid, wie ich mich benommen habe … entschuldige.« Dann legte ich auf.

In meiner Verzweiflung versuchte ich es als Nächstes bei Doktor Binding. Doch auch dort antwortete die automatische Bandansage und nannte die regulären Sprechstundenzeiten der Therapiepraxis.

Ich war am Ende. Gebrochen blieb ich inmitten der Zerstörung sitzen, lehnte mich an die Rückwand meines umgeworfenen und aufgeschlitzten Sofas und schloss die Augen.

Als ich sie das nächste Mal öffnete, herrschte immer noch Chaos. Die Deckenleuchte strahlte erbarmungslos auf jedes schreckliche

Detail herab. Mein Nacken schmerzte. Ich rieb mir das Gesicht und blickte aus dem Fenster. Draußen war es noch immer dunkel. In einem Traum hatte ich die Glöckchen des Weihnachtsschlittens gehört. Doch statt lieblich und sanft hatten sie schrill und fordernd geklungen. Ich richtete mich auf und versuchte die Schlaftrunkenheit abzuschütteln. Wieder klingelten die Glöckchen. Es schellte und klopfte. Im Flur. An der Haustür!

Mein Puls schnellte in die Höhe. Kamen sie zurück, um ihre Arbeit zu beenden? Aber wer waren sie? Schurken oder Engel?

Mit zitternden Fingern tastete ich nach meinem Pistolenholster und schlich Richtung Eingang. Ein leises Quietschen erklang – ungeölte Scharniere einer Tür. Ich saß in der Falle. Mühsam beherrscht, drückte ich mich an die Wand neben der Tür zum Flur und entsicherte die Waffe.

»Marie?«

Durchatmen, vorspringen, Luft anhalten, zielen und schießen.

»Marie?«

Jetzt! Angriff!

»Marie! Nicht schießen!« Entsetzt duckte sich Daniel und streckte mir abwehrend seine Hände entgegen.

Ich sah ihn. Erkannte ihn. Dennoch dauerte es eine schiere Ewigkeit, bis ich fähig war, meine Schusshand zu senken. Ich atmete aus, ließ die Waffe fallen. »Daniel …« Ich wankte ihm entgegen und er fing mich auf.

Wortlos hielt er mich fest, bis mein Schluchzen verebbte.

»Wie hast du …?«, setzte ich an.

»Ich war geschäftlich unterwegs und erst spät zurück. Als ich deinen Anruf abgehört habe und du auf meinen Rückruf nicht reagiert hast, bin ich sofort losgefahren.«

Wieder schluchzte ich auf. »Jemand hat …«

»Schon gut. Du kannst mir später erzählen, was hier passiert ist. Komm.«

Ich nickte, dankbar, dass er keine der Fragen stellte, die ihm mit Sicherheit auf der Seele brannten.

Die Fahrt zu seiner Wohnung über blieb ich stumm. Ich sah aus dem Fenster und hatte das Gefühl, gar nicht anwesend zu sein. Als würde ich aus der Ferne zusehen. Unbeteiligt und emotionslos. Ich verfolgte, wie anonyme Häuserfronten an uns vorbeizogen, wie Autos an Ampeln hielten und wieder anfuhren. Erst in Echarding erkannte ich die Gegend wieder. Hier hatten Daniel und ich uns im Café kennengelernt. Kurz davor bog er rechts in eine Nebenstraße ein und steuerte auf eine breite Tiefgaragenauffahrt zu.

Direkt daneben ragte ein mehrstöckiger Neubau auf. Die Südfront war gespickt mit stahlverkleideten Balkonen. Daniel fuhr die Rampe hinab, das Tor der Garage öffnete sich und die Ampel sprang auf Grün. Wir rollten hinein in einen Urwald aus nackten Betonpfeilern und parkenden Autos. Beklommen schlang ich die Arme um meinen Körper. Was wusste ich denn eigentlich über Daniel?

Er lenkte den Wagen in eine der Haltebuchten und stellte den Motor aus. »Da sind wir also.«

Seine Stimme klang dabei so aufgeregt und gleichzeitig unsicher, dass ich trotz des flauen Gefühls in meiner Magengrube lächelte, ausstieg und ihm durch die schwere Feuertür zum Fahrstuhl folgte.

Daniel Bartholdy lebte in einer Zwei-Zimmer-Wohnung im dritten Stock. Die Einrichtung bestand vorwiegend aus Holzmöbeln – schlicht und doch gemütlich. Das Wohnzimmer war mit hellem Teppichboden ausgelegt. Dunkelrote Vorhänge verdeckten die Fensterfront zum Balkon. Zentraler Punkt im Raum war der riesige Breitbandfernseher an der Wand. Alles sah sauber und geordnet aus, geradezu beängstigend perfekt.

»Bitte setz dich, Marie. Kann ich dir etwas zu trinken anbieten? Einen Tee vielleicht oder ein Wasser?«

»Ein ordentlicher Schnaps wäre mir lieber.«

Er lächelte noch immer angespannt, ging in die Küche und kam mit zwei halb gefüllten Gläsern wieder, in denen eine dunkle Flüssigkeit zusammen mit ein paar Eiswürfeln schwamm.

»Ramazotti?«, riet ich.

»Jägermeister. Ein urbayrisches Mittel gegen jede Art von Ärger«, antwortete er grinsend und stieß mit mir an.

Der würzige Kräuterschnaps brannte angenehm leicht in der Kehle. Mich überkam eine Gänsehaut und ich schüttelte mich. »Genau das Richtige, um böse Dämonen auszutreiben.«

Sein Blick forschte in meinem Gesicht. »Willst du mir erzählen, was passiert ist?«

Ich nippte erneut und schüttelte den Kopf. »Nicht heute. Lass mich einfach hoffen, dass ich morgen aufwache und alles nur ein böser Traum gewesen ist. Bitte.«

Er kam auf mich zu, nahm mich in den Arm und präsentierte mir anschließend sein Schlafzimmer. Ein breites Doppelbett im Futon-Stil, ebenfalls aus Buchenholz. Mit Decken und Kissen die angenehm zerwühlt waren. Ich atmete auf.

Der Rest des Zimmers wirkte wie aus einem Möbelkatalog. Die Vorhänge hingen in so geraden Falten, dass sie gebügelt sein mussten. Die Lampen links und rechts auf den Nachtkästchen trugen weiße Leinenschirmchen und wiederholten damit die Farbe der kleinen Brückenteppiche neben dem Bett. Zu durchgestylt für einen alleinstehenden Mann. Doch für den Augenblick war es mir egal. Ich schlüpfte aus den Schuhen und ließ mich angezogen in die Kissen fallen.

»Soll ich auf der Couch schlafen?« Wieder klang da diese Unsicherheit in Daniels Stimme mit. Hielt er mich für so zerbrechlich – oder für eine Bombe, die jeden Moment losgehen konnte?

»Nein.« Ich wollte nicht allein sein. Ich wollte ihn so nahe wie möglich spüren. Neben mir, an mir, auf mir.

Ich drehte mich herum, zerrte mit einer Hand mein T-Shirt über den Kopf, fummelte an meinem Büstenhalter, bis ich die zwei kleinen Häkchen endlich geöffnet hatte, knöpfte meine Hose auf, streifte sie zusammen mit meinen Socken ab und kroch unter die Bettdecke.

Daniel hingegen zögerte. Statt mir zu folgen, ging er zurück ins Wohnzimmer, löschte das Licht und verschwand dann im Bad. Als er schließlich herauskam, war er bis auf die Unterhose nackt. Dennoch zögerte er zum Bett zu kommen. War es ihm am Ende unangenehm, dass ich halb nackt dalag? Wollte er diese Intimität und Nähe gar nicht?

Die Vorstellung versetzte mir einen Stich. Trotzdem hob ich einladend die Decke an und rückte auf der Matratze ein Stückchen nach hinten. Seine Wangen röteten sich.

»Ist es okay, wenn ich das Licht ausmache?«, fragte ich sanft.

Sein zaghaftes Lächeln verriet mir, dass ich richtig lag. Also knipste ich die Nachttischlampe aus und sah zu, wie er im Dunkeln auf mich zu tappte.

»Hey«, flüsterte er, dann spürte ich, wie die Matratze unter seinem Gewicht nachgab. Unter der Decke streifte sein Bein das meine. Er rückte heran, das Gesicht mir zugewandt. Die Nähe seines Körpers wirkte gleichzeitig beruhigend und elektrisierend auf mich. Ich konnte riechen, dass er sich die Zähne geputzt und ein wenig Aftershave oder Deo aufgetragen hatte.

»Danke, dass du mich mitgenommen hast«, wisperte ich und legte meine Hand sachte auf seine Brust. Seine Haut war angenehm warm und ich konnte die feine Behaarung darauf spüren, wie auch seinen wild hämmernden Herzschlag.

»Was hatte ich schon für eine Wahl, wenn die holde Dame in Not ist?«, raunte er mir zu und kassierte dafür umgehend einen Klaps.

»Chauvinist.«

»Das bin ich wohl manchmal.« Behutsam tastete er mit seiner Hand nach meinem Gesicht. Streichelte über meine Wange, fuhr sanft die Halsbeuge entlang, über die Schulter, den Arm hinab zu meiner Hüfte, verharrte dort ein paar Atemzüge lang und glitt dann den Rücken entlang wieder nach oben.

Ich brummte wohlig, drängte meinen Kopf an ihn und schloss die Augen. Gehalten werden, liebkost werden, das war alles, was ich im Moment brauchte.

Mit dem Aufwachen hatte ich den Duft von frischem Kaffee in der Nase. Dabei war es gerade erst kurz nach sieben. Entweder war Daniel ein verdammter Frühaufsteher oder vor dem womöglich peinlichen Moment der morgendlichen Zerzaustheit geflohen.

Ich streifte mein T-Shirt über und huschte für die Morgentoilette und einen kurzen Schönheitscheck ins Bad. Im Spiegel blickte mir ein Monster entgegen. Die linke Seite meiner Haarpracht klebte wie ein Moosgeflecht an meinem Schädel, während sie sich auf der anderen Seite in Stroh verwandelt hatte. Zusätzlich müffelte ich fürchterlich. Eine Dusche war seit gestern überfällig. Also zog ich meine Sachen wieder aus.

Das heiße Wasser brannte regelrecht auf meiner Haut und fühlte sich dabei wunderbar real an. Die Schrecken der Nacht wirkten dagegen wie ein Traum. Einer, den ich lieber vergessen wollte.

Erfrischt wickelte ich mir ein kleineres Handtusch um die feuchten Haare, ein größeres um den Körper und spazierte barfuß ins Wohnzimmer, um mir den nötigen Schuss Koffein abzuholen.

Daniel saß bereits angezogen auf dem Sofa und las Zeitung. Als ich hereinkam, blickte er auf. »Kaffee?«

»Liebend gern. Schwarz, bitte.«

Eine ganze Becherfüllung lang bewahrten wir den Schein eines sorglosen Morgens. Dann hielt es Daniel nicht mehr aus. »Was ist gestern passiert?«

Ich wand mich, hielt mich an meiner Tasse fest und sah aus dem Fenster. »Jemand ist in meine Wohnung eingebrochen und hat sie bis in den letzten Winkel verwüstet.«

»Hat das etwas mit deinem Fall zu tun? Wirst du bedroht?«, bohrte er nach.

Ich schwieg. Ja, ich wurde bedroht. Ich war einer großen Sache auf der Spur und hatte Gott persönlich samt seinen Heerscharen gegen mich aufgebracht. Das zumindest hatte mir mein Verstand vorgegaukelt. Und das hatte auch Patrik mir weismachen wollen. Aber verwüsteten Engel Wohnungen? Fuhren Engel einen Honda CR-V, um ihre Opfer von der Autobahn zu drängen? Unwahrscheinlich.

Ich war einem sehr menschlichen Täter auf der Spur, der Macht besaß und meine Ermittlungen genauestens verfolgte. Und Patrik war ein Verdächtiger. Er war eng mit den Morden verbunden, schien geistig verwirrt und verfolgte mich. Aber als Beweis für eine Mordanklage oder auch nur für eine Verhaftung reichte das noch lange nicht.

Panzotti hatte irgendwie seine Finger im Spiel. Oder waren am Ende Pater Josephis und sein Kollege Pater Annamäus die Drahtzieher eines im Hintergrund schwelenden Glaubenskampfes? Alles war möglich.

»Marie, du solltest auf keinen Fall die Heldin spielen, wenn du bedroht wirst.«

Ich schnaubte. Daniel klang ehrlich besorgt. Doch genau das machte mich wütend. Verbrechen und Morde gehörten zu meinem Beruf wie Wasser und Wind zum Segelsport. Gut, ich hatte mich emotional mehr in diesen Fall verstrickt, als ich gewollt hatte. Aber noch war nichts verloren. Im Gegenteil.

Das Chaos in meiner Wohnung zeigte mir, dass ich da etwas auf der Spur war, dass mich jemand einschüchtern wollte. Und das bedeutete, dass ich umso intensiver an dem Fall weiterarbeiten musste. Vielleicht lag die Lösung bereits vor mir und ich hatte sie in meiner zeitweiligen Verblendung nur nicht erkannt?

»Bitte versprich mir, dass du den Fall abgeben wirst, um dich aus der Schusslinie zu bringen«, sagte Daniel, trat hinter mich und streichelte zärtlich meinen Arm.

»Den Fall abgeben?« Ich drehte mich um. »Glaubst du tatsächlich, ich würde meinen Fall abgeben, weil es ein paar Schwierigkeiten gibt oder weil du dir das wünschst? Ich bin Kriminalkommissarin, keine Kellnerin, die den Tisch mit dem penetranten Gast an den Kollegen weiterreichen kann.«

»Du meinst, es ist ganz normal, dass deine Wohnung aussieht wie ein Schlachtfeld?«

»Das geht dich verdammt noch mal nichts an! Nur weil ich eine Nacht in deinem Bett verbracht habe, heißt das nicht, dass du dich in mein Leben einmischen darfst! Ich habe dich schließlich auch nicht gefragt, welches Liebchen diese Wohnung eingerichtet hat. Du ja wohl ganz sicher nicht? Ich habe nicht in deinen Schränken nach Frauenkleidern gesucht und auch nicht nach der zweiten Zahnbürste im Bad. Aber selbst eine Blinde würde merken, dass das hier keine Single-Wohnung ist. Und erzähl mir jetzt ja nicht das Märchen von deiner putzwütigen Mutter!«

Die Sätze waren wie Geschosse aus mir herausgebrochen und hatten ihr Ziel nicht verfehlt. Daniel blickte mich mit großen Augen an, die Kiefer angespannt. Doch statt zum Angriff überzugehen, machte er einen Schritt zurück und rieb sich über die Stirn. »Wie ich sehe, hast du zu deiner alten Form zurückgefunden.«

Verdammt! Ich war so wütend. Wütend auf mich, auf den Fall, auf Haller, und wütend, dass Daniel mich zum zweiten Mal mit ein paar Sätzen zur Weißglut gebracht hatte. War das nicht ein Warnsignal?

Genau betrachtet war es doch seltsam, dass ihm so viel daran lag, mich von dem Fall abzuziehen. Überhaupt waren die Umstände unserer Begegnung äußerst verdächtig. Wie bestellt war er am Tag des ersten Mordes in die *Echardinger Laube* gekommen und hatte darauf bestanden, sich zu mir an den Tisch zu setzen. Er hatte mich nach dem Fall gefragt und mir von Anfang an ungewöhnlich hartnäckig schöne Augen gemacht.

Außerdem waren da diese seltsamen Anrufe gewesen, die exakt in dem Moment aufgehört hatten, als ich das erste Mal mit Daniel ausgegangen war. Und wieder hatte er bei der Gelegenheit nach Einzelheiten zu dem Fall gefragt. Mein Instinkt hatte mich gewarnt und rechtzeitig flüchten lassen. Daniel aber war beharrlich geblieben. Und ich hatte mir eingebildet, dass ich für ihn etwas Besonderes war! Dabei horchte er mich wahrscheinlich nur aus!

Konnte das sein? War er in diese ganze Angelegenheit verstrickt? Oder war er womöglich ein getarnter Kerl von der Presse, der versuchte, an Informationen über die laufenden Ermittlungen zu kommen? Ich wusste nur zu gut, dass Reportern dafür wirklich jedes Mittel recht war. Auch wenn das hieß, die leitende Kommissarin ins Bett zu locken.

Bei dem Gedanken, benutzt worden zu sein, lief mir ein Schauer über den Rücken. Ich maß Daniel mit einem prüfenden Blick, stellte meine Tasse ab und suchte meine Sachen zusammen.

»Wohin willst du gehen, Marie? Merkst du nicht, dass du nur vor dir selbst davonläufst?«

»Ich gehe und mache meine Arbeit. Die Kriminaltechniker müssen sich schleunigst meine Wohnung ansehen. Bis sie damit fertig sind und ich das Chaos beseitigt habe, werde ich mir ein Hotelzimmer nehmen.«

»Marie!«, rief Daniel mir hinterher.

Doch diesmal würde er mich nicht einwickeln und ich würde ihm keine weitere Gelegenheit bieten, sich als Retter aufzuspielen. »Bitte ruf mich nicht mehr an.«

»Du hast mich angerufen! Hast du das vergessen? Du hast um Hilfe gebeten und endlich mal Gefühle gezeigt. Ich dachte, wir wären endlich über diese unsichtbare Grenze hinaus. *Du* hast dich in mein Bett gelegt und meine Nähe gesucht. Ich wäre auch auf der Couch glücklich gewesen! Und was ist der Dank? Ich muss mich von dir beschimpfen lassen!«

Ich kniff die Augen zusammen, wollte es nicht hören, wollte nicht, dass er recht hatte. Nicht diesmal. »Mach's gut, Daniel.«

Erst unten an der Straße realisierte ich, dass ich ohne Auto hier war. Mein Volvo stand nach dem Unfall wahrscheinlich bereits ausgeschlachtet auf einem Schrottplatz und den BMW hatte ich gestern Abend vor meiner Wohnung stehen lassen.

Um nicht zu riskieren, dass Daniel mich abfing und mir erneut eine Mitfahrgelegenheit anbot, machte ich mich zu Fuß auf den Weg. Ganz automatisch steuerte ich den nahe gelegenen Tatort an und hielt erst wieder vor der Mädchenschule inne.

Es war kurz vor acht. Aus den gekippten Fenstern der Klassenzimmer erklang ein Chor aus Kinderstimmen, der die Worte der Lehrerin wiederholte. *Bestimmt Sprachunterricht*, dachte ich.

In meiner Schulzeit hatte ich Englisch und Latein gelernt. Für Französisch war meine Rechtschreibung zu schlecht gewesen. Der Deutschlehrer in der neunten Klasse hatte mich unfähig genannt und mir empfohlen, die Schule zu verlassen. Dass ich einfach keine Lust gehabt hatte, mich mit seinen drögen Erörterungen auseinanderzusetzen, darauf war er nicht gekommen. Alle hatten sie mich damals unterschätzt, genau wie Daniel, Haller, Kornzwiller und Persbach heute.

Ihr werdet euch noch wundern! Ich bin früher nicht sitzen geblieben und ich werde auch bei diesem Fall nicht versagen. Diesmal nicht. Ich werde mir meinen Platz als leitende Kommissarin verdienen.

Entschlossen zückte ich mein Handy, drückte die Kurzwahl für die Zentrale und ließ mich mit Erwin Konrad verbinden.

»Hey Marie, wir haben uns schon Sorgen gemacht. Wo hast du gestern gesteckt? Ich dachte, du wolltest zum Puff fahren und dann wiederkommen?«

»Tut mir leid. Ich bin einer vielversprechenden Spur nachgegangen«, log ich. Dabei fielen mir siedend heiß die Penner unter der Großhesseloher Brücke ein. Bei dem Gedanken an die nächtliche Szene überkam mich eine Gänsehaut. *Ein Traum, es war bestimmt nur ein Traum.*

»Was kann ich also für dich tun, Frau Kommissarin?«, fragte Erwin in neckendem Tonfall.

Kurz überlegte ich, aber es gab keine schonende Art und Weise, die Sachlage zu erklären, also hielt ich mich an die kalte, nackte Wahrheit. »In meiner Wohnung ist eingebrochen worden. Alles ist verwüstet.«

Sofort war Erwin wieder ernst. »Und du nimmst an, dass es mit deinem Fall zusammenhängt?«

Ich seufzte. »Na ja, erst der Autocrash und jetzt das. Das wäre schon ein großer Zufall, oder?«

Erwin versprach, sofort ein Team auf die Beine zu stellen und mögliche Spuren zu sichern. Und auch ich bestellte mir ein Taxi, um dazuzustoßen.

In den zehn Minuten, die ich warten musste, ging ich vor zur Kirche St. Loreto und betrachtete die Menschen, die aus dem rötlichen Backsteinbau strömten. Der Gottesdienst schien gerade zu Ende zu sein. Etwa vierzig Leute, junge wie alte, fremdländische wie einheimische, liefen auseinander, stiegen in ihre Autos oder machten sich zu Fuß auf den Weg. Vielleicht gingen sie zur Arbeit, einkaufen oder in die nächstbeste Kneipe. Ich dagegen wollte nach Hause, zu Tatort Nummer drei.

»Erstaunlich, dass sie die Tür ganz gelassen haben«, bemerkte Erwin ironisch, als er sich im Durcheinander meines Flurs vorwärts arbeitete.

Er, Anne und zwei weitere Helfer hatten bei meiner Ankunft bereits mit ihrer Ausrüstung gewartet. Bevor wir in den fünften Stock gefahren waren, hatte ich ihnen mit knappen Worten die Situation geschildert, sie notgedrungen über die Zeitungsartikel aus meiner Vergangenheit informiert, meinen Zusammenbruch aber tunlichst verschwiegen.

Anne strich sich eine widerspenstige Strähne aus dem Gesicht. »Bei so viel Zerstörung müssen deine Nachbarn doch etwas gehört haben?«

Ich zuckte mit den Achseln. »Keine Ahnung. Ich kann noch nicht mal mit Bestimmtheit sagen, dass unter mir jemand wohnt. Den Kerl neben mir habe ich vielleicht dreimal im Treppenhaus gesehen.«

»Gehört er zu der zugedröhnten Sorte?«, fragte Erwin, der sich bereits bis an die Tür des Wohnzimmers vorgewagt hatte.

»Eher zu der mir-ist-alles-egal-Gattung, die man nicht vor elf Uhr außerhalb ihrer Höhle antrifft.«

»Na, wir werden sehen, was Gerhard und Rudi bei ihrer Befragung ans Tageslicht befördern«, antwortete Anne augenzwinkernd, während sie geschickt einen Haufen zerfledderter Bücher umschiffte, um sich dem Schlafzimmer zu nähern.

Gerhard und Rudi waren die zwei Helfer, die ich zu einer Befragungsrunde durch das Haus losgeschickt hatte. Erstens, weil es zu einer ordentlichen Ermittlung dazugehörte und zweitens, um sie, neben Erwin und Anne, nicht auch noch in meinen Privatsachen wühlen zu sehen.

»Fehlt irgendetwas?«, fragte Erwin vom Wohnzimmer aus, während er den Zustand mit seiner digitalen Spiegelreflexkamera dokumentierte.

»Auf Anhieb schwer zu sagen.« Ich überlegte. Besaß ich etwas von Wert, dass von Interesse gewesen wäre?

»Und gibt es einen Grund, warum du uns dieses postmoderne Kunstwerk an der Wand verschwiegen hast?«, drang Erwins Stimme in tadelndem Tonfall zu mir in den Flur.

»Was für ein Kunstwerk? Meinst du den Text?«, fragte ich zurück.

»Text? Was für ein Text? Ich meine dieses Pinselgekritzel hier.«

Ich trat in den Türrahmen und starrte auf die gegenüberliegende Wand. Statt dem Wort »schuldig«, das gestern noch an dieser Stelle geprangt hatte, war dort mit blauer Farbe ein Symbol auf die Tapete geschmiert.

»Ich nehme an, es ist von deinem ungeladenen Besuch hinterlassen worden, als Markenzeichen vielleicht. Oder kannst du darin eine versteckte Botschaft erkennen?« Er legte den Kopf schief, rieb sich den nicht vorhandenen Kinnbart und mimte einen Kunstkritiker. »Wenn du mich fragst, stellt dieser formvollendete Kreis mit seinen darin eingeschlossenen, geradezu schreienden Linien einen Ausdruck uralter archaischer Triebe dar. Der Hengst, der sich aus dem umzäunten Pferch befreit und zurück in die Freiheit drängt.«

»Mir scheint, du verdrängst da Erlebnisse von gestern Abend«, konterte ich und bemühte mich um ein Grinsen, auch wenn mir tatsächlich nach Schreien war.

Hatte ich mir das Wort nur eingebildet? Oder war der Täter zurückgekommen, um es zu überpinseln? Aber warum? Ich war versucht, Daniel zu fragen, was er am Abend auf der Wand gesehen hatte, aber meine verdammte Paranoia hatte ja mal wieder alle Mauern hochgefahren und ihn meilenweit von mir gestoßen. Schon wieder.

»Frauen und ihre dreckigen Fantasien«, feixte Erwin und schüttelte gespielt entrüstet den Kopf. Dabei blieb sein Blick an den herumliegenden Zeitungsartikeln hängen. »Weihnachtsmassaker? Den Fall kenne ich ja gar nicht. Sind das Unterlagen von dir?«

Ich biss die Zähne zusammen und presste ein knappes »Nein« hervor. »Bist du hier mit deiner Knipserei fertig? Dann geh und mach in den anderen Räumen weiter. Solange sammle ich alles Wichtige fürs Labor ein.«

Einen Moment lang wirkte Erwin irritiert, dann folge er meiner Anweisung. Ich blieb allein im Wohnzimmer zurück, stierte auf die Schmiererei an der Wand und versuchte, Fassung zu bewahren. Wie so oft in letzter Zeit zählte ich beim Ein- und Ausatmen die Sekunden und konzentrierte mich mit gefalteten Händen auf den Puls in meinen Fingerkuppen. Ein und ausatmen. Immer nur ein und aus.

Das Zimmer vor mir verschwamm, während mein Pulsschlag sich beruhigte. Die Wand mit der blauen Schmiererei begann im Gleichklang zu pulsieren. Immer heftiger und schneller, bis sich das Symbol wölbte, anwuchs und ein Wesen gebar. In Sekundenschnelle saugte es alles um mich herum in sich auf, bis nur mehr ich übrig blieb. Eine Teufelsfratze im Engelskostüm stürmte mit erhobenem Schwert auf mich zu. Seine Stimme dröhnte in meinem Kopf. »Tot ist tot. Wer Gott im Weg steht, wird kein Erbarmen finden! Gib auf!«

Einen Lidschlag später war das Monstrum verschwunden. Ich keuchte. Hitze schoss in meinen Körper und trieb mir den Schweiß auf die Stirn. *Du bist eindeutig verrückt geworden,* kommentierte mein Verstand, doch mein Bauchgefühl widersprach. Auch wenn es keine logische Erklärung für diese Erscheinung gab, so war ich seit dem Abend mit Patrik versucht zu glauben, dass es vielleicht mehr in dieser Welt gab, als ich für möglich gehalten hatte. Immerhin hatte ich die himmlischen Vollstrecker mit eigenen Augen gesehen.

Vielleicht war mein Geist vorher einfach nur zu beschränkt für die Wahrheit gewesen. Der Mensch besaß eine selektive Wahrnehmung, dass hatte die Wissenschaft bewiesen. Wenn man seine

Aufmerksamkeit auf etwas Bestimmtes lenkte, dann registrierte man auch mehr davon um sich herum. Wenn man über den Kauf seines Traumautos nachdachte, dann sah man es plötzlich überall. Ein Prinzip, das sich die Werbung zunutze machte.

Aber wenn das stimmte, hatte ich womöglich Schuld am Tod von über einem Dutzend Obdachloser. Menschen, die womöglich noch unentdeckt unter der Brücke lagen, von Engeln gemartert und ermordet.

Ich ballte die Hände zu Fäusten. »Erwin«, rief ich in den Gang hinaus, »ich will, dass du herausfindest, ob dieses Symbol irgendeine Bedeutung hat. Ganz egal in welchem Zusammenhang. Engel, Teufel, Christen, Kopten, Geheimbünde oder Massagesalons – such in jeder verfügbaren Bilddatenbank danach.«

Kontrolle. Ich atmete mühsam beherrscht ein und aus. Ich musste die Kontrolle behalten. Über den Fall und über mich selbst. Und nachprüfbare Fakten halfen dabei, also griff ich zum Handy. »Einsatzzentrale? Hier Kriminalkommissarin Marie Martius. Ich brauche eine Streife, die runter zur Großhesseloher Brücke fährt und sich dort umschaut. Angeblich soll es da gestern Abend Randale gegeben haben. Ich will wissen, ob da etwas dran ist. Der Beamte soll sich nach dem Einsatz bei mir melden. Danke.«

Es war an der Zeit, meinem Instinkt die hundertprozentige Führung zu überlassen. Ich drängte die Angst vor der Wahrheit mit all meiner Willenskraft zurück, nahm mir Gummihandschuhe und Plastiktüten aus dem Materialkoffer und begann die verstreuten Zeitungsartikel sicherzustellen. Weil das zu ordentlicher Polizeiarbeit dazugehörte, ob mir wohl dabei war oder nicht.

Ich gebe nicht auf. Jetzt erst recht nicht.

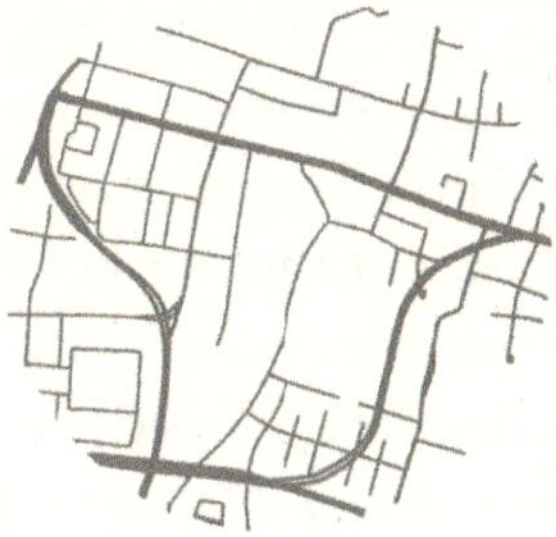

KAPITEL 16

»Sie haben Zimmer Nummer siebzehn«, verkündete die ältere Dame an der Hotelrezeption, reichte mir einen Schlüssel mit handteller-großem Bronzeanhänger und zeigte mit ihrem schrumpeligen Finger den Gang entlang auf die Tür zum Treppenhaus. »Das Zimmer liegt im ersten Stock links. Frühstück gibt es von sieben bis zehn. Wünsche angenehmen Aufenthalt.«

Ich bedankte mich artig, nahm meine kleine Reisetasche, die ich aus den Trümmern meiner Wohnung gefischt und mit ein paar Kleidungsstücken gefüllt hatte, und begab mich in meine neue Wohnstatt.

Es war eine kleine Pension, nur wenige hundert Meter von meinem Zuhause entfernt. Ein Bett, ein schmaler Schrank und ein winziges Badezimmer mit Dusche, das war alles, was es zu entdecken gab. Kein Fernseher, keine Minibar, dafür aber ein Fenster, das auf die unverputzten Wände eines Hinterhofes blicken ließ.

»Hallo Hölle«, begrüßte ich mein Heim und lachte über mich selbst. So weit war es also schon gekommen, dass ich mit Zimmern und Wänden redete.

Ich benötigte ein paar Utensilien wie Zahnbürste, Kamm, Shampoo und andere grundlegende Kleinigkeiten, die eine Frau eben brauchte. Außerdem knurrte mein Magen und ich hatte mir fest vorgenommen, den Papierkram im Kommissariat aufzuarbeiten. Also packte ich rasch meine Tasche aus, zog mich um und fuhr mit dem geliehenen BMW zur nächsten Tankstelle.

Dort war die Produktauswahl zwar begrenzt und die Preise überteuert, aber dafür sparte ich mir den Marathonlauf durch endlose Regalreihen und das Anstehen an der Supermarktkasse. Zur Stärkung nahm ich zwei Handvoll Schokoriegel, eine mit Käse überbackene Brezel und eine Literflasche Cola mit. Fertig. Damit waren Punkt eins und zwei meiner Liste abgehakt.

Hast du dir so viel unnützen Süßkram überhaupt verdient?, rumorte mein Großvater in meinem Hinterkopf. Doch ich wischte die Stimme beiseite. Mit blinder Disziplin war es vorbei. Ich würde zu meinen Wurzeln zurückkehren und mich an die Worte meiner Mutter halten. Im Gegensatz zu den Männern in meiner Familie hatte sie mich immer dazu angehalten, auf mein Herz statt auf meinen Verstand zu hören. Sie hatte mich an den Zauber glauben lassen, der die Welt nach meinen Wünschen verändern konnte, ganz egal was die Logik sagte.

Als Kind hatte ich an den Weihnachtsmann geglaubt, an Peter Pan, das Nimmerland und an meinen Schutzengel. Und es hatte mich glücklich gemacht. Warum sollte ich diese Magie nicht wieder in mein Leben lassen? Wenn es gottgesandte Sündenjäger gab, dann vielleicht auch einen Engel, der mich beschützte.

Mittlerweile hatte ich das Kommissariat erreicht, bog in die Tegernseer Landstraße ein und stellte den Wagen in einer der Parkbuchten vor dem Haupteingang ab. Pfeifend betrat ich das Gebäude, trabte die Treppen in den ersten Stock hinauf, machte einen Zwischenstopp an der Kaffeeküche, schenkte mir eine große Tasse ein und spazierte beschwingt in mein Büro.

Ich schloss die Tür, schaltete den Computer ein, warf die Schokoriegel auf den Schreibtisch, setzte mich, sortierte die Unterlagen, die sich mittlerweile in meinem Fach angesammelt hatten und rief meine Mails ab. Zu meiner Überraschung wartete eine Nachricht von Panzottis Assistentin in meinem Postfach. Neugierig überflog ich die Zeilen und stellte fest, dass es sich um die Einladung zu einer Informationsveranstaltung handelte.

»Kommen Sie und öffnen Sie Ihre ganz persönliche Tür ins Licht«, stand am Ende die lockende Marketingbotschaft. Darunter, als Postskriptum, war eine persönliche Notiz beigefügt, in der mich Panzotti zu einem anschließenden Abendessen bat.

Stirnrunzelnd las ich die Mail erneut. Wieso biederte er sich nach meinem Besuch plötzlich so an? Gehörte das zu seinem Plan, mich aus dem Weg zu räumen? Wollte er mich als neues Mitglied des Centers anwerben? Oder war es möglich, dass er einfach nur scharf auf mich war? Ich erinnerte mich zurück an seine intensiven Blicke und die vertraulichen Berührungen. Hatte er meine Mailadresse nur deshalb in Erfahrung bringen lassen, um sich mit mir zu verabreden?

Nachdem ich den Werbetext samt persönlicher Nachricht ein drittes Mal gelesen hatte, klickte ich auf den Antwort-Button, schloss das sich öffnende Fenster aber gleich wieder. Erst musste ich die liegen gebliebenen Protokolle bearbeiten, dann konnte ich immer noch entscheiden, ob ich mich auf ein Abenteuer einlassen wollte oder nicht.

Es dauerte am Ende gute fünf Stunden, bis ich die Fakten der vergangenen Tage in die Formblätter eingetragen und die dazugehörigen Akten durchgegangen war.

Die Nürnberger Kripo hatte ihren Bericht über die Auswertung der Spuren geschickt, die in Abeba Habibs Räumen sichergestellt worden waren. Außerdem hatten David, Anne und Erwin ihre Arbeiten abgeschlossen. Es lagen vollständige Obduktionsberichte der vier Opfer vor, eine Aufstellung aller untersuchten Gegenstände und die aus den Fakten resultierenden Schlussfolgerungen. Hinzu kamen meine eigenen Tagesberichte und Gesprächsprotokolle von Patriks Verhör und den Unterredungen mit Pater Josephis, Pater Annamäus, den mittlerweile verstorbenen Thalhammers sowie Panzotti samt Assistentin.

Eine ganze Menge Papier. Und doch hatte ich bisher nur vage und dazu noch äußerst unglaubwürdige Vermutungen, was die Motive und näheren Hintergründe der Morde betraf. Motive, die eher wie eine krude Bibelgeschichte über die Bestrafung von Sündern klangen. Ich wusste, wenn Haller die Zusammenfassung las, würde er mir die Akten um die Ohren schlagen. Aber was sollte ich tun? Mehr Anhaltspunkte hatte ich nicht zu bieten.

Zur Beruhigung meiner Nerven griff ich zu meinem fünften Schokoriegel und biss ab. Was, wenn mich Haller zu den zwei Stunden vor dem Haus der Thalhammers befragten würde, an die ich mich nicht erinnerte? Ob Kornzwiller mein Versagen beim anschließenden Einsatz in der Wohnung doch noch gemeldet hatte? Zumindest für den Crash auf der Autobahn gab es genug Beweise.

Im vorliegenden Bericht der Verkehrspolizei waren Lackspuren aufgeführt, die am Heck und der Fahrerseite meines Volvos sichergestellt worden waren. Die Analyse hatte meine Aussage bestätigt und zweifelsfrei ergeben, dass sie von einem Honda, Modell CR-V dunkelblaumetallic, stammten. Besitzer natürlich unbekannt. Denn trotz der vielen Autos, die zeitgleich auf der Strecke unterwegs gewesen waren, hatte sich niemand das Nummernschild gemerkt.

Ein Zusammenhang mit den Mordfällen ließ sich nicht belegen. Doch es musste so sein. »Tot ist tot.« Drei Mal hatte ich diesen

Spruch mittlerweile gehört. Einmal in Nürnberg, ein zweites Mal auf meinem Anrufbeantworter und zum Schluss aus dem geifernden Schlund einer Racheengelvision in meinem Wohnzimmer.

Apropos Engel! Ich hatte doch eine Streife zur Brücke geschickt! Wo blieb der Bericht? Ich griff zum Telefonhörer. »Hallo Zentrale? Ich hatte heute Vormittag eine Streife zur Großhesseloher Brücke geordert. Wo bleibt die Meldung? Verbinden Sie mich bitte sofort mit dem zuständigen Beamten.«

Ein kurzes Knacken, zwei Rufzeichen, dann nahm jemand ab. »Willi Becker.«

»Hier Kriminalkommissarin Marie Martius.«

»Martius. Haben Sie uns diese sinnlose Gebirgswanderung eingebrockt? Da war weder ein Selbstmordkandidat auf der Brücke noch eine Leiche zu finden. Außer den üblichen Spuren wie alten Lagerfeuerkuhlen, leeren Bierflaschen und Müll gab's nix zu sehen. Gar nichts.«

»Aber …« Ich stockte.

Es hatte keinen Sinn. Tatsachen waren nun mal Tatsachen. Entweder nahmen die Horrorengel ihre Opfer mit ins Nirgendwo oder das alles hatte nie stattgefunden.

Ich verabschiedete mich, bevor Willi weiter meckern konnte, und legte auf. Wäre ich ihm mit der Story über die Himmelswesen gekommen, hätte ich im nächsten Moment die interne Abteilung und eine Prüfung meiner geistigen Gesundheit am Hals gehabt. Und womöglich war das auch nötig.

Aber um mir darüber klar zu werden, brauchte ich mehr Informationen über solcherlei Wesen und diesen ganzen übernatürlichen Kram. Wie viel davon war bloßes Märchen? Und was beruhte womöglich auf einem wahren Kern?

Im Haus der Thalhammers hatte dieses Buch über die Hierarchien der Engel gelegen. Aber galt das als ernstzunehmende Quelle?

Ohne fundierte Kenntnisse in diesem Forschungsbereich war ich aufgeschmissen.

Daher beschloss ich, das Thema im Schnelldurchlauf zu vertiefen und tippte *Engel* in das Suchfeld des Internetbrowsers. Parallel nutzte ich das polizeiinterne Netzwerk und initiierte einen Scann innerhalb der Verbrechenskartei. Vielleicht existierten weitere Fälle, in denen Engel eine Rolle spielten oder solche, bei denen Morde im Zusammenhang mit Religion standen.

Wenn Patrik die Wahrheit gesagt hatte, dann gab es im Hintergrund eine riesige, gut organisierte Tötungsmaschinerie. Eine Engelsarmee, die Sünder bestrafte. Wie bei einer wahrgewordenen Apokalypse! Denn wer auf dieser Welt konnte heute noch von sich behaupten, ohne Sünde zu leben? Sogar Kinder wie Emilia wurden offensichtlich nicht verschont. Patrik hatte mich mehrfach gewarnt. Doch ich hatte es einfach nicht wahrhaben wollen. Bis jetzt.

Den Nachmittag verbrachte ich damit, Dutzende Seiten über Gott, Teufel und Engel zu lesen, die Verbrechenskartei mit immer neuen Schlagwortfiltern zu füttern und anschließend in den online zugänglichen Zeitungsarchiven nach passenden Meldungen zu stöbern.

Die Fülle an Belegen für die Existenz der geflügelten Fantasiegestalten war erstaunlich. Engel, die man in der heutigen Gesellschaft zuhauf veralbert und verniedlicht in Werbespots, auf Plakaten oder als Geschenkartikel präsentiert bekam, beschäftigten ganze Staffeln an Historikern, Theologen und anderen Fachtheoretikern.

Auch der Vatikan nahm sich des Themas mit äußerster Ernsthaftigkeit an. Es gab eine eigene Vereinigung namens *Opus Angelorum*, die sich die Annäherung von Menschen und Engeln zur Aufgabe gemacht hatte. Diese Bruderschaft stützte sich auf die Offenbarung der als *Mutter* verehrten Gabriele Bitterlich, die laut Aufzeichnungen bereits im Alter von vier Jahren ihren Schutzengel gesehen und bis zu ihrem Tod im Jahre 1978 ein achtzigtausend Seiten umfassendes Werk über die erhaltenen Offenbarungen verfasst hatte – das sogenannte *Engelwerk*.

Nachdem die Vereinigung mit dem wiederbelebten Orden der *Regularkantoniker vom Heiligen Kreuz* zusammengelegt worden war, wurde der Verbund ein Jahr später vom Papst offiziell bestätigt und mit der Interpretation des *Engelwerks* beauftragt.

In der übrigen Welt war das *Opus Angelorum* umstritten. Als geheimbündlerisch und sektenhaft wurde die Gruppierung bezeichnet. Speziell die Weihe der neuen Anhänger hatte vor ihrer Reformation im Jahr 2000 den Ruf gehabt, extrem fanatisch und sexualmoralisch geprägt gewesen zu sein.

War es möglich, dass Patrik ein Anhänger dieser Gruppe war? Je mehr ich las, umso deutlicher wurde mir bewusst, wie klischeehaft und beschränkt mein Wissen über all das war. Was in meiner Vorstellung als überirdisch schönes Wesen in weißem Kleid und mit Flügeln durch den Himmel schwebte, wurde in der Bibel sehr viel differenzierter und gewaltiger beschrieben. Da spie der Himmel Feuer, wenn ein Cherubim als Wächter des Paradieses und Träger des Gottesthrons durch die Wolken brach. Ein Wesen mit vier, zum Teil tierischen, Gesichtern, mit vier Flügeln und kupferfarbenen Stierfüßen. Ein Seraphim dagegen besaß drei Flügelpaare, während die bekannteren Erzengel meist in gewöhnlicher Menschengestalt dargestellt wurden.

Überhaupt gab es eine Vielzahl an Engelbezeichnungen in der Hierarchie. Drei sogenannten Triaden standen zwischen Gott und dem Menschen. Die Spitze der Reihe bildeten die Engelschöre, bestehend aus Cherubim, Seraphim und Throne. Darauf folgten die Herrschaften, Mächte und Gewalten, so etwas wie die Verwalter und Auftraggeber für die unterste Engelsschicht. Diese wiederum teilten sich in Fürsten, Erzengel und gewöhnliche Engel, die sich uns Menschen als Boten, Retter und Vollstrecker zeigten.

Die bekanntesten und in der Bibel namentlich erwähnten Erzengel waren Gabriel, Michael und Raphael. Erst Amadeus Menez de Silva, ein Mönch des 15. Jahrhunderts, benannte nach einer Offenbarung weitere Erzengel: Uriel, Jehudiel, Brachiel und Sealtiel. Doch obwohl diese vier Erzengel einige Jahre später auch auf einem alten, durch Renovierungsarbeiten freigelegten Fresko gefunden wurden, waren nur die ersten drei vom Vatikan offiziell anerkannt und durch mehrere Schriften bestätigt worden.

»Sie sind offiziell anerkannt«, wiederholte ich, um mir die Bedeutung dieser Worte vor Augen zu führen. Ob das auch für das Monster aus meiner Wohnung galt? Konnten Engel durch kleine, freche Jungs sprechen und ihre Drohungen auf einem Anrufbeantworter hinterlassen?

Ich stutzte. Der Anrufbeantworter, natürlich! Die Worte mussten noch gespeichert sein! Ich spürte Euphorie den Rücken hinaufkrabbeln und in meinem Nacken tanzen. Vielleicht würde ich dem Rätsel auf die Spur kommen, wenn ich die Stimme analysieren ließ.

Doch auf die Freude folgte prompt Ernüchterung. Die Wahrscheinlichkeit, dass das Gerät bei der Randale in meiner Wohnung heil geblieben war, ging gegen Null. Warum hatte ich das verdammte Ding nicht sofort untersuchen lassen! Ich sprang auf. *Vielleicht habe ich ja ausnahmsweise mal Glück und das Ding ist noch zu gebrauchen.*

Oder sollte ich die Einladung des Center Chefs annehmen und Panzotti in Bezug auf Patriks Anschuldigungen auf den Zahn fühlen? Es gab zwar keine Beweise für eine direkte Verstrickung des Centers in den Fall, aber Abeba Habib hatte immerhin mehrfach an den Seminaren teilgenommen. Auch wenn dies mehrere Monate zurück lag.

Weder die Recherche bei Panzotti noch die in der Kirche hatte bisher ein Mordmotiv zutage gefördert. War Habib aus unerklärlichen Gründen Amok gelaufen? Und was war mit den Thalhammers?

Vielleicht war der grausame Tod ihrer Tochter einfach zu viel für sie gewesen? Oder war Wahnsinn ansteckend?

Ich öffnete erneut die Werbemail. Noch konnte ich rechtzeitig zum Veranstaltungsbeginn um sieben in Riem sein. Ich horchte in mich hinein und tippte dann entschlossen eine Absage. Der Anrufbeantworter war wichtiger.

Als ich bereits im Gang stand, rief Haller mich in sein Büro. Also machte ich kehrt, sammelte alle bearbeiteten Papiere zusammen, legte sie ihm auf den Tisch und erwartete gleichmütig seine Standpauke. Doch die blieb aus. Statt mich zusammenzustauchen, blätterte der Hauptkommissar in den vorgelegten Papieren und bat mich, Platz zu nehmen.

»Martius«, begann er und atmete einmal laut ein und aus. »Martius, ich mache mir Sorgen um Sie. Sie haben in letzter Zeit Ihre Pflichten ungewöhnlich oft vernachlässigt.«

Uwe, du Mistkerl, ging es mir durch den Kopf. Doch ich schwieg und ließ Haller reden.

»Ich weiß, was ich gesagt habe und dass Ihnen dieser Fall wichtig ist. Aber es geht hier nicht um persönliche Gefühle, sondern um zwei Morde, die möglichst rasch und effizient aufgeklärt und abgeschlossen werden sollten.«

Seine ganze Körperhaltung verriet, dass er mir etwas äußerst Unangenehmes zu sagen hatte. Doch ich würde den Teufel tun und ihm die Sache leicht machen. Stattdessen verschränkte ich die Arme vor meiner Brust und blickte ihm mit eisiger Mine entgegen. *Gleich sagt er mir, dass er den Fall an dieses Wiesel Uwe und sein feiges Frettchen Persbach weitergeben will, weil ich zum dritten Mal versagt habe.*

»Ich kenne die Akte Ihrer Eltern …«, setzte der Hauptkommissar erneut an, »… und bin zu dem Schluss gekommen, dass die Situation für Sie allein zu belastend ist.«

»Ach, Sie kennen also die Akte«, platzte es aus mir heraus. »Nur mir enthält man sie weiterhin vor!«

Dass ich die Unterlagen bisher auch nicht hatte sehen wollen, war in diesem Moment egal. Ich war so wütend. Auf Haller, meine Kollegen, Daniel, meine Eltern, einfach auf alle.

»Wem haben Sie sie noch gezeigt? Kornzwiller? Persbach? Dem ganzen Revier?«, fragte ich und packte die Schreibtischplatte so fest, als könnte ich die Antwort aus ihr herauspressen.

Haller dagegen blieb ruhig. »Uwe hat im Archiv auf eigene Faust nach ähnlichen Fällen recherchiert und ist dabei ganz von selbst auf die Akte gestoßen. Er war es, der mich auf die psychische Belastung für Sie aufmerksam gemacht und mich um mehr Verständnis gebeten hat.«

Ich schluckte. Schluckte meine Fassungslosigkeit über Uwes Guerillataktik hinunter. Er musste bei seinen Nachforschungen weit zurückgegangen sein. Sehr weit. Auch ich hatte nach ähnlichen Fällen gesucht, aber nicht bis in meine eigene Kindheit hinein.

Der Hauptkommissar sah mich durchdringend an. »Daher habe ich mich dazu entschlossen, Ihnen Kornzwiller an die Seite zu stellen. Er und Persbach sitzen im Moment an keinem besonders kniffligen Fall. Den kann Herbert gut allein abschließen.«

Ohne meine Reaktion abzuwarten, stand Haller auf, ging um den Tisch herum und klopfte mir väterlich auf die Schulter. »Das ist das Beste, Marie, glauben Sie mir.«

Ich blinzelte. Hatte Kornzwiller das alles kommen sehen? Hatte er die ganze Zeit darauf hingearbeitet? War er deshalb so ungewohnt freundschaftlich gewesen? Ich verzog angewidert das Gesicht. *So ein hinterhältiger Dreckskerl!*

Bebend vor Wut und Enttäuschung sprang ich auf und rannte aus der Tür geradewegs auf meinen neuen Partner zu.

»Du denkst, du könntest dich so einfach in meine Arbeit hineindrängeln und mir mit ein paar freundlichen Worten den Fall streitig machen? Nicht mit mir! Du Verräter! Folge mir, wenn du kannst, aber glaub ja nicht, dass ich auf dich warte!«, schrie ich ihm entgegen, marschierte an ihm vorbei in mein Büro, packte meine Jacke und hetzte runter zum Auto. Der Motor heulte auf, als ich den Schalthebel mit Gewalt in den ersten Gang zwang und lospreschte.

Ich war so naiv gewesen! So verdammt naiv! Ich hatte tatsächlich geglaubt, Uwes neue fürsorgliche Seite wäre echter Zuneigung für mich entsprungen. So viel Leichtgläubigkeit war mehr als die Polizei erlaubte!

Ich hatte mich von diesem religiösen Kram viel zu sehr ablenken lassen, während Uwe Kornzwiller kaltblütig an einem weiteren Stuhlbein für meinen Untergang gesägt hatte. Als Frau war ich in seinen Augen doch bloß ein amüsanter Spielball. Er und all die anderen Männer in meinem Leben scherten sich nicht um Gefühle. Sie wollten besitzen – besitzen und herrschen.

Aber das konnte ich auch! Warum sollte ich wie ein begossener Pudel allein im Hotelzimmer hocken? Der Tag war noch lange nicht zu Ende. Und deshalb würde ich mir diesen Panzotti vorknöpfen. Patrik hatte unmissverständlich klargemacht, dass in dieser Einrichtung etwas vor sich ging. Und ich würde herausfinden, was das war.

Knapp vor dem Leuchtenbergring bremste ich ab, zog den Wagen nach rechts auf die Abbiegerspur und gab Gas. Ich hatte Alicia per E-Mail abgesagt und würde es nicht mehr rechtzeitig zur Informationsveranstaltung schaffen, aber das würde einen Mann wie Panzotti nicht davon abhalten, einen vergnüglichen Abend mit mir zu verbringen. Und genau den würde ich ihm versprechen.

Ein Telefonat und weitere zwanzig Minuten später stand ich in der Eingangshalle des Medial Care Centers und wartete auf meine Verabredung.

Und dann kam er. Der Herrscher über seine armen verlorenen Seelen. Panzotti persönlich. »Frau Martius, was für eine wundervolle Überraschung!«

Als Pfau hätten seine Schwanzfedern wohl den gesamten Raum eingenommen, so wie er sich in seinem maßgeschneiderten Anzug und den polierten Lederschuhen präsentierte.

»Müssen Sie nicht auf dem Podium stehen und mit Ihrem Charme die Massen bezirzen?«, gab ich mit gespieltem Erstaunen zurück.

»Wer sagt, dass ich das nicht auch getan habe, bis ich von Ihrer Ankunft erfuhr?« Seine Stimme klang, als wäre sie aus zuckersüßen Honigfäden gesponnen und sein einnehmendes Lächeln trieb mir gegen meinen Willen die Hitze in die Wangen. Wie alt war ich? Hormongesteuerte siebzehn?

»Was für eine schreckliche Vorstellung, dass all jene, die nach Erleuchtung streben, nun im Saal warten, während ich Sie ganz für mich allein habe.«

Panzotti kam auf mich zu, ergriff forsch meine Hand, zog sie zu sich heran und hauchte einen Kuss auf die Innenseite. »Keine Sorge, meine Liebe. Israfil wird mich wie immer hervorragend vertreten.«

»Israfil?«

»Mein medialer Berater und meine vertrauensvolle rechte Hand. Ein Mann mit außerordentlichen Talenten, den Sie unbedingt kennenlernen sollten. Doch heute habe ich Ihnen ein Abendessen versprochen«, antwortete der Center Chef, ging einen Schritt zurück, ohne meine Hand loszulassen, und blickte langsam an mir hinab und wieder hinauf.

Erst jetzt wurde mir bewusst, dass ich mir weder die Haare zurechtgemacht noch mich für einen eleganten Restaurantbesuch gekleidet hatte. Die leichte Röte wandelte sich in glühende Scham. Am liebsten wäre ich in einer Erdspalte versunken oder von einem Blitz erschlagen worden.

So selbstvergessen, wie ich den Tag über gewesen war, stand ich diesem Pfau in dunkelbraunen Dockers, einer abgetragenen Jeanshose, einer zerknitterten, weißen Bluse und einer abgewetzten, braunen Jeansjacke gegenüber und musste auf ihn so attraktiv wie ein zotteliger Muli wirken.

»Ich … mir«, begann ich mit einem Erklärungsversuch.

Doch Panzotti ließ mir dafür keine Zeit. »Sie sehen wundervoll natürlich aus, Marie. Ich darf Sie doch Marie nennen?«

Ich nickte erleichtert. Dieser Kerl war so von sich und seinem Charme überzeugt, dass ich mir trotz meines Auftretens gute Chancen für mein Vorhaben ausrechnete.

»Am besten, wir passen uns der Situation an und verbringen einen leger gestalteten Abend in meiner Privatvilla. Ich habe exzellente Weine im Keller und verspreche, dass Sie auch dort nicht verhungern werden. Margarete, meine Haushälterin, ist eine fabelhafte Köchin.« Er zwinkerte verschwörerisch. »Also was sagen Sie? Darf ich Sie für ein paar Stunden in mein Reich entführen?«

Du kennst ihn zu wenig. Denk an die Ermittlungen. Allein mit ihm, das ist ein zu großes Risiko, ging es mir durch den Kopf. Andererseits war da ja noch seine Haushälterin. Warum sollte ich mich also nicht verwöhnen lassen und dabei ein bisschen ermitteln? Ich würde *ihn* trinken lassen und mich selbst zurückhalten.

»Mit dem größten Vergnügen«, sagte ich und schob gleich noch ein »Aber …« hinterher.

Panzotti hob die Brauen. »Ja?«

»Aber ich muss darauf bestehen, mit meinem eigenen Wagen in die Höhle des Löwen zu fahren«, fügte ich verschmitzt lächelnd hinzu.

Panzotti grinste. »Das bleibt ganz Ihnen überlassen.«

Wenige Minuten später folgte ich einer schwarzen Mercedes Limousine. Wir fuhren durch die Stadt in den Nordwesten von München. Denselben Weg, den ich neulich mit Patrik gefahren war, durch Harlaching, am Biergarten vorbei, weiter die Hauptstraße entlang Richtung Grünwald.

Für einen kurzen Moment hatte ich Sorge, er würde in die kleine Seitenstraße abbiegen, die zur Großhesseloher Brücke führte, doch die Abzweigung kam und der Mercedes glitt ungeachtet daran vorbei.

Bilder der gepeinigten Obdachlosen drängten sich in mein Bewusstsein. *Das war nicht wirklich! Keine Leichen. Keine Engel.*

Oder hatte ich das Wichtigste bisher überlesen? Was genau taten denn die Cherubim, Seraphim und anderen Engelvarianten auf der Erde? Gehörte Luzifer auch dazu? Wie wirkte sich das aus, wenn er sein Opfer in die Hölle fahren ließ? Wonach hatte ich zu suchen? Blieb eine Leiche oder nur ein Aschehäufchen, das kaum von den Resten einer Feuerstelle zu unterscheiden war? Das würde ich morgen klären müssen. Heute war Panzotti mein Fahndungsziel.

Als wir Münchens Nobelvorort erreichten, war ich ehrlich beeindruckt. Hier lebte die Prominenz. Häuser und Gärten waren von hohen Mauern umgeben. Hinter kameraüberwachten Gittertoren lagen prachtvolle Villen – manche im Barockstil, andere als modernes geometrisches Kunstobjekt. Der alte Baumbestand in den großzügig angelegten Parkanlagen machte dem Ortsnamen alle Ehre. Ein Idyll, so grün und ruhig, wie man es sich nur wünschen konnte.

Panzottis Mercedes hielt schließlich vor einer Auffahrt, die von zwei, auf Sockeln sitzenden, klischeehaften steinernen Löwen bewacht wurde. *Wusste ich es doch.* Wie von Zauberhand schwang das bronzefarbene Tor auf und gab den Weg auf ein weitläufiges Grundstück frei. Die schwarze Limousine hielt am Ende des Schotterwegs, Panzotti stieg aus und bedeutete mir, meinen BMW dahinter zu parken.

Als ich ausstieg, nahm ich aus den Augenwinkeln wahr, wie sich das Tor bereits wieder schloss. Damit war mein Plan, mir einen Fluchtweg freizuhalten, dahin. Aber davon würde ich mich nicht einschüchtern lassen.

Der überdachte Eingang zur Villa war wenige Schritte entfernt und ebenso wie die Auffahrt durch kleine Laternen erleuchtet. Bernsteinfarbener Marmor schmückte die Stufen hinauf zur Haustür.

»Willkommen in meinem bescheidenen Heim«, begrüßte mich Panzotti mit einer ausladenden Geste.

»Ich fürchte, ich habe eine grundverschiedene Interpretation des Wörtchens *bescheiden* in meinem Vokabular abgespeichert«, gab ich amüsiert zurück.

Ohne dass jemand geklingelt hätte, öffnete eine junge, gut gekleidete Dame die Tür. Sie sah weniger wie eine Haushälterin, sondern eher wie eine Sekretärin aus. Genau wie Alicia aus dem Medial Care Center trug sie ein eng geschnittenes Kostüm, nur dass ihres in einem kräftigen Gelb gehalten war.

Darin kann man doch nicht putzen, geschweige denn kochen, ging es mir spontan durch den Kopf.

Doch Panzotti ließ mir keine Zeit, weiter darüber nachzudenken. »Kommen Sie, folgen Sie mir in den Salon, Marie.«

Nachdem ich hinter ihm eingetreten war, verschlug mir die Pracht der Räumlichkeiten den Atem. Die Eingangshalle war mehr als großzügig proportioniert, eine hohe Decke schwebte, verziert mit zarten, in Naturtönen gehaltenen Mosaiken, wie ein antiker Sagenhimmel über den teils rustikalen, teils exotischen Einrichtungsgegenständen.

Mein Gastgeber führte mich durch einen langen Flur, in dem in mehreren Glasvitrinen kleinere Gegenstände und Insekten ausgestellt waren. Dann folgte eine kurze Treppe, die uns in ein riesiges Wohnzimmer führte. Den Mittelpunkt bildete eine lederne Sitzecke mit Couchtisch und dem obligatorischen prasselnden Kamin. Zwei hohe schlanke Holzskulpturen standen an den Seiten wie ein Paar bemalter Dschungelkrieger. Der Fußboden war aus glitzerndem, schwarzem Granit gefertigt. Wandteppiche und Gemälde mit massiven Goldrahmen zeigten historische Abbildungen wilder Tiere und andere afrikanische Naturszenerien.

Auch wenn ich keine karge oder übertrieben frömmelnde Möblierung erwartet hatte, so war ich dennoch erstaunt über diese geradezu überladene Fülle heidnischer Reliquien. War Panzottis Medial Care Center also nur ein Geschäft, sein Gerede über Erleuchtung nur eine Farce? Natürlich, was auch sonst. Bei all dem heiligen Schein hatte ich ganz vergessen, dass er nicht nur Besitzer des Centers, sondern auch Eigentümer des Puffs unter demselben Dach war.

Was mich dagegen stutzig machte, war der festlich gedeckte Tisch im vorderen Teil des Zimmers. Hatte Panzotti das Essen von Anfang an in seiner Villa geplant? Auch wenn er aus dem Auto angerufen hatte, erschien mir diese perfekt gestaltete Tafel wie Zauberei.

Panzotti, der mir meine Gedanken offenbar am Mienenspiel abgelesen hatte, beteuerte sofort, dass dies nur eine Option von vielen gewesen war und entschuldigte sich im gleichen Atemzug dafür, dass das Gedeck-Arrangement nicht auf mein extravagantes Äußeres abgestimmt sei.

So durchschaubar seine Worte auch sein mochten, sie wirkten wohltuend. Als Gentleman rückte er einen Stuhl zurecht und bat mich, Platz zu nehmen. Fast hätte ich erwartet, dass er in die Hände klatschte, damit sich die Tafel von selbst mit Köstlichkeiten füllte. Stattdessen öffnete sich eine in die Wand eingelassene, rahmenlose Tür und die junge Frau, die ich für Margarete hielt, tauchte auf. Statt einer Vorspeise brachte sie den versprochenen Wein.

»Ich hoffe, Sie mögen die südafrikanischen Sorten?«, fragte Panzotti, während er sich bereits daranmachte, die Flasche zu entkorken.

»Auch wenn es Sie angesichts meines majestätischen Auftretens überraschen mag, bin ich keine nennenswerte Kennerin in diesem Bereich«, führte ich unser kleines Spielchen weiter. »Aber einem edlen Tropfen werde ich sicherlich nicht die kalte Schulter zeigen.«

Die Flasche in der Hand, wanderte sein Blick während des Einschenkens zu mir. »Dann lassen Sie mich Ihr Wein sein, Marie. Lassen Sie mich Ihre Lippen benetzen, Ihren Körper im Rausch durchfluten und Ihre Sinne vernebeln.«

Amüsiert von seiner Direktheit und der doch recht schwülstigen Ausdrucksweise, wich ich seinem eindringlichen Blick aus, schaute auf den Platzteller und verkniff mir nur mühsam ein Glucksen. »Wollen Sie mich in Verlegenheit bringen?«

»Bitte, nennen Sie mich Alexandro, Marie.« Als ich nicht weiter darauf einging, hob er sein Glas und prostete mir zu. »Auf einen unvergesslichen Abend.«

»Auf Ihr Wohl, Alexandro«, erwiderte ich mit einem bemühten Lächeln. Denn auch wenn ich nicht vorhatte, sein nächstes Betthäschen zu werden, wollte ich ihn auch nicht vor den Kopf stoßen. Immerhin sollte er plaudern und sich dabei womöglich verplappern. Doch dafür würde es weit mehr als nur einen Schluck zum Zuprosten benötigen.

Beim anschließenden Vier-Gänge-Menü spielte ich das Theater weiter mit, interessierte mich für seine exotischen Kunstwerke, ließ mir Geschichten über Kultur und Tradition der verschiedenen afrikanischen Stämme erzählen und streute beiläufig Fragen über das Center ein.

Dabei entpuppte sich Panzotti als wahrer Afrika-Experte. Er berichtete von großen Kulturen zwischen Steppe und Dschungel und zauberte blutige Kriege auf die Leinwand meiner Vorstellungskraft. Ganze Königreiche vergingen, um mit neuer Führung aus den Trümmern aufzuerstehen.

»Stimmt es, dass sich das afrikanische Volk als Urchristen betrachtet?«, warf ich aufs Geratewohl eine Frage ein.

Er lachte. »Wissen Sie überhaupt, wie unglaublich groß und vielseitig dieser Kontinent ist? Es gibt nicht *den* afrikanischen Menschen. Es gibt die Katholiken, die Islamiten im Norden, Juden, Orthodoxe, Voodooanhänger und noch einiges mehr. Jede dieser Glaubensrichtungen hat seine Berechtigung.«

»Woher wissen Sie das alles? Da steckt doch mehr als reine Liebhaberei dahinter. Oder, Alexandro?«

Sein Lächeln hatte etwas Triumphierendes an sich. »Sie haben recht. Ich bin ein Kind des schwarzen Kontinents.«

Das war immerhin schon mal ein interessanter Ansatzpunkt. Auch wenn es deshalb noch keine Verbindung zu meinen Mordfällen gab. Nur zu einem der Täter … oder Opfer.

»Sie stecken voller Überraschungen«, erwiderte ich mit möglichst viel Bewunderung in der Stimme.

Doch statt weiter zu reden, stierte Panzotti ernst geworden in sein Weinglas. »In dieser Welt gibt es weit mehr, als der ach so zivilisierte Menschen glauben will«, antwortete er und setzte nach einem tiefen Schluck nach: »Im Guten, wie im Bösen.«

»Wollen Sie das den Seminarteilnehmenden im Center vermitteln?«

Sein Blick ruckte hoch und fixierte mich – erst prüfend, dann amüsiert. »Um den Geist von seiner Beschränktheit zu befreien, bedarf es mehr als bloßen Puppenzaubers. Ich bin seit meinem fünfzehnten Lebensjahr in Deutschland, habe mich angepasst und lebe gern hier. Doch mein Herz hört immer noch den Ruf der Heimat.«

Seine Verwurzelung spiegelte sich nicht nur an den Wänden und in den umstehenden Skulpturen wider, sondern viel stärker noch in ihm selbst. Verlieh ihm das diese beeindruckende Präsenz, dieses unbändige Selbstbewusstsein und die unnachgiebige Zielstrebigkeit?

Längst waren wir von einem trockenen Weißwein zu einem vollmundigen Roten gewechselt und machten es uns nach dem Dessert auf der Couch vor dem Kamin gemütlich. Wie geplant hielt ich mich zurück, wenn mein Gastgeber das Glas erhob. Dennoch schwand meine Disziplin zusehends, während der Abend in die Nacht überging. Ich schwebte hinein in eine andere, mit Worten gezeichnete Welt.

Je länger Panzotti redete, umso mehr sprang der Funke über. Ich spürte seine Faszination geradezu körperlich. Jedes seiner Worte entfachte meine Begierde. Eifersüchtig buhlte ich um den Glanz in seinen Augen. Nur für mich sollten sie strahlen, nicht für die Schönheit dieses Kontinents. Ich suchte seine Aufmerksamkeit, warb durch kleine Gesten um ihn und lockte mit unzüchtiger Verheißung in meinem Blick.

Eine Taktik, die nicht lange unbeantwortet blieb. Panzotti konzentrierte seine Anstrengungen darauf, Zentimeter um Zentimeter näher zu rücken. Er berührte mich wie zufällig und flüsterte dabei mit heißen Lippen in mein Ohr. Schwüre der Sinnlichkeit. Wortgewordene Vorboten der Ekstase.

Mein Geist zerfloss, wurde fortgespült und ließ mich steuerlos in einem tosenden Meer zurück. Mit geschlossenen Augen aalte ich mich in einem Gefühl des Sieges. Gleichzeitig wollte ich mich ihm hingeben, hier und jetzt.

Als ich das nächste Mal etwas wahrnahm, sah ich wie durch Nebelschleier einen Fremden im Zimmer stehen. Er schien mit Panzotti zu streiten. Sie standen sich gegenüber, rissen die Mäuler auf, wie zwei zähnefletschende Hyänen. Doch die Worte perlten an der Dunstglocke um mich herum ab, ohne zu mir durchzudringen.

Woher kam dieser Mann? Wer war er? Was wollte er? Mein Verstand versuchte in Gang zu kommen, doch die Fragen zerplatzten unbeantwortet und unreflektiert wie Seifenblasen. Eine nie gekannte Stumpfheit bemächtigte sich meiner. Geradezu gelähmt saß ich da und betrachtete unbeteiligt das Geschehen.

Der Hahnenkampf wandelte sich vor meinen Augen in eine Art Vater-Sohn-Konflikt, bei dem der Fremde seine Hand erst tadelnd erhob, um sie dann wie ein Priester zur Vergebung auf die Schulter des Sünders sinken zu lassen. Panzotti beugte den Kopf – ein Junge, der seinen Fehler einsah und nickte. Dann folgte ein weiterer Szenenwechsel und ich wurde zum Zentrum des Geschehens.

Zwei giftgrüne Augen starrten mich an. Füllten mein Gesichtsfeld. Geflüsterte Worte bedrängten mich. Kämpften sich in meinen Geist, um ihn zu unterjochen. Doch kannten sie den Schlüssel?

Ich spürte starke Hände, die mich zurück an den Esstisch schleppten. Grelles Licht traf meine Augen. Ich wollte mich wegdrehen. Doch sie hielten mein Haupt wie Schraubzwingen in Position. Ich begann Sterne zu sehen. Gefolgt von klebriger Schwärze, die sich an mich schmiegte. Ich schrie vor Angst, doch meine Lippen bewegten sich nicht.

Der Luftzug gewaltiger Flügel streifte mein Haar. Schatten kreisten um das restliche weiße Licht vor meinen Augen. Und mit jedem meiner rasenden Herzschläge stieg meine Panik an.

Ich zitterte, wand mich und konnte doch nicht fort. Ich schwitzte und fror gleichzeitig, während ich gehetzt nach den Racheengeln

Ausschau hielt. Schier wahnsinnig und gleichzeitig durchdrungen von der Angst vor dem Wahn.

Dann, als hätte mich jemand mit einem Fingerschnipsen aus der Starre erweckt, sprang ich auf, drehte mich im Kreis, griff dabei nach einem der Kerzenleuchter auf dem Tisch und prügelte auf die Monster um mich herum ein. Wieder und wieder schlug ich zu. Wütete wie eine Bestie. Hämmerte auf die dämonischen Schatten und todbringenden Wesen ein.

Ein Klirren ertönte. Das gleißende Licht erlosch und ich floh. Raus aus diesem Hort der Dunkelheit.

Doch noch bevor ich die Tür in die Freiheit erreichte, schwanden mir die Sinne. Kraftlos sackte ich zu Boden und die Welt versank in einem Kissen aus schwarz.

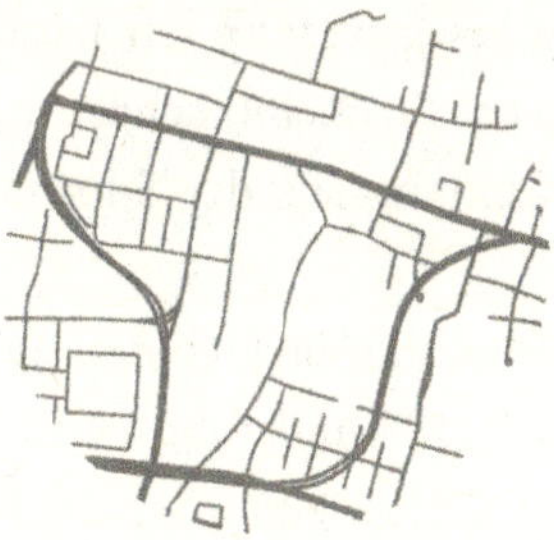

KAPITEL 17

Punkt sechs Uhr morgens zerrte mich die Weckfunktion meines Handys unerbittlich in die Realität zurück. Als ich die Augen öffnete, füllte dröhnender Kopfschmerz meinen Schädel. Ich richtete mich auf, würgte und schmeckte Galle. Mein Kreislauf war am Boden. Mit halb geschlossenen Lidern tappte ich in das Hotelbadezimmer und kniete mich vor die Toilette. Gerade rechtzeitig, bevor ein Krampf meine Eingeweide schüttelte. Ich spie. Wein, Fisch, Fleisch und Kartoffelgratin gingen den Weg die Speiseröhre entlang zurück und endeten als stinkender Brei in der Schüssel.

Himmel, hilf mir! Ich krümmte mich auf dem gefliesten Boden zusammen, fühlte mich wie von innen ausgeschabt und wünschte mir den Schlaf zurück. Doch stattdessen kam die Erinnerung.

War das gestern Abend wirklich ich gewesen? Hatte ich mich tatsächlich einem Puffbesitzer an den Hals geworfen? Ich versuchte den Erinnerungsfetzen eine Ordnung zu geben, als ein weiterer Krampf meinen Körper in die Knie zwang. Minuten vergingen, bis ich mich zum Waschbecken hochzog, mir zitternd das Gesicht mit kaltem Wasser wusch, mir die Zähne putzte und eine doppelte Dosis Schmerztabletten schluckte.

Was war gestern los gewesen? Ich hatte doch höchstens drei Gläser Wein getrunken. Grübelnd schlich ich zurück ins Zimmer, nahm mir frische Kleidung aus der Sporttasche und quälte mich hinein.

Statt des Hotelfrühstücks ging ich raus auf die Straße, hielt Ausschau nach meinem BMW und fuhr zur nächsten Burger-Fabrik. Dort bestellte ich ein XXL-Menü mit extra Kaffee und setzte mich vorsichtshalber an einen Tisch nahe der Tür.

Der erste Bissen versetzte meinem Magen einen Schock und trieb mir den Schweiß auf die Stirn. Trotzdem kaute ich tapfer weiter und schob ein paar Pommes zusammen mit einem Schluck Cola hinterher. Eine Radikalkur, die mir in den letzten Jahren immer gute Dienste geleistet hatte. Und auch diesmal überzeugte ich meinen Körper, die Motoren anzuwerfen und mein Gehirn mit neuer Energie zu versorgen.

Zeit für ein schonungsloses Resümee des gestrigen Tages. Ich ging in meiner Erinnerung zurück zu dem Krach mit Haller. Seine Idee, mir Kornzwiller an die Seite zu stellen, und der offensichtliche Verrat hatten mich so wütend gemacht, dass ich gegen jede Vernunft doch zum Center gefahren war. Allein.

Dort hatte ich den zweiten Fehler begangen und war zu einem potenziellen Verdächtigen nach Hause gegangen. Und zu guter Letzt hatte ich mich dort offenbar auch noch verführen lassen, bis …

Hier verloren meine Erinnerungen an Schärfe. Was genau war dann geschehen? Warum war ich so betrunken gewesen? Panzottis Worte, die mich gestern in solche Erregung versetzt hatten, kamen mir nüchtern betrachtet flach und abgedroschen vor. Welcher Teufel hatte mich geritten, mich derart gehen zu lassen? Ratlos rieb ich mir das Gesicht und meinen Nacken, biss erneut von meinem Burger ab und nippte am Kaffee.

Natürlich hatte Hallers Weisung mich aufgebracht. Trotzdem erschien mir das Ganze unverhältnismäßig. Wie weit war ich gegangen? Hatte ich mit Panzotti geschlafen? Und wie war ich zurück ins Hotel gekommen? Der BMW hatte immerhin vor der Tür gestanden und unversehrt gewirkt.

Ich versuchte, die fehlenden Puzzlestücke auszugraben. Doch das Einzige, was sich in mir meldete, war Scham, das schreckliche Gefühl, benutzt worden zu sein, und ein Anflug schlechten Gewissens gegenüber Daniel.

Wie konnte ich nur so außer Kontrolle geraten! Auf Scham folgte Wut, bis mir die Tränen in die Augen stiegen. Mein Leben war ein Scherbenhaufen. *Ich* war ein Scherbenhaufen! Statt an meiner Karriere zu arbeiten, Fakten zu sichten und Fälle zu lösen, war ich das zweite Mal in einer Woche in die Arme eines Mannes gesunken und hatte leibhaftige Engel gesehen!

So konnte das nicht weitergehen. Ich brauchte Hilfe oder zumindest Rat. Kurz überlegte ich, ans Grab meiner Mutter zu fahren und um ihren Beistand zu bitten. Aber Feuer mit Feuer zu bekämpfen, war in den seltensten Fällen eine kluge Idee. Stattdessen entschied ich mich für eine realere Anlaufstelle. Auch wenn mein Großvater mich weder verstehen noch mir einen konkreten Ratschlag geben konnte, so würde er mich mit seiner harschen Art zumindest wieder in geordnete Bahnen zwingen. Ein strenger Blick. Ein erhobener Zeigefinger. Das reichte zumeist, damit ich die Hacken zusammenschlug und strammstand.

Oder sollte ich zu Binding, meiner Therapeutin, gehen? Doch die Angst, sie könnte Haller meine Suspendierung empfehlen, war zu groß. Also kaute ich zu Ende, räumte die Reste meines Frühstücks in den Müll, ging zum Wagen und wollte mich gerade auf den Weg ins Pflegeheim machen, als mein Handy klingelte.

»Martius, wo, zum Donnerwetter, stecken Sie! Spätestens in zehn Minuten will ich Sie in Ihrem Büro sitzen und arbeiten sehen, oder Sie sind noch viel mehr als nur den Fall los!« Hallers Stimme dröhnte wie ein Gewittersturm aus der Hörmuschel.

»Bin unterwegs«, war alles, was ich nach einem Seufzen erwiderte.

Im Kommissariat angekommen, ignorierte ich Persbachs wenig wortgewandte Sticheleien, unterdrückte einen hasserfüllten Blick in Richtung Uwe und ging schnurstracks in mein Büro. Ich schloss die Tür und sank erschöpft auf den Schreibtischstuhl. Wie nur sollte ich den Tag lebendig überstehen? Am besten sparte ich mir meine Energie und setzte meine Recherchen am Computer fort.

Ich musste mehr über diese koptische Kirche, ihren Papst und seine Anhänger herausfinden. Ich fütterte die Suchmaschine mit immer neuen Schlagwortkombinationen, las eine Seite nach der anderen und stöberte in themenverwandten Foren. Das Ergebnis war immer das gleiche.

Der koptisch-orthodoxe Glaube war die vorherrschende Religion in Ägypten, sowie in einigen umliegenden Ländern, und bekam auch in Europa mehr und mehr Zulauf. Die Kirche stützte sich auf den Apostel Markus und sein Evangelium. Markus der Märtyrer war der erste Papst der Kopten gewesen und hatte seitdem in ungebrochener Folge 117 Nachfolger gehabt, die mehr oder weniger dafür gesorgt hatten, dass der Glaube überlebte, sich reformierte und ausbreitete. Im Gegensatz zum Katholizismus wurde die Einheit von Jesus als Mensch und Jesus als Gott proklamiert. Das bedeutete, dass auch der Mensch eine göttliche Seite in sich tragen musste.

Ich, ein Götterwesen? Eine bizarre Vorstellung, wenn man sie zu Ende dachte. Ich, eine Erschaffende? Herrscherin eines eigenen Universums? Dann war ich wahrlich eine unfähige Göttin. Chaos und Schmerzen hatte ich kreiert. Zweifel und Einsamkeit statt Glück und Liebe.

Die Kopten halten sich für Fremde auf dieser Erde und benennen den Himmel als ihre wahre Heimat. Dieser Satz beeindruckte mich jedes Mal aufs Neue. Genau das fühlte ich tief in meinem Herzen. Ich war eine Fremde auf diesem Planeten, zwischen all den Menschen, die so frei und unkontrolliert leben konnten, während ich tagaus, tagein einen Kampf gegen mich selbst führte.

Das Christentum mit seiner Strenge und Unbarmherzigkeit hatte mich nie erreicht. Glaube war in meinen Augen nur eine Rechtfertigkeit für die Flucht vor Verantwortung gewesen. Ein Geflecht aus starren Regeln und Riten, um die eigene Entscheidungsschwäche zu überdecken. Doch vielleicht hatte ich mich geirrt? Vielleicht bot mir die Kirche der Kopten das, was ich schon mein Leben lang suchte: das Gefühl, dazuzugehören.

Mit zunehmender Faszination durchstöberte ich die Informationsseiten, bis ich in einer Bildergalerie auf ein Foto stieß, das mich innehalten ließ.

Das koptische Kreuz, stand als Erklärung darunter. Eine Reliquie, die mir nicht unbekannt war. In Gedanken ging ich in die Nürnberger Kirche zurück, rief mir die Wohnungseinrichtung der Thalhammers ins Gedächtnis, suchte im Medial Care Center und in Panzottis Privatvilla danach. Überall waren Kreuze an den Wänden gewesen, doch dieses eine, das mir vorschwebte, gehörte in einen anderen Zusammenhang. Aber welchen?

Müde und immer noch verkatert lehnte ich mich in meinem Stuhl zurück und atmete ein paar Mal tief durch. Tausend Fragen türmten sich vor mir auf. Immer wieder Fragen und nie fand ich eine einfache und schnelle Antwort.

Um wieder auf Touren zu kommen, verließ ich meinen Arbeitskäfig für Koffeinnachschub.

»Und, Martius, brauchst du Hilfe beim Däumchendrehen?«, ertönte nach wenigen Schritten das unangenehme Organ von Herbert hinter mir.

»Spielst du für mich den Wachhund? Oder hast du Angst, allein zu sein, seit dir dein Herrchen untreu geworden ist?«, fragte ich zurück, ohne mich umzudrehen.

Ein Schnauben erklang und gleich darauf ein Zungenschnalzer aus der Küche. Uwe stand an die Arbeitsplatte gelehnt und streckte mir mit belustigter Miene die Thermoskanne entgegen. »Braucht das bärbeißige Monster Nachschub?«

Seine Fröhlichkeit reizte mich. Angriffslustig hob ich mein Kinn und hielt meine Tasse hin. Wenn er Streit suchte, den konnte er haben.

»Harte Nacht gehabt?«, fragte er.

Ich schwieg.

»Kann ich verstehen. Ich schlafe in Hotels grundsätzlich schlecht, ganz egal, ob es sich um eine Zwei- oder Fünf-Sterne-Klitsche handelt.«

Dummschwätzer, dachte ich und unterdrückte ein Gähnen.

»Erst der Unfall und dann ein Einbruch. Ich kann verstehen, dass dich das mitnimmt.«

Das reichte. »Wer sagt, dass mich das mitnimmt?«, keifte ich. »In Wahrheit bist du doch das Einzige, was mir hier in der Abteilung auf den Magen schlägt!«

Uwe hielt wie eingefroren, seine Tasse auf halbem Weg zum Mund, inne. »Was?«

»Glaub ja nicht, dass ich dir diesen Fall genauso kampflos überlasse wie die anderen beiden. Meine Karriere als Kommissarin steht auf dem Spiel. Also mach dich auf einen Kampf gefasst!«

Zitternd vor Wut und Enttäuschung marschierte ich zurück in mein Büro und knallte die Tür zu. Dieser Bastard verhöhnte mich auch noch! Sollte er nur! Ich würde beweisen, dass ich prima allein zurechtkam!

Brechen Sie aus, Marie. Das Leben besteht aus Erfahrung und Entwicklung. Trauen Sie sich, ihre Grenzen zu überschreiten, hatte die Therapeutin gesagt.

Und genau das hatte ich vor. Das erste Mal in meinem Leben wollte ich im tiefsten Sinne des Wortes *glauben* – an mich, an Gott und an seine Diener.

Über Engel und die Kopten hatte ich einiges erfahren. Wie stand es mit dem Teufel? Nach Patriks Ansicht war er der *wahre Freund des Menschen*. Was sagte die Bibel dazu?

Voller Eifer fuhr ich mit meiner Recherche fort und erweiterte die Suche.

Für die einen war er Luzifer, der in Ungnade gefallene Liebling Gottes, der vollkommenste aller Engel, der sich gegen seinen Vater aufgelehnt hatte. Der Engel, den Michael aus dem Himmel gestürzt hatte, um sich seinen Erzengelstatus zu verdienen. Luzifer wurde als Verführer beschrieben, als Lügner und Mörder.

In einem Auszug des Johannes Evangeliums, Kapitel 8,44 stand: *Wenn er lügt, sagt er das, was aus ihm selbst kommt, denn er ist ein Lügner und ist der Vater der Lüge.*

Aber hieß das verallgemeinert betrachtet nicht, dass alle eigenen Gedanken Lüge waren? Oder andersherum, dass nur das Wahrheit sein konnte, was ohne mein Zutun durch mich sprach?

Zum ersten Mal in meinem Leben ärgerte ich mich, keine Bibel in Reichweite zu haben. Andere Theologen argumentierten, dass die angeblichen Bibelstellen, die die These der Luzifer-Stürzung belegen sollten, ausschließlich von Königen sprachen, nie explizit von einem Engel. Als Beleg wurde angeführt, dass im Lukas Evangelium Satan zwar vom Himmel fällt, aber schon vorher mit einer, unter seinem Befehl stehenden, Schar Engel beschrieben wurde.

Als das herausragendste Beispiel für Luzifers Eigenständigkeit galt die *satanische Wette*, bei der Gott und er um die Sündlosigkeit Hiobs spielten. Auch hier stellte sich Satan nach Meinung einiger Theologen nicht als widergöttliche Macht dar, sondern als ebenbürtiger Partner. Als Gleichgestellter, nicht als dienender Engel.

Verschwieg uns die Kirche etwas Grundlegendes? War Gott nicht allein gewesen, bevor er die Welt erschaffen hatte? War Satan als Bruder, Freund oder Gefährte an seiner Seite gestanden?

Das klang nach einem biblischen Märchen. Und doch wurde es mit einer Ernsthaftigkeit diskutiert, die mich nachdenklich machte. All diese Menschen zweifelten nicht an der Existenz dieser Wesen. Sie stritten sich um deren Geschichte genau so, wie andere über die Lebensweise und Biologie von Dinosauriern rätselten. Nur dass Engel nie ausgestorben waren, sondern angeblich in einer für uns unsichtbaren Welt lebten – dem so genannten *Nicäno-Konstantinopolitanum*.

Waren sie die wahren Schuldigen in meinem Fall? Hatten sie Abeba Habib und Emilias Vater zu den Morden angestiftet? Hatte Emilia, starr vor Schreck, einem Engel ins Antlitz geblickt, während sie erstochen worden war? Sprach Patrik deshalb so wirr? Weil er es mitangesehen hatte und dabei wahnsinnig geworden war?

Aber wenn die schrecklichen Bilder unter der Großhesseloher Brücke Wirklichkeit gewesen waren, warum fand ich dann keinen Hinweis auf die Obdachlosen?

Erstochene Opfer tauchten zuhauf in der Verbrechenskartei auf, auch Mörder, die sich anschließend selbst umgebracht hatten, doch nie in Zusammenhang mit der koptischen Kirche oder mit der leisesten Andeutung von Engelsichtungen.

Es blieb dabei: Ich brauchte Beweise. Etwas Greifbares, das auch andere überzeugen würde. Erneut ließ ich die Suchmaschine nach Fotos von historischen Fundstücken fahnden und wieder stieß ich auf die Abbildungen des *Koptenkreuzes*.

Eine geometrische Figur, gleichschenklig, mit an den Enden auf die Spitze gestellten, quadratischen Ornamenten oder dreizackigen Krönchen. Mal von geschlängelten Linien durchwoben, mal schlicht und linear, dann wieder mit einem kleinen Kreis über dem oberen Arm als Symbol der lebensspendenden Sonne. Diese Abbildungen hatte ich bereits in verschiedenen Ausprägungen im Haus der Thalhammers und in der Gedächtniskirche gefunden. Doch das handtellergroße, grün angelaufene Kreuz aus meiner Erinnerung war an einem anderen Ort gewesen.

Und mit einem Mal wusste ich, wo. Es hatte bei meinen Eltern zu Hause an der Wand neben dem Esstisch gehangen. In all den Visionen dieses einen schrecklichen Abends hatte ich es unbewusst im Hintergrund gesehen.

Ich schnappte nach Luft. Waren meine Eltern gläubige Kopten gewesen? Gab es da doch eine Verbindung zwischen ihrem Tod und den aktuellen Fällen?

Bebend vor Aufregung saß ich an meinem Schreibtisch und versuchte, das Ausmaß dieser Erkenntnis zu begreifen. Erstreckten sich die Fäden im Hintergrund über so lange Zeit? War mein Vater vielleicht derselben Sache auf der Spur gewesen? Dann waren er und meine Mutter womöglich nur Opfer der Engel geworden. Weil er ihnen auf die Spur gekommen war.

Ich musste Gewissheit haben, musste endlich die Akte über den Tod meiner Eltern sehen und die Wahrheit aus dem Mund meines Großvaters hören. Entschlossen sprang ich auf, hämmerte auf die Drucktaste, zerrte das farbige Bild aus dem Plotter und hetzte aus dem Büro.

»Wo ist Haller?«, fragte ich den Erstbesten, der mir im Gang über den Weg lief.

»Na, wahrscheinlich da, wo er immer ist, an seinem Schreibtisch.«

Ich spurtete drei Türen weiter und stürmte, ohne anzuklopfen, in das Zimmer des Hauptkommissars.

»Ich will die Akte einsehen! Jetzt!«

Haller saß vergraben hinter Papierbergen an seinem Tisch und hob nach meinem Eintreten sichtlich verärgert den Kopf. »Welche Akte?«, brummte er.

»Die über den Tod meiner Eltern.«

Er schnaufte wie ein Walross, lehnte sich zurück, betrachtete mich von oben bis unten und fragte: »Wozu?«

Es fühlte sich an, als würde ich vor Anspannung zerreißen. Wieso arbeiteten alle gegen mich? Wieso machte Haller mir mein Leben unnötig schwer? Warum enthielt er mir diese Information vor? Wollte er mich schonen oder ein wichtiges Indiz vertuschen?

Ich sammelte meine Kräfte und antwortete so gefasst wie möglich. »Weil ich Parallelen zu meinem aktuellen Fall entdeckt habe und einen Vergleich der Fakten vornehmen möchte.«

»Nicht nötig«, wehrte Haller lapidar ab. »Ich kenne die Akte. Darin gibt es nichts für Sie zu finden.«

»Sie sitzen hier auf Ihrem breiten Arsch wie eine stolze Glucke auf einem Straußenei und spielen den Ahnungslosen! Sie lassen mich absichtlich ins Leere laufen, legen mir Steine in den Weg, wo Sie können. Warum feuern Sie mich nicht gleich, wenn ich Ihnen ein Dorn im Auge bin?«, schrie ich.

Haller verengte die Augen, sagte aber nichts. Stattdessen berührte mich von hinten eine Hand an der Schulter. »Hey, Marie. Beruhig dich und lass uns gemeinsam an die Sache rangehen. Du bist viel zu aufgewühlt, um klar denken zu können.«

Ohne mich umzudrehen, erkannte ich meinen neuen Partner. Seine sanfte Stimme wirkte wie Öl auf meinem inneren Feuer. »Verräter! Scheißkerl! Fass mich nicht an!«

Wie eine Furie machte ich auf dem Absatz kehrt, stieß ihn zur Seite und stürmte zum Ausgang.

»Warte, Marie! Wo willst du hin?«, rief Uwe mir hinterher. Ich aber lief weiter, die Treppen hinunter zum Wagen, wischte mir ein paar Tränen aus den Augenwinkeln und machte mich auf den Weg ins Pflegeheim *Sonnendorf*.

Auch diesmal erkannte mich Clemenz nicht, als ich zu ihm ins Zimmer trat. Und obwohl ich vor Unruhe zu bersten drohte, setzte ich mich geduldig zu ihm an den kleinen Tisch und wartete. Wenn ich zu ihm durchdringen und ihn zum Reden bringen wollte, musste ich behutsam vorgehen.

Es dauerte eine Weile, bis sich sein Blick klärte. »Marie?«

»Hallo Clemenz. Es ist schön, dich zu sehen.« Ich lächelte zaghaft.

Ob er sich an unser letztes Gespräch erinnerte? Für einige Sekunden stierte er mich so durchdringend an, dass ich fürchtete, er würde mich im nächsten Moment anschreien. Doch dann drehte er den Kopf. So wie immer, wenn ihm seine Krankheit bewusst wurde.

»Hast du Lust auf einen Spaziergang?«, fragte ich. »Draußen ist wundervolles Spätsommerwetter. Wir könnten ein bisschen durch den Park laufen und plaudern. Was meinst du?«

»Worüber willst du plaudern?«, gab er unwirsch zurück, stand dabei auf und nahm seine Jacke aus dem Schrank.

Wieder einmal hatte er mich durchschaut. Und ohne es zu wollen, fühlte ich die alte Beklemmung in mir aufsteigen. Mein Großvater hatte auf mich immer übermächtig gewirkt. Allwissend und alles kontrollierend. Sein Drill hatte mir Sicherheit gegeben. Ein überlebenswichtiges Gut, das ich in den letzten Tagen verloren hatte.

Ich wartete mit meiner Antwort, bis wir das Gebäude verlassen hatten. Über dem kleinen Parkgelände wölbte sich ein typisch bayrischer weiß-blauer Himmel. Die Herbstsonne erwärmte mit letzter Kraft die Erde, doch die Luft war trocken und roch bereits nach Winter.

»Clemenz, ich brauche deine Hilfe«, begann ich das Gespräch. »Ich weiß nicht mehr weiter. Alles scheint aus den Fugen zu geraten. Privat wie beruflich.«

Eigentlich hatte ich erwartet, dass er mich spätestens hier unterbrechen und mir eine Predigt über Disziplin halten würde, doch er blieb stumm. Ob er mir überhaupt zuhörte? Oder war er bereits wieder in die Vergangenheit versunken?

»Clemenz?« Ich versuchte es offensiver. »Die koptische Kirche schein in diesen Fall verwickelt zu sein. Bei meinen Recherchen bin ich auf ein Kreuzsymbol gestoßen – ein Kreuz, das auch bei Mama und Papa an der Wand hing.«

Immer noch sagte mein Großvater kein Wort, sondern ging mit schleppenden Schritten neben mir her.

»Ich muss wissen, was damals geschehen ist. Ich muss wissen, ob die Parallelen, die ich entdeckt habe, Zufall sind oder nicht.«

Blätter raschelten, als eine Amsel durch das bunte Laubbett unter einer Reihe Sträucher huschte.

»Bitte! Mein Chef verweigert mir die Einsicht in die Akte. Dir kann ich vertrauen. Du allein kannst mir jetzt noch helfen.«

»Warum glaubst du, dass in deinem Fall Religion eine Rolle spielt?«, fragte Clemenz.

Erleichtert atmete ich durch. Noch war er also bei sich. Noch konnte ich auf seinen Rat hoffen.

»Der erste Mord geschah vor einer Kirche, der Mörder war nachweislich ein koptischer Anhänger und gleichzeitig Mitglied einer religiös orientierten Einrichtung, dem sogenannten Medial Care Center. Überall dort, wo ich recherchiere, finde ich Spuren, die vom Teufel, Gott oder seinen Engeln erzählen.«

Wieder schwieg mein Großvater für eine Weile. Wir hatten den Rundgang durch den Park fast beendet, da blieb er stehen und wandte sich mir zu. »Glaubst du an Gott?«

Ich schluckte. Noch vor ein paar Tagen, hätte meine Antwort ganz klar »Nein« gelautet. Ich hatte weder an einen alten Mann mit langem, weißem Bart geglaubt, der mit seinem Heiligenschein auf einer Wolke saß und seine Kinderchen beobachtete, noch hatte ich mir einen Welt vernichtenden, Sohn hinrichtenden Allmächtigen vorstellen können, der seine übernatürliche Heerschar auf die Erde schickte, um seine Gesetze mit Gewalt durchzusetzen. Doch die Geschehnisse hatten meine Grundfesten ins Wanken gebracht. »Ich weiß es nicht«, antwortete ich kleinlaut. »Irgendetwas oder irgendjemand scheint mir Steine in den Weg zu legen. Man hat versucht, mich zu töten oder zumindest so sehr einzuschüchtern, dass ich den Fall aufgebe.«

Clemenz stand reglos da und blickte mir in die Augen. »Warum glaubst du, dass andere daran schuld sind?«

»Ich habe mich wohl kaum selbst von der Straße gedrängt oder meine Wohnung verwüstet!«

»Hör endlich auf, das Opfer zu sein.«

»Du tust ja so, als könnte ich mir das aussuchen! Glaubst du, es macht mir Spaß zu leiden?«

»Ja«, gab Clemenz trocken zurück. »Aber das ist nur die Flucht vor der Welt da draußen, so wie sich auch dein Vater vor ihr versteckt hat.«

Wütend kämpfte ich gegen seinen stählernen Blick an und presste die Lippen aufeinander.

»Dein Vater war unglücklich mit sich und seinem Leben. Doch statt mit deiner Mutter über die Probleme zu reden, suchte er andere Kanäle für seine Verzweiflung. Einer davon war die Religion. Er suchte in der Bibel nach Antworten und fand sie. Von Sünde und Verderben war da die Rede und von der Buße, um einem fiktiven Wesen zu gefallen. Der Preis war Selbstaufgabe und Willenlosigkeit.

Die Belohnung, das Versprechen einer nicht greifbaren Glückseligkeit nach dem Tod. Er hat sich aus allem, was er fand, seine eigene Religion gezimmert, sich darin eingeschlossen, bis sie ihm zu eng wurde. Am Ende ist er mit einem verzweifelten Aufschrei aus seinem Gefängnis ausgebrochen und hat deine Mutter und beinahe auch dich mit sich gerissen.«

Sprachlos sah ich zu, wie sich die Augen meines Großvaters mit Tränen füllten. Mit einem Mal war er nicht mehr der übermenschliche Militär. Clemenz hatte sich in einen schmerzerfüllten Vater verwandelt, der um seinen Sohn trauerte. Ich öffnete den Mund, um etwas zu sagen, doch er stoppte mich mit einer abwehrenden Handbewegung.

»Dein Vater hat sein Leben verspielt, weil er sich hat treiben lassen, statt die Probleme selbst in die Hand zu nehmen. Es war nicht der Teufel oder ein Dämon, der ihm seine Frau genommen hat, es war seine eigene Untätigkeit, sein Egoismus. Du solltest dich weder mit seiner Schwäche belasten noch sie dir zu eigen machen.«

Das also war der Grund für sein jahrelanges Schweigen. Er wollte verhindern, dass ich wie mein Vater wurde.

»Und das Kreuz?«

»Das Kreuz, das du meinst, war ein Souvenir aus einem Ägyptenurlaub deiner Eltern. Ein Symbol für das Glück, das sie einst verband.«

»Bloß ein Souvenir?« Wieder fiel das logische Konstrukt meines Falles wie ein Kartenhaus in sich zusammen. Die Informationen über meinen Vater waren bedrückend. *Was, wenn ich seine labile Ader geerbt habe? Bin ich im Begriff, genau wie er, durchzudrehen?*

»Marie, ich weiß, was du jetzt denkst. Du bist nicht er. Du kannst deine eigenen Entscheidungen treffen. Nimm dein Leben in die Hand.«

Meine Augen füllten sich mit Tränen. So klar wie heute hatte ich meinen Großvater schon lange nicht mehr erlebt. Und so offen und ehrlich vielleicht noch nie.

»Das werde ich«, gab ich mit belegter Stimme zurück. »Versprochen.«

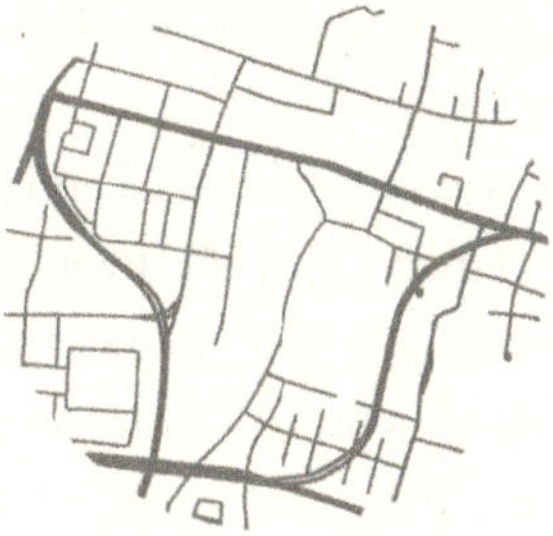

KAPITEL 18

Es war bereits sieben Uhr abends, als ich wieder vor dem Kommissariat parkte. Das Gespräch mit meinem Großvater hatte zwar zu keinen neuen Erkenntnissen für den Fall geführt, mir aber wie erwartet den Kopf geradegerückt. Die um sich greifende Hilflosigkeit war einer neuen Nüchternheit gewichen.

Um den Fall zu lösen, durfte ich mich nicht persönlich involvieren lassen. Nur so konnte ich den Überblick bewahren und damit den Sumpf der Intrigen und Machenschaften trockenlegen. Wenn ich im Job respektiert werden wollte, dann durfte ich mich nicht länger wie ein schmollendes, trotziges Kind benehmen. Mit diesem Vorsatz ging ich als Erstes zu Kurt Haller, doch der hatte bereits Feierabend gemacht. In meinem eigenen Büro knipste ich die Schreibtischlampe an und wollte gerade den Computer hochfahren, als ich die Akte bemerkte.

Martius, stand auf dem kleinen weißen Aufkleber oben links. Ich hielt den Atem an. So lange hatte ich darauf gewartet. Entschlossen öffnete ich die Akte. Obenauf lag ein Umschlag mit Bildern. Fotos vom Tatort, aber auch solche, die mein Großvater ihnen gegeben haben musste. Unter anderem das Hochzeitsfoto meiner Eltern. Ich strich behutsam über die Gesichter. Sie wirkten darauf so glücklich und voller Lebensfreude.

Nicht rührselig werden!, ermahnte ich mich und legte die Bilder beiseite. Darunter befanden sich die Protokolle von Polizei, Ersthelfern und dem zuständigen Kommissar. Es folgten Schriften über die weiteren Ermittlungsschritte, Testergebnisse, Obduktion und Hintergrundrecherche. Dinge, die ein Kind nie im Zusammenhang mit seinen Eltern sehen sollte.

Immer wieder musste ich innehalten, durchatmen und in Gedanken zählen, um nicht die Fassung zu verlieren.

Im Abschlussbericht nannte der zuständige Kommissar zwei Gründe, die meinen Vater zu der Tat veranlasst hatten. Einerseits persönliches Hadern mit sich und beruflichen Misserfolgen, auf der anderen Seite eine angebliche Affäre zwischen meiner Mutter und einem Mann namens Robert Borntwist. Etwas, das Clemens nie erwähnt hatte.

Ich blätterte zu dem Protokoll mit Bornzwists Befragung und konnte nicht glauben, was ich dort las. Robert Borntwist: groß gewachsen, schwarzes, halb langes Haar, dunkle Augen, sportlich, charmantes Auftreten, ruhige, ausgeglichene Erscheinung. Das klang eins zu eins wie die Personenbeschreibung von Daniel!

Ich schlug die Akte zu und rief mir ein weiteres Mal die Begegnungen und Gespräche mit ihm ins Gedächtnis. Ich hatte ihn am Tag des ersten Mordes beim Kaffeetrinken kennengelernt. Er war schnurstracks auf mich zugekommen und hatte sich, trotz meiner bissigen Art, nicht vertreiben lassen. Genau wie beim zweiten Treffen. Seitdem hatte er sich hartnäckig um mich bemüht, mich angerufen, war mit mir Essen gegangen, und obwohl ich ihn angeschrien und von mir gestoßen hatte, war er sofort zur Stelle gewesen, als ich ihn um Hilfe gebeten hatte.

Warum? Was übersah ich? War er am Ende so was wie mein Schutzengel? Hatte ich ihn von meiner Mutter geerbt? Wohl kaum, denn den hätte ich weitaus früher gebraucht. War er Robert Borntwist? Auch das war auf den zweiten Blick eine wahnwitzige Idee, denn dann hätte er deutlich älter sein müssen. Oder sein Sohn, der sich an mir rächen wollte?

Quatsch! Ich schloss die Augen und zählte langsam bis zehn. Daniel war Daniel und Robert Borntwist war Robert Borntwist. Es gab Abertausende Menschen mit schwarzen Haaren, dunklen Augen und einer großen, sportlichen Figur.

Für alles gab es eine völlig unspektakuläre Erklärung. Niemand wollte mich in den Wahnsinn treiben oder mir einen Streich spielen. Mein Wutausbruch hatte Haller offenbar zur Einsicht bewegt. Deshalb lag die Akte auf meinem Tisch. Lautes Klopfen riss mich aus meinen Gedanken. Die Tür ging auf und Uwe erschien im Rahmen.

»Was machst du so spät noch hier?«, fragte ich, nachdem er keine Anstalten machte, etwas zu sagen.

»Ich wollte nach meiner Partnerin sehen.«

Ich rümpfte die Nase. »Einen Wachhund brauche ich nicht.«

»Aber vielleicht einen Freund. Wie ich sehe, hast du die Akte bereits entdeckt.«

»Ja. Offenbar hatte Haller endlich ein Einsehen. Oder hast du …?«

Uwe wurde tatsächlich rot und blickte zu Boden. »Nur ein Handgriff ins falsche Regal, sonst nichts.«

In der Stille, die daraufhin entstand, erkannte ich, wie falsch ich auch hier mit all meinen Vermutungen gelegen hatte. Mit Uwe hatte ich statt einem Rivalen einen Partner und einen echten Freund zugewiesen bekommen. Ich hatte es nur nicht zugelassen.

»Danke«, sagte ich, noch etwas zögerlich.

Uwe winkte ab, doch die Röte in seinem Gesicht nahm zu. »Ich habe noch ein Geschenk für dich. Etwas, das uns in dem Fall endlich wieder vorwärtsbringen könnte.«

Ich grinste. »Offenbar willst du dir einen Orden verdienen. Aber nur zu, ich bin ganz Ohr!«

»Wir haben auf Verdacht die Kontoauszüge von Abeba Habib kontrolliert und sowohl passende Barabhebungen zu den bekannten Seminarterminen im Center festgestellt als auch zwei weitere, die erst drei Wochen zurückliegen.«

Ich ballte die Hand zur Faust. Endlich harte, fassbare Beweise, die eine Verbindung zwischen den Beteiligten aufzeigten.

»Und das war noch nicht alles! Wir haben in den Unterlagen der Thalhammers ebenfalls nach solchen Zahlungen gesucht und einen Dauerauftrag entdeckt, der dem Kloster St. Michael jeden Monat die Summe von zweitausend Euro eingebracht hat. Rate mal, wo sich dieses Kloster befindet.«

»Gleich um die Ecke von der St. Loreto Kirche.« Mit einem Mal setzten sich die vielen Puzzleteile zu einem Bild zusammen. »Verdammt, warum bin ich nicht schon vorher auf die Idee gekommen, in diese Richtung zu recherchieren! Die griesgrämige Sekretärin dieser Mädchenrealschule hat mich am Tag des ersten Mordes doch geradezu mit der Nase darauf gestoßen.«

Jetzt war es an Uwe, gespannt zu lauschen.

»*Wunderkinder haben wir hier nicht, da müssen Sie schon ins Kloster gehen*, hat sie gesagt. Deshalb waren die Kinderzimmer bei den Thalhammers verwaist. Sowohl Patrik als auch Emilia haben im Kloster gelebt, und die Eltern haben dafür gezahlt, dass man aus ihren Sprösslingen Heilige macht.«

»Patrik muss dort schon viele Jahre leben. Deshalb auch die unpassende Einrichtung in dem Zimmer bei seinen Eltern«, ergänzte Uwe.

Ich nickte, während sich meine Gedanken überschlugen. »Jetzt macht auch sein religiöser Tick endlich Sinn. Wer weiß, mit welcher fanatischen Doktrin man ihm sein Gehirn gewaschen hat.«

Uwe schnalzte mit der Zunge. »Ich wette, da hängt dieses ominöse Center mit drin.«

Wieder nickte ich. »Verdammt, Uwe, sieht so aus, als würden wir als Team tatsächlich gut funktionieren.«

»Und du siehst auch viel besser aus als der Persbach.«

Ich lächelte. Wir hatten eine neue Basis gefunden. Das erste Mal seit Langem spürte ich, wie angenehm es war, jemanden an meiner Seite zu haben, der mich verstand und mit mir statt gegen mich arbeitete.

»Sind die sichergestellten Gegenstände von Habib eigentlich vollständig untersucht worden?«, überlegte ich laut und suchte in den Akten das Protokoll der Nürnberger Polizei.

»Zur Not lass ich das Material per Express herschicken. Gleich morgen früh häng ich mich dahinter und lade unsere Spurentechniker zu einer Samstagsschicht ein«, antwortete Uwe und deutete auf seine Armbanduhr. »Ich denke, der Tag heute war lang genug.«

Damit hatte er recht. Wir holten unsere Jacken, machten das Licht aus und gingen gemeinsam hinunter zum Parkplatz.

»Lust auf ein Bier?«, fragte ich. Denn es war Zeit, ihm all das zu erzählen, was ich bisher aus Angst, aus Scham oder Trotz nur mit mir selbst ausgemacht hatte.

Uwe willigte ein. Wir fuhren in eine Bar im Stadtteil Ramersdorf und verkrochen uns in ein ruhiges Eck. Ich erzählte ihm von Patrik. Von den Gesprächen am Abend in der Kultfabrik, vom Zusammentreffen auf dem Friedhof, von seinem Auftauchen am Center und schließlich von den Engeln an der Isar.

»Immer wieder sind da seine Augen in meiner Erinnerung. Braune Augen. Ich fühle mich verfolgt, habe Visionen von dämonischen Wesen, die zu mir sprechen. Kleine Jungs bedrohen mich, ich werde fast totgefahren, meine Wohnung wird verwüstet …«

»Und das alles trägst du die ganze Zeit allein mit dir herum?«, fragte Uwe fassungslos. »Du bist wirklich verrückt, Marie.«

Ich schnaubte. »Ja, das dachte ich auch.« Und als er nicht sofort reagierte, setzte ich mit schiefem Lächeln nach. »Hättet ihr mir denn geglaubt? Wohl kaum.«

»Ich glaube dir jetzt.«

Vier kleine Worte, die für mich die Welt bedeuteten. Wenn er sie denn ernst meinte. Ich trank ein paar Schlucke Bier und ließ ihn nicht aus den Augen. »Dann sag mir, was du von der Geschichte hältst.«

Uwe rieb sich den Nacken. »Er manipuliert dich irgendwie.«

»Aber warum sollte Patrik das tun? Glaubst du, *er* hat meine Wohnung zerstört? Wenn er in diese ganze Sache verstrickt ist, warum bin ich dann noch am Leben?«

»Vielleicht sollte er dich mit diesem ganzen Psychokram in den Selbstmord treiben«, überlegte Uwe laut.

»Und als das nicht geklappt hat, ist er erst zu rabiateren Methoden und dann zu Psychoterror übergegangen«, ergänzte ich die Gedankenkette. »Aber warum so viel Aufwand?«

Uwe schnaufte. »Vielleicht weil er der gesuchte Mörder ist und von sich ablenken will?«

»Er hat mich doch viel eher auf sich aufmerksam gemacht. Und wo ist sein Motiv? Selbst, wenn er jemandes Marionette ist: Warum ist er mir gefolgt und hat mir auf seltsam verquere Weise Tipps gegeben? Ich denke, das alles hat mit diesem Meditationszentrum zu tun.«

Und dann erzählte ich Uwe von dem Abend mit Panzotti, von meinem rauschhaften Zustand, obwohl ich gar nicht so viel getrunken hatte, und den bruchstückhaften Bildern eines Verhörs, von dem ich nicht wusste, ob es überhaupt passiert war oder ich es geträumt hatte.

Uwe verzog das Gesicht. »Marie, das hättest du melden müssen.«

»Ich weiß. Dienst nach Vorschrift scheint nicht meine Stärke zu sein«, versuchte ich einen Scherz.

Doch die Sorgenfalten meines Partners vertieften sich nur noch. »Und du weißt nicht, wie du zurück ins Hotel gekommen bist?«

»Keine Ahnung. Aber das Auto hat keinen Kratzer.«

»Ansonsten hätte dich Haller wohl eigenhändig zu Hundefutter verarbeitet.« Uwe hob den Mundwinkel.

Ich verzog das Gesicht. »Okay, nehmen wir an, Panzotti ist der Böse. Welche Verbindung gibt es zwischen ihm und den Opfern?«

Uwe lehnte sich vor und malte mit seinem Finger unsichtbare Kreise auf die Tischdecke. »Da haben wir Mörder Nummer eins. Abeba Habib war Seminarteilnehmer und entgegen Panzottis Aussage vor seinem Amoklauf im Center zu Besuch. Patrik und seine Schwester leben im Kloster, treffen vor der Kirche auf Habib, Emilia stirbt. Kurz darauf erliegen ihre Eltern dem gleichen Schicksal.«

»Ich habe an dem Tag bei den Thalhammers Patrik im Haus gesehen.«

Uwe hob die Brauen. »Gesehen? Du meinst in den zwei Stunden, in denen du weggetreten gewesen bist?«

Ich nickte.

»Sicher?«

»Nein, beschwören kann ich das nicht. Aber seine Fingerabdrücke müssten es beweisen.«

»Wo ist Patrik eigentlich? Warum haben wir ihn noch nicht geschnappt?«

Ich zuckte mit den Schultern. Seit dem Abend an der Isar hatte ich ihn nicht mehr gesehen. »Ich denke, wir sollten eine Nacht darüber schlafen, morgen im Kloster unsere Annahme verifizieren und hoffen, dass Erwin und Anne uns nach der Sichtung von Habibs Sachen weitere Anhaltspunkte liefern können.«

Uwe zog die Brauen zusammen und musterte mich. »Aber keine Alleingänge mehr, klar?«

»Abgemacht, Partner.«

Im Gegensatz zum Abend zeigte sich die Nacht weniger freundlich. Wieder und wieder durchlebte ich den Tod meiner Eltern. Blut spritzte, klebte mir im Gesicht und entwickelte ein Eigenleben auf meinem weißen Kleidchen.

Mäandermuster schlängelten über den Stoff, richteten sich auf und flüsterten mir Geheimnisse zu. Ich versuchte zu verstehen, den Sinn zu erfassen. Dann fielen Engel mit orangefarbenen Haaren über mich her und rissen die Formen mit sich. Es wurde dunkel. Aufgerissene Augen verfolgten mich, hetzten mich die Isar entlang, durch prunkvolle Gärten, bis ich irgendwann keuchend erwachte.

Der Bildschirmschoner meines Handys zeigte halb sieben. Zu früh für Frühstück, zu spät für eine weitere Runde Schlaf. Ich wusch mir den Schweiß vom Körper, entschied mich zwischen müffelnder Jeans und müffelnder Cordhose für das geriffelte Übel, holte ein langärmliches, zerknittertes Shirt aus meiner Kleidervorratstasche, sprühte meine Jacke vorsichtshalber mit Deo ein und machte mich an die Arbeit.

Während Uwe sich zusammen mit Erwin und Anne um die Fundstücke aus Habibs Wohnung kümmern wollte, war es an mir, dem Kloster einen Besuch abzustatten. Ob ich Patrik dort aufspüren würde? Auch seine Geschichte gab Rätsel auf. Wir wussten immer noch nicht, wie sehr er in all das verstrickt war. Hatte er Panzottis Veranstaltungen besucht oder war er dort nur wegen mir aufgetaucht?

Patrik hatte von einem Ritual gesprochen, durch das die Menschen erweckt und zu Sehenden gemacht wurden. Woher wusste der Punk das so genau? War er selbst Opfer solch einer Prozedur gewesen? Oder war er der Manipulator? Hatte man ihm Kräfte verliehen, die ihn befähigten, Engel aus dem *Nicäno-Konstantinopolitanum* sichtbar zu machen und in unsere Welt zu rufen? Wie wahnwitzig das auch klingen mochte, ich musste versuchen, offen für alle Möglichkeiten zu bleiben. Vielleicht stockten meine Ermittlungen deshalb immer wieder, weil etwas Übernatürliches, für logische Maßstäbe Unfassbares beteiligt war.

Mein Verstand tat das alles als pseudoreligiösen Quatsch ab. Andererseits hatte ich die Engel selbst gesehen. War ich immer noch blind für die Wahrheit oder nur zu ängstlich, sie anzuerkennen? War mein Glaube der Schlüssel zu diesem Fall?

Gedankenversunken verließ ich das Hotel und entschied, zuerst in meiner Wohnung vorbeizuschauen. Zum einen, um nach Post zu sehen und zum anderen, um endlich den Anrufbeantworter zu holen.

Der Hausflur war leer. Die Bewohner schliefen oder waren bereits zur Frühschicht aufgebrochen. Es herrschte Totenstille im Treppenhaus. Umso lauter klang das Quietschen meines Briefkastentürchens. Nachdem ich ein paar Werbesendungen, die Wochenzeitung und meine Kontoauszüge überflogen hatte, fuhr ich mit dem Lift in den fünften Stock. Die Spurensicherung hatte zur Versiegelung der Wohnung ein Absperrband quer über den Türrahmen geklebt. Ich zwängte mich seitlich darunter durch und stand im nächsten Moment wieder in einem Meer der Verwüstung. Die Vorstellung, das irgendwann alles aufräumen zu müssen, ließ mich erschaudern. Ich würde containerweise Schrott zum Sperrmüll fahren müssen. Kaum ein Möbelstück war heil geblieben. Auch der Anrufbeantworter nicht.

Er lag in Einzelteilen auf dem Wohnzimmerboden verteilt, die Hauptplatine herausgebrochen und zertrampelt. Ich spürte ein Kribbeln in der Magengegend, die Härchen auf meinen Armen stellten sich auf, als ich erneut das Geschmiere auf der Wand betrachtete. Ein seltsamer Sog ging von diesem Symbol aus. Ein kraftvoll gezogener Kreis, in dem sich ein weiterer Strich um einen Punkt zu krümmen schien. Ein einfaches Zeichen und doch so ausdrucksstark, dynamisch, lebendig. Gebannt verharrte ich und stierte es an.

Als der Strich anfing zu zucken und sich aufzubäumen, riss ich mich erschrocken los. *Nicht involvieren lassen, Marie. Das war nur eine Sinnestäuschung. Bitte, keine Gespenster heute, du brauchst Fakten. Fakten, hörst du!*

Die Uhr des BMW zeigte zehn nach sieben, als ich den Motor startete. Die Öffnungszeiten eines Klosters waren mir unbekannt, trotzdem versuchte ich mein Glück und steuerte St. Michael an.

Doch die gähnende Leere auf dem Parkplatz verriet bereits, was ich wenig später auf dem Aushang las: Frühmesse nur an Montagen, Sonn- und Feiertagen. Der einzige Samstags-Gottesdienst begann um halb sieben abends.

Ich seufzte. Daniel, als braver Christ und Kirchgänger, hätte das gewusst. Und wenn ich mich richtig erinnerte, dann hatte er mir sogar von dem Kloster und einer Kapelle erzählt. Hatte er Emilia gekannt? Kannte er Patrik? Sollte ich vorbeischauen und nachfragen? Ein Blick auf die Uhr genügte als Antwort.

Lieber gleich zu den Mönchen? Ich entschied mich für einen Spaziergang in die andere Richtung. Vielleicht öffnete Pater Josephis früher als St. Michael seine Pforten. Er war zwar kein Katholik, konnte mir aber vielleicht trotzdem ein paar Fragen über das Klosterleben beantworten.

Auch die kleine Backsteinkirche lag verlassen da. Keine Autos, die am Straßenrand parkten, keine Menschen, die den Weg in das Gotteshaus suchten. Aber die Tür stand offen. Also trat ich ein.

Fahles Sonnenlicht drang durch die vergilbten Zierfenster, so vereinzelt, dass die Strahlen im staubigen Dunst wie glitzernde Fäden wirkten, die sich kreuz und quer durch das Hauptschiff zogen.

»Frau Kommissarin!« Pater Josephis eilte mit erfreuter Miene auf mich zu.

»Guten Morgen, Pater.«

Als er mich erreichte, putzte er sich schnell ein paar Brösel von der Kutte und streckte mir die Hand entgegen. »Was treibt Sie um diese Uhrzeit zu mir?«

»Mein Besuch ist beruflicher Natur. Es geht um …«

Bevor ich aussprechen konnte, nahm mich der Geistliche am Arm und zog mich mit sich. »Kommen Sie. Bei einer Butterstulle und Tee lässt es sich besser plaudern.«

»Ich hatte erwartet, dass die Gläubigen sich samstagmorgens zum Gottesdienst zusammenfinden«, begann ich das Gespräch, nachdem wir am Tisch in seiner kleinen Kammer Platz genommen hatten. »Steht es schon so schlecht um die Zahl der Kirchengänger, dass man den Termin gestrichen hat?«

Der Pater schmunzelte und legte in aller Ruhe ein Gedeck für mich auf. »Man merkt, dass Sie keine aktive Christin sind. Die Messe wird traditionell meist nur sonn- und feiertags und an ein oder zwei Tagen in der Woche abgehalten. Bei uns Kopten, die wir noch eine sehr kleine Gemeinde sind, sogar nur an drei Sonntagen im Monat.«

Ich runzelte die Stirn. »Aber letztens habe ich gesehen, wie gut vierzig Leute aus ihrer Kirche gekommen sind?«

Es war der Tag gewesen, an dem ich bei Daniel übernachtet und mich morgens endgültig mit ihm zerstritten hatte.

Ein Schatten huschte über das Gesicht des Geistlichen. Er wurde ernst und auch der heiße Tee, an dem er hastig nippte, schien keine Farbe in sein Gesicht zaubern zu können. Noch einmal nahm er einen Schluck, dann antwortete er: »Das, was Sie für das Ende eines

Gottesdienstes gehalten haben, war in Wahrheit ein Trauerzug, der nach der Totenmesse zum Friedhof aufgebrochen ist. Leider haben wir oft keine andere Möglichkeit bei solchen Anlässen. Nicht jede Friedhofsleitung gestattet eine koptisch-orthodoxe Feier in der Kirche vor Ort.«

»Und wer ist gestorben, wenn ich fragen darf?«

»Rosalinde Murnacher. Sie war im Pflegeheim der Barmherzigen Schwestern untergebracht, kam aber regelmäßig zu unserem Gottesdienst.«

Sofort hatte er meine volle Aufmerksamkeit. »Mit Pflegeheim meinen Sie das Kloster?«

»Ja, die Einrichtungen gehören zusammen.«

»Und woran ist Frau Murnacher gestorben?«

»Ich nehme an, Sie arbeiten immer noch an demselben Mordfall?«, antwortete der Geistliche mit einer Gegenfrage und schob mir auffordernd den Brotkorb entgegen.

Offenbar war ich mal wieder zu forsch vorgegangen. Also nickte ich nur, griff mir eine Semmel und zwang mich, von dem grünlichen Gebräu aus meiner Tasse zu trinken. »Der Tee schmeckt übrigens köstlich.«

Als der Pater unverbindlich lächelte, versuchte ich eine andere Taktik.

»Ich habe mich in den letzten Tagen viel mit der Kirche und insbesondere dem koptischen Glauben beschäftigt. Nicht nur, weil es den aktuellen Fall betrifft.« Ich machte eine Pause und trank einen weiteren Schluck.

Die Miene des Paters entspannte sich. »Haben Sie Fragen dazu?«

»Ich habe mich bei der Recherche in diesem Glauben wiedererkannt und das erste Mal überhaupt gut aufgehoben gefühlt«, gab ich ehrlich zu.

Pater Josephis nickte begeistert.

»Umso tiefer schmerzt mich die Vorstellung, dass die Kirche etwas mit den Mordfällen zu tun haben könnte.«

Damit hatte ich ihn. Der Pater druckste herum, bis er sich nach langem Ringen endlich entschloss, weiterzuerzählen. »Laut den Angehörigen ist Frau Murnacher an akutem Herzversagen gestorben. Doch die Ereignisse und Zeitungsberichte der letzten Tage lassen mich zweifeln.«

Er räusperte sich.

»Sie erzählte immer wieder von Kindern, die angeblich im Kloster wie Gefangene leben würden. Ich dachte, Frau Murnacher hat zu viel Fantasie, wissen Sie, sie war über achtzig und geistig schon ein wenig verwirrt. Angeblich hat sie sogar Engel gesehen.«

»Engel?«, wiederholte ich.

»Ich weiß, wie das klingt. Aber ihre Worte erscheinen mit einem Mal Sinn zu ergeben.«

»Sie meinen, man wollte sie mundtot machen?« Ich legte das Stück Brot zurück auf den Teller.

»Die alte Dame war letzten Sonntag furchtbar aufgeregt. Sie sagte, sie habe versucht, das Engelmädchen zu befreien und dabei einen Dämon freigelassen.«

Patrik!, schoss es mir durch den Kopf.

»Warum haben Sie mir das nicht viel früher erzählt? Ist Ihnen klar, dass Sie wichtige Informationen in einem Mordfall zurückgehalten haben?«

»Aber ich dachte doch, die Frau reimt sich da nur etwas zusammen! Und nach ihrem Tod …« Er schüttelte den Kopf. »Hätten Sie mir denn geglaubt, wenn ich Ihnen eine Geschichte über Engel und Dämonen erzählt hätte?«

Mir lag ein Ja auf der Zunge. Doch es wäre gelogen gewesen. Auch ich hatte meine Erlebnisse bis gestern verschwiegen und hätte wahrscheinlich die Existenz solcher Wesen abgestritten, hätte Pater Josephis es zur Sprache gebracht.

»Wo liegt das Grab von Frau Murnacher?«

Der Pater bekam große Augen. »Sie wollen …?«

Ich nickte. »Wir müssen den Körper obduzieren, um sicherzugehen, dass die Todesursache wirklich Herzversagen gewesen ist.«

Ich erwartete ein Aufbegehren oder anderweitigen Widerstand, doch diesmal fügte er sich anstandslos. Mit bleicher Miene stand er auf, holte Papier und Stift aus einer Schublade und notierte die Adresse des Friedhofs sowie den Namen des zuständigen Verwalters.

Damit verabschiedete ich mich, nicht ohne ihn für eine offizielle Aussage am Montagmorgen auf das Kommissariat zu bestellen.

Als Nächstes galt es, dem Kloster einen Besuch abzustatten und mit der Leitung ein ernstes Wörtchen zu reden. Wenn Emilia und Patrik dort wirklich eingesperrt worden waren, hatte ich allerdings Verstärkung nötig. Ich rief die Einsatzzentrale und beorderte eine Streife zum Eingang.

Zehn Minuten später traf der Wagen ein. Ich instruierte die zwei Beamten kurz über die Lage, dann betraten wir das Foyer des Pflegeheims.

»Wir müssen sofort mit dem Leiter dieser Einrichtung sprechen«, verlangte ich betont schroff.

Die Dame am Informationsschalter wirkte irritiert. »Sie meinen die Schwester Oberin?«

Mitdenken, Marie. Wie hatte Pater Josephis dieses Haus genannt? Kloster der Barmherzigen Schwestern? »Ja, meinetwegen auch die Oberin.«

Es dauerte eine schiere Ewigkeit, bis eine große, schlanke Gestalt in dunkelblauer Ordenstracht auftauchte. Im Gegensatz zu der eingeschüchterten Frau am Empfang strahlte die Oberin Würde und Strenge aus. Ihr Mund zu einem schmalen Strich zusammengekniffen, die faltigen Hände ineinander gelegt kam sie auf mich zu. »Mein Name ist Schwester Gisela. Ich bin die Oberin dieses Hauses.«

»Martius, Kriminalkommissarin«, erwiderte ich knapp.

»Worum geht es, bitte?«

Ihr Blick verriet weder Angst noch Unsicherheit. War ich auf der falschen Fährte? *Bleib entschlossen. Diese Show ist sie gewohnt.*

Die Oberin führte uns ohne Zögern durch die einzelnen Pflegestationen, zeigte uns das Zimmer der verstorbenen Frau Murnacher und übergab mir bereitwillig ihre medizinische Akte. Die alte Dame hatte bereits seit Langem an einer Herzschwäche gelitten. Alles in allem nichts Auffälliges.

Insgesamt war die Atmosphäre im Haus ruhig, aber angenehm. Wir trafen auf andere Bewohner, die die Gänge entlangspazierten oder in offenen Räumen zusammensaßen, Karten spielten und lachten.

Schwester Gisela wirkte weder nervös noch sonderlich verschlossen. Auch zum Thema Geld hatte sie passende Antworten parat. Sie bestätigte mir wie selbstverständlich, dass die Thalhammer-Kinder auf besonderen Wunsch der Eltern im Kloster eine Art Internatsleben geführt hatten, betonte aber, dass ihre Aufenthaltszeit bereits vor einer Woche geendet hatte. Endlich etwas, bei dem ich nachhaken konnte.

»Ist das üblich, dass hier Kinder leben?«

Die Schwester schüttelte den Kopf. »Aber wir sind immer bemüht, den Menschen in Not zu helfen. Ohne viele Fragen.«

»Und warum wurde die Vereinbarung ausgerechnet vor einer Woche gelöst?«

»Herr Thalhammer schrieb einen Brief, in dem er uns seine Entscheidung, die Kinder anders unterzubringen, ohne weitere Begründung mitteilte.«

Verdammt! Was für eine perfekte Inszenierung. Für alles schien sie eine Erklärung zu haben, die Spuren waren beseitigt, die Zimmer sorgsam geputzt und ausgeräumt und die Schuld auf die toten Eltern abgewälzt worden. Erst als ich bat, weitere Heimgäste befragen zu dürfen, gab sie sich reserviert.

»Sie müssen verstehen. Das wäre zu viel Aufregung für die alten Leute. Es ist wichtig, dass sie sich bei uns sicher und geborgen fühlen. Wir sind oft die Einzigen, die sich noch um diese Menschen kümmern.«

Ohne richterlichen Beschluss war an dieser Stelle also Schluss.

»Hatten die Kinder einen bestimmten Tagesablauf oder irgendwelche speziellen Aufgaben im Haus?«

»Sie wurden von Schwester Bernadette nach dem bayrischen Lehrplan unterrichtet und besuchten zusätzlich die Bibelstunden.«

»Und außerhalb? War es ihnen erlaubt, das Kloster zu verlassen?«

Die Oberin schnaubte verächtlich. »Glauben Sie, ein Kloster wäre ein Gefängnis? Emilia war natürlich zu jung, um allein auf die Straße zu gehen.«

»Wie war Emilia so?«, versuchte ich es mit einem emotionaleren Ansatz, während die Oberin mit schnellen Schritten auf den Ausgang zustrebte. Offenbar hatte sie genug von meiner Befragung.

»Das Mädchen war eigensinnig. Es fehlte ihr an Demut und Respekt«, lautete die eisige Antwort.

»Sie war noch ein Kind!«, entfuhr es mir.

»Auch die können sich durch ihre Taten versündigen.«

Patrik und Emilia hatten an diesem Ort also genauso wenig Liebe gefunden wie bei ihren Eltern. Die Welt war wirklich die wahr gewordene Hölle.

»Glauben Sie an Engel?«, fragte ich zum Abschied.

Die Oberin lächelte schmallippig. »Und er sprach zu mir: Diese Worte sind gewiss und wahrhaftig; der Herr, der Gott des Geistes der Propheten, hat seinen Engel gesandt, zu zeigen seinen Knechten, was bald geschehen muss.«

Den zwei Beamten an meiner Seite war anzusehen, dass sie für heute genug von biblischen Belehrungen hatten, und auch ich war vorerst bedient. Also verabschiedete ich mich erst von der Oberin und dann von meinem Geleitschutz. Ich hatte die Kavallerie umsonst gerufen.

Immerhin das Rätsel um die Kinderzimmer und Patriks bisherigen Aufenthaltsort war gelöst – zumindest was die Zeit bis vor einer Woche betraf. Im Moment konnte er überall sein, versteckt, geflüchtet oder zehn Schritt hinter mir. Gezeigt hatte er sich seit unserem Ausflug nicht mehr. Und auch die Fahndung nach ihm verlief bislang erfolglos. Entweder wollte er nicht gefunden werden oder jemand wusste es zu verhindern.

Ich konnte nur hoffen, dass Uwe und die anderen mehr zu berichten hatten. Zurück im Auto steckte ich mein Handy in die Freisprechanlage und wählte die Nummer der Zentrale. »Verbinden Sie mich mit Kommissar Kornzwiller, bitte.«

»Kornzwiller«, tönte seine Stimme zwei Sekunden später durch die Lautsprecherboxen.

»Guten Morgen, Uwe. Hier ist Marie. Wie sieht's aus bei euch? Was Interessantes gefunden?«

»Und ob. Die Nürnberger haben die Fundstücke zwar nicht eingehender untersucht, sie aber an unsere Asservatenstelle weitergeleitet. Ich habe Anne und Erwin noch gestern Abend angerufen. Sie sitzen seit sieben Uhr dran.«

»Mach es nicht so spannend«, drängte ich. »Was habt ihr entdeckt?«

»Neben dem üblichen Kram, wie gebrannten Musik-CDs, CDs mit privaten Daten wie Briefen und Einkaufslisten, CDs mit harmlosen Pornofilmchen aus dem Internet, sowie zwei abgegriffene VHS-Kassetten aus der gleichen Sparte, haben wir eine per Hand etikettierte Disk gefunden, die das Logo des Medial Care Centers trägt. Darunter steht: MMS-Stufe 3.«

»Und was ist darauf zu hören?«

»Tja, also … es klingt im ersten Moment wie ein ab- und anschwellendes Quietschen gepaart mit unverständlichem Gemurmel. Aber ich bin sicher, dass Erwin da nach der Bearbeitung noch mehr herausholen wird.«

Ich gefror in der Bewegung, den Schlüssel im Zündschloss. »Quietschen und Gemurmel, sagst du?«

»So als würde ein Zug immer wieder abbremsen. Aber das ist natürlich keine fachmännische Analyse des Ganzen. Dafür ist Erwin da.«

»Und die Disk gehört eindeutig zu Habibs Sachen? Nichts, was ihm heimlich untergeschoben worden ist?«

»Worauf willst du hinaus?« Ich konnte förmlich hören, wie Uwe sich an der Stirn kratzte.

»Ich bin mir da auch noch nicht sicher«, gab ich zu. Aber es war ganz sicher kein Zufall, dass sich genau die gleichen quietschenden Geräusche auf meinem Anrufbeantworter befanden. Nur war das nicht mehr nachweisbar, weil ihn jemand mutwillig zerstört hatte. Der Rest des Chaos war vielleicht nur ein Ablenkungsmanöver gewesen.

Diese seltsamen Anrufe waren also keine bloßen Aufnahmestörungen gewesen. Vielmehr hatte mich jemand ganz bewusst damit gequält. Und dieser jemand saß im Center. Waren die Behandlungen des Medial Care Centers vielleicht so etwas wie getarnte Hypnosesitzungen? Wurde den Seminarteilnehmern dort ein fremder Wille aufgezwungen? Ich hatte über solche Experimente beim Militär gelesen, es aber nie so recht glauben wollen. Aber es fehlte immer noch ein Grund. Welches Ziel verfolgte das Center? Damit sich die Mitglieder gegenseitig umbrachten? Das machte keinen Sinn.

Was hätten die Anrufe bei mir bewirken sollen? Oder hatten sie etwas bewirkt? Hatte ich deshalb in letzter Zeit so konfus und impulsiv gehandelt? Ging es Panzotti darum, die Ermittlungen zu behindern und ganz allgemein Chaos zu stiften?

Doch selbst dann passte der zeitliche Ablauf nicht, denn meine emotionalen Schübe hatten mit dem Anblick des toten Mädchens begonnen. Eine direkte Folge der psychotherapeutischen Arbeit, wenn auch unbeabsichtigt. Nein, echte Manipulation durch die Anrufe konnte ich an mir nicht feststellen.

»Marie, bist du noch dran?«

»Ja, natürlich. Tut mir leid. Du hast mich auf eine Idee gebracht. Aber bevor ich sie dir erkläre, muss ich noch etwas recherchieren. Ich ruf zurück.« Mit diesen Worten legte ich auf und ließ mir von der Zentrale die Privatnummer von Doktor Stefanie Binding heraussuchen.

»Binding«, meldete sich nach längerem Läuten eine verschlafene Stimme am anderen Ende der Leitung.

»Kriminalkommissarin Marie Martius am Apparat. Tut mir leid, dass ich Sie privat störe, aber mein Anruf ist beruflicher Natur. Ich brauche dringend Ihre Fachmeinung.«

Im anschließenden Gespräch bestätigte sich mein Verdacht. Durch intensive Beschallung mit tieffrequenten Tönen, gepaart mit unterschwelligen, kaum oder nur teilweise wahrnehmbaren Suggestionen, war es tatsächlich möglich, einen Menschen in einen leichten Hypnosezustand zu versetzen. War dies erst einmal gelungen, stand das Tor für beliebige weitere Manipulationen offen.

»Wie weit kann so etwas gehen? Kann ich damit einen Menschen zum Mörder umprogrammieren?«

»Nein, dazu ist eine weit intensivere Konditionierung notwendig. Unter einer einfachen Hypnose kann das Wissen um gut und böse, richtig und falsch nie ganz ausgeschaltet werden.«

Das passte nicht zu meiner Theorie. Aber noch wollte ich nicht aufgeben. »Was für Manipulationen wären Ihrer Meinung nach auf diese Weise möglich?«

»Man könnte einen bestimmten Aspekt ausschalten, ihn vergessen machen oder im Gegenteil jemanden darauf fixieren, unbedingt ein vorgegebenes Ziel zu erreichen. Auch körperliche Reaktionen können betroffen sein, zum Beispiel vermindertes oder verstärktes Schmerzempfinden, Änderung der Pulsfrequenz, des Blutdrucks und so weiter. Zumindest bis zu einem gewissen Grad.«

Ich kam der Sache näher. »Könnte ein hypnotisiertes Kind dadurch die ihm zugefügten Messerstiche ohne Reaktion wegstecken?«

»Unter leichter Hypnose auf keinen Fall. Einen Nadelstich oder eine kleine Verbrennung vielleicht, aber bei massiven Verletzungen muss sehr tiefer Einfluss auf das Unterbewusstsein ausgeübt werden.«

Ich knirschte mit den Zähnen. Das machte es unglaubwürdig, aber noch nicht unmöglich. »Wären Sie mit Ihrer Methode dazu imstande?«

Die Ärztin zögerte. »Theoretisch ja. Allerdings nicht mit einer Sitzung die Woche. Bei solch massiven Eingriffen wird meist über mehrere Kanäle gleichzeitig eingewirkt.«

»Und wer könnte so etwas?«

Wieder ließ sich die Ärztin Zeit mit ihrer Antwort. »Meines Wissens gibt es eine spezielle Technik namens Mind-Morph-Sequencing, die für so etwas verwendet werden kann.«

Mind-Morph-Sequencing – MMS. Wieder war ein Puzzleteil an seinen Platz gerutscht. Frau Doktor Binding erklärte mir, dass MMS die Bezeichnung einer speziellen Form der mentalen Behandlungsmethodik war. Ein weiterentwickeltes System, das auf den wissenschaftlichen Grundpfeilern eines Forschers für Mental- und Biofeedbacktraining aufbaute. Der Schöpfer dieser Weiterentwicklung war ein Professor Doktor Jaroslav Ohms aus Russland. Den Rest konnte ich mir denken. MMS hatte seinen

Ursprung ohne Zweifel in der militärischen Forschung und war keineswegs nur ein esoterisch angehauchter Mythos.

Neuigkeiten, die den Ermittlungen eine ganz neue Richtung gaben. Nachdem ich meiner Therapeutin auf Nachfrage noch versichert hatte, dass es mir seit der letzten Sitzung sehr viel besser ging, rief ich Kornzwiller zurück. »Uwe, wir ändern den Plan. Verschaff mir sofort einen Durchsuchungsbefehl für das Center.«

»Wieso das?«

»Ich habe aus kompetenter Quelle außerordentlich wichtige Informationen erhalten, die Panzotti belasten. Näheres folgt, wenn ich bei dir bin. Sorg du schon mal dafür, dass jemand von der Staatsanwaltschaft greifbar ist. Und ruf Haller an. Bis gleich.«

Endlich wieder zurück im Spiel, dachte ich, als ich mit Höchstgeschwindigkeit den Mittleren Ring Richtung Kommissariat entlang schoss. *Haller wird Augen machen, wenn er erfährt, was alles hinter dieser scheinbar so offensichtlichen Wahnsinnstat steckt.*

Das gestern noch dreckig und verwaschen wirkende Laub der Bäume erstrahlte mit einem Mal feurigbunt und voller Leben, das schmutzige Grau des Himmels wurde zu einem erhabenen Weiß – gesäubert von der Trübsal der letzten Tage. Jetzt mussten nur noch Haller und die Staatsanwaltschaft mitspielen.

Doch das taten sie nicht, ganz und gar nicht. Ich berichtete ihnen von meinem Verdacht der hypnotischen Manipulation, führte als Beweis die CD an, die bei Abeba Habibs Habseligkeiten gefunden worden war, zeigte die Verbindung zu den Seminaren des Centers und den Zahlungen der Familie Thalhammer auf, sogar die bisher verschwiegenen Anrufe bei mir zu Hause warf ich in die Waagschale. Doch die ernüchternde Aussage des Hauptkommissars lautete: »Zu wenig konkrete Beweise für eine Durchsuchung. Wo ist das Motiv?«

Ich kochte vor Wut und Enttäuschung. Wollte er nicht, dass ich den Fall aufklärte? Bevor ich meinem Ärger Luft machen konnte, nahm mich Uwe zur Seite.

»Etwas Geduld noch, Marie, dann können wir zupacken. Es fehlt nicht mehr viel. Du darfst nur nicht die Nerven verlieren.«

»Ich weiß ganz genau, was ich jetzt zu tun habe«, versicherte ich meinem Partner in ruhigem Tonfall.

Sollte Uwe und die anderen doch allein auf weitere Beweise warten, ich würde zu Panzotti fahren, ihn mit meiner Theorie konfrontieren und zu einem Geständnis zwingen. Jetzt.

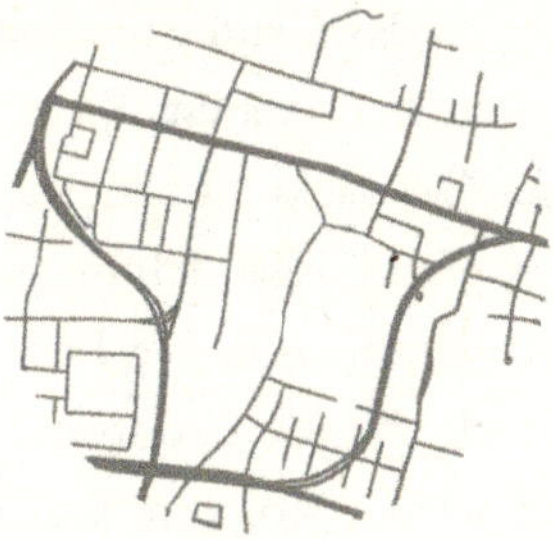

KAPITEL 19

Auf dem Weg zum Medial Care Center wog ich meine Möglichkeiten ab. Statt wie ein Elefant in den Porzellanlanden zu poltern, wollte ich es durch die Hintertür versuchen. Ich würde heimlich auf das Gelände schleichen, mich umsehen, die Einzelheiten dieser Machenschaften aufdecken und erst Verstärkung rufen, wenn ich absolut sicher war, genug Beweise zu haben.

Um nicht aufzufallen, parkte ich meinen Wagen ein paar Straßen weiter am Eingang zum Riemer Stadtkern und ging den Rest des Weges zu Fuß. Als die Villa mit ihrem mannshohen Zaun in Sichtweite kam, bog ich in die angrenzenden Felder ab.

Mit hochgeschlagenem Kragen mimte ich eine harmlose Spaziergängerin. Langsam, Schritt für Schritt, schlich ich einen schmalen Pfad zwischen zwei Äckern entlang, den Blick auf das Gebäude geheftet. Vielleicht gab es einen Hintereingang, der in diese Festung führte? Und tatsächlich glaubte ich, eine Tür in der endlosen Reihe aus Latten zu erkennen. Direkt neben einem kleinen Hügel, der ein Komposthaufen zu sein schien.

Der Feldweg verlief in einem großen Bogen, an der Rückseite der Villa vorbei und verschwand am Ende in einem Waldstück.

Wenn ich also dichter an das Grundstück heran wollte, musste ich durch die aufgebrochene Erde waten. Nicht gerade die unauffälligste Weise, sich einem Zielobjekt zu nähern. Ich, allein auf weitem Feld, durch Matsch stapfend. Egal. Ich musste es versuchen.

Bei jedem Schritt versanken meine Füße schmatzend bis über die Knöchel im Dreck. Nasse Erdbrocken klebten an meinen Hosenbeinen, immer wieder stolperte ich. Doch am Ende siegte ich über den Schlamm und stand am Zaun, ohne dass ein Schlägerkommando mich abgefangen hätte.

»Fühl dich nur sicher, Alexandro. Umso leichter werde ich dich schnappen«, flüsterte ich und drückte die Klinke der Gartenpforte nach unten. Die Tür war verschlossen. Natürlich. Auf den ersten Blick eine weitere Sackgasse. Aber nicht mit mir. Diesmal nicht.

Auf Händen und Füßen krabbelte ich den, in der herbstlichen Kälte dampfenden, Komposthaufen hinauf, ging in die Hocke, fixierte die Zaunkante, stieß mich ab und hechtete hinüber. Mit einem dumpfen Scheppern klatschte mein Körper dagegen. Ich erwischte gerade so die Kante, nahm all meine Kraft zusammen, zog mich in einem Klimmzug nach oben, schwang meine Beine schnaufend auf die gegenüberliegende Seite und plumpste zu Boden.

Reglos verharrte ich einige Sekunden in der Hocke, um mich zu orientieren, registrierte links von mir mehrere Fenster, rechts eine lang gezogene Mauer und huschte geduckt darauf zu. Wenn mich meine Erinnerung nicht täuschte, musste sich hinter dieser Wand die große Halle befinden, die mir Panzotti bei unserem Rundgang gezeigt hatte.

Ich drückte mich gegen den Verputz und lauschte. War da nicht Gemurmel zu hören? Das war meine Chance. Lautlos schlich ich um den Bau herum, zu der Tür, die ich damals auf der gegenüberliegenden Seite des Podestes bemerkt hatte. Behutsam drückte ich die Klinke, so langsam und vorsichtig, als müsste ich den Zünder einer Bombe entschärfen.

Endlich hatte ich Glück. Mit einem leisen Schaben gab die Tür nach. Ich lugte durch den Spalt und sah die Rücken mehrerer Menschen direkt vor mir. Jemand hielt, von sanft dahin plätschernder Musik begleitet, eine Ansprache. Ob Panzotti eines seiner Seminare abhielt?

Langsam öffnete ich die Tür so weit, dass ich mich hindurchquetschen konnte und zog sie hinter mir wieder zu. Dann reihte ich mich in die Versammlung ein. Keiner der an die hundert Zuhörer schien mein Eindringen zu bemerken. Starr und unbewegt waren ihre Blicke auf das Sprecherpodest gerichtet, auf einen Mann, der nicht Panzotti war, mir aber dennoch bekannt vorkam.

Er war nicht besonders groß, hatte ein kantig wirkendes Äußeres, dunkelbraunes, kurzes Haar und trug ein beigefarbenes, weites Gewand. Seine Hände auf das hüfthohe Pult gestützt, sprach er wie ein Pfarrer von seiner Kanzel zu der lauschenden Masse. Wer war dieser Mann?

Unauffällig bewegte ich mich hinter den Lauschenden an die Seite des Raumes und arbeitete mich Reihe für Reihe vor. Doch erst als ich schon fast vor ihm stand, machte es in meinem Kopf klick. Dieser Kerl, der wie ein Guru beschwörend auf die Menschen einredete, war derselbe, der mir nach meinem ersten Besuch im Garten entgegengehetzt war – der Lodenmantel-Mann mit der Pfeife. War er womöglich der wahre Drahtzieher hinter der Fassade des Centers?

Ich war versucht, die Frau neben mir anzusprechen und einfach nach seinem Namen zu fragen, doch damit hätte ich mich als Uneingeweihte verraten. Und wer wusste schon zu sagen, wie diese hypnotisierten Zombies auf so eine potenzielle Bedrohung reagieren würden.

Mir blieb nichts anderes übrig, als die Identität des Predigers auf eigene Faust in Erfahrung bringen. Für eine Weile lauschte ich unschlüssig seinen Ausführungen über die Befreiung des Geistes und des nahen Himmelreichs, bevor ich mich entschloss, besser aus seinem Blickfeld und aus dieser Veranstaltung zu verschwinden. Während der Kerl sich auf sein Skript konzentrierte, schlich ich von Säule zu Säule seitlich am Podium vorbei und zu dem Ausgang, den ich mit Panzotti genommen hatte.

Und wieder war mir das Glück hold. Nachdem ich es in einen der vielen Gänge dieses verwinkelten Gebäudes geschafft hatte, atmete ich durch. Offenbar legte man im Center nicht so viel Wert auf Sicherheit, wie ich angenommen hatte. Kein Angestellter oder Wachposten war zu sehen.

Links und rechts reihte sich eine Tür an die nächste. Jetzt galt es, die zu finden, hinter der sich die gesuchten Antworten auf meine Fragen versteckten. Ein Labor, eine Folterkammer oder sonst etwas, das den Einsatz von Hypnose zu unheiligen Zwecken belegte. Eine nach der anderen rüttelte ich an den Knäufen, aber sie waren verschlossen.

Ich schlich weiter, den Gang entlang bis zu einem Treppenhaus. Jeden Augenblick erwartete ich, dass Panzotti mit seinem charmanten Lächeln auf den Lippen um die Ecke stolzierte. Ich war verrückt, es allein mit dieser Bande aufzunehmen! Warum hatte ich nicht einmal verzichtet, mich als Einzelkämpferin durchzuschlagen, und Uwe gebeten mitzugehen?

Besser spät als nie zückte ich mein Handy und wählte seine Nummer. »Der Teilnehmer ist zurzeit leider nicht erreichbar. Versuchen Sie es später noch mal.« Kein Empfang. Dennoch tippte ich zumindest eine kurze Nachricht, um ihn über meinen Standort und die Situation in Kenntnis zu setzen.

Obwohl mir das Herz bis zum Hals schlug und in den Ohren widerhallte, machte ich weiter. Ich war so nahe dran, den Fall zu lösen. So nahe dran, die Serie meiner Misserfolge zu durchbrechen. Ich brauchte diesen Sieg und ich brauchte einen Plan. Wo konnte ich sonst noch nach Beweisen für meine Theorie suchen? Die Wahl fiel naturgemäß auf den Keller. Wo sonst verbargen sich Geheimnisse?

Die Stufen führten nach unten in einen weiteren Gang, der im Abstand mehrerer Meter von Neonröhren beleuchtet wurde. Im Gegensatz zum Erdgeschoss waren die Wände weder tapeziert noch gestrichen. Unter mir glänzte nackter Beton. Doch auch hier gab es Türen.

Die erste führte in eine Wäschekammer, die nächsten zwei waren verschlossen, dann folgte der Heizungsraum. Ich wechselte auf die andere Seite des Ganges und suchte weiter. Klinke um Klinke drückte ich nach unten und war fast schon wieder am Treppenabsatz angelangt, als eine weitere Tür nachgab. Überrascht blickte ich in ein kärglich eingerichtetes Zimmer, mit einem Schrank, einem Stuhl und einem Bett. Eine nackte Glühbirne hing von der Decke und erfüllte den Raum mit künstlich gelbem Licht.

Erst auf den zweiten Blick erkannte ich, dass auf dem Bett jemand lag. Ich erschrak, schlug reflexartig die Tür wieder zu, überlegte gehetzt, wo im Gang ich Deckung finden könnte, blieb dabei aber wie angewurzelt stehen. Etwas stimmte nicht. Warum hörte ich kein Poltern, keine herannahenden Schritte? Hatte ich mich geirrt? War da nur ein Schatten auf dem Bett gewesen?

»Marie, sind Sie noch da?«

Obwohl die Stimme schwach und gedämpft durch die Tür drang, erkannte ich sie augenblicklich. Kein anderer Junge auf der Welt klang wie zehn singende Mönche gleichzeitig. Patrik!

Vorsichtig öffnete ich die Tür und spähte hinein. Der Punk hatte sich aufgerichtet und saß jetzt auf der Bettkante.

»Willkommen in meinem neuen Heim«, sagte er matt und deutete mit der Hand einladend auf den Stuhl neben sich. Dabei klimperten schwere Ketten um Handgelenke und Füße. Er war also ein Gefangener! Weil er mir geholfen hatte? Schließlich war er es gewesen, der mir die Adresse des Centers an die Autoscheibe gesteckt hatte.

»Was soll das? Warum hält dich das Center fest? Wenn es Panzotti darum ginge, dich, genau wie den Rest deiner Familie, auszulöschen, hätte er das doch längst erledigen können.«

Patrik lächelte. »Viel interessanter ist doch, warum Sie hier sind? Kommen Sie, um mich zu retten? Oder um sich selbst zu retten?«

Ich trat näher, um nach einer Möglichkeit zu suchen, ihn von seinen Fesseln zu befreien. »Ich bin gekommen, weil ich Panzottis Scharade durchschaut habe. Unter dem Deckmantel eines Medial Care Centers verwandelt er Menschen in willenlose Zombies. Ich weiß es jetzt, Patrik. Was dir und deiner Schwester passiert ist. Und ich bin sicher, dass Panzotti für die Morde verantwortlich ist. Aber ohne konkrete Beweise und ein handfestes Motiv kann ich nichts unternehmen.«

Ich rüttelte an den massiven Ringen um Patriks Handgelenke.

»Lassen Sie nur, Marie. Wenn man Sie mit irgendetwas in diesem Raum öffnen könnte, hätte ich es bereits getan oder jemanden für mich tun lassen.«

»Jemanden? Meinst du … die Engel, von denen du so oft sprichst?«, fragte ich unsicher.

»Nein, Engel sind keine Heinzelmännchen oder guten Feen.«

»Was sind sie dann, Patrik? Hirngespinste? Sind sie meiner verwirrten Fantasie entsprungen, unten an der Brücke?«

Er antwortete nicht.

»Patrik, du musst mir endlich die Wahrheit sagen.«

Doch er blieb stumm.

Ich seufzte und sah ihn an. »Warum bist *du* hier?«

Er zwinkerte. »Um Ihnen beizustehen?«

Das ergab keinen Sinn. Wieder einmal. »Dann hilf mir. Bitte. Wo finde ich Beweise für Panzottis Machenschaften? Wo finde ich Anhaltspunkte für sein Motiv?«

Patrik lehnte sich zurück und stützte sich mit den Händen auf dem Bett ab. »Wenn überhaupt, dann nur in seinem Büro, oben im ersten Stock.«

»Und wer ist dieser Guru, der in der Halle zu den Leuten spricht?«

»Er nennt sich Israfil, der Verkünder. Sein richtiger Name lautet Jaroslav Ohms.«

»Ohms? Der Erfinder der MMS-Methode?« Das ergab tatsächlich Sinn und bestätigte meine Vermutung, dass etwas Großes im Gange war. »Wozu dieses Center? Wozu diese massenhafte Einflussnahme auf die Leute?«

»Er öffnet ihnen die Augen, damit sie die göttlichen Boten sehen und es ihnen gleichtun können.«

»Was tun?«

»Die Sünder bestrafen, im Namen Gottes.«

Ich schnaubte und schüttelte den Kopf. »Das ist doch Irrsinn! Erkennst du das nicht, Patrik? Diese Geschichte von Engeln, Sünde und Gott ist nur ein Mittel zum Zweck, um euch gefügig zu machen und zu missbrauchen.«

Doch der Punk reagierte nicht.

Abermals schüttelte ich den Kopf und zückte mein Handy. »Ich werde Verstärkung rufen, um dich hier rauszuholen. Dann wirst du mir die Geschichte von Anfang bis Ende erzählen und wir heben dieses kriminelle Nest aus.«

»Bitte nicht! Ich komme allein zurecht.«

Patrik klang so erschrocken und aufgewühlt, dass ich innehielt. Doch es musste sein. Ich würde diesen verwirrten Jungen auf keinen Fall angekettet in einem Keller sitzen lassen. Entschlossen wähle ich die Nummer des Kommissariats. »Scheiße, kein Netz! Ich muss wieder hoch.«

Als ich mich zum Gehen wandte, stand Panzotti unvermittelt im Türrahmen. In der Hand einen Revolver, der auf mich gerichtet war. »Marie, Marie. Hast du wirklich geglaubt, ich lasse meinen kostbarsten Schatz unbeobachtet?«

Sein Blick wanderte zur Decke. Halb im Schatten verborgen hing eine Kamera in einer der Zimmerecken. *Ich naive Kuh! Ausgerechnet hier hatte ich nicht damit gerechnet.*

Panzotti winkte mir mit der Waffe. »Komm, begleite mich in mein Büro. Der Umgang mit Patrik ist nicht das Richtige für dich.«

Ich überlegte, ob ich nahe genug stand, um ihn mit einem Sprung zu überwältigen, sah erst dann die zwei Muskelprotze hinter ihm im Gang und ergab mich meinem Schicksal. Ich allein hatte mich in diese Lage gebracht. Warum nur hatte ich Uwe nicht gleich gebeten mitzukommen? Er hatte doch bewiesen, dass er auf meiner Seite stand. Aber wahrscheinlich war es besser so. Denn entweder endete das hier tödlich für mich oder ich war meinen Job endgültig los.

Im ersten Stock angekommen sah Panzotti mit sichtlicher Schadenfreude zu, wie seine Handlanger mich an einen Stuhl fesselten. Dann folgte das Verhör.

»Du bist ein ganz schön zäher Brocken. Hätte ich gar nicht vermutet, nachdem du dich mir so an den Hals geworfen hast.« Er grinste.

Ich dagegen spuckte nach ihm. »Lass mich gehen, das ist deine letzte Chance. Das Revier ist informiert. Die Polizei trifft jede Minute ein und dann ist dein dreckiges Spiel endgültig aus«, spie ich ihm die Worte entgegen.

Panzotti zog einen Schmollmund. »Na, na, du sollst doch nicht lügen. Ich kann dich auf keinen Fall weiter in meinem Allerheiligsten herumschnüffeln lassen.«

»Ich weiß sowieso schon alles!«, versuchte ich es mit einem weiteren Bluff.

Panzotti schnalzte mit der Zunge und kam näher. So nahe, dass ich seinen widerwärtigen Atem auf meiner Haut spüren konnte. »Kämpferisch bis zum Schluss. Wirklich gut, Marie. Dann erzähl doch mal, was du zu wissen glaubst. Hat dir dein orangehaariger Freund seine Schuld gebeichtet?«

»Du und dieser Ohms seid die einzigen Schuldigen!«, schrie ich ihm entgegen. »Gib es zu, ihr missbraucht Menschen für irgendwelche dubiosen Geschäfte, hypnotisiert sie, macht sie zu willigen Sklaven und lasst sie für euch die Drecksarbeit erledigen, während ihr Geld scheffelt und euch in eurer Macht suhlt.«

»Gar nicht mal schlecht. Du bist näher dran, als ich erwartet habe«, gab der Center Chef mit einem lakonischen Lächeln zu. »Allerdings bin ich weder von Geld noch von Macht besessen. Ich erfülle meine Pflicht als Gläubiger. Meine Ziele sind durch und durch ehrbar. Wirklich. Ich trage vor Gott eine alte Schuld ab.«

»Und lädst dir dabei neue auf, indem du Habib und die Thalhammers abschlachten lässt«, ging ich scharf dazwischen.

»Mit dem Tod der Eltern habe ich nichts zu tun.«

»Und Emilia? Sie war ein Kind!«

»Emilia war jung, dennoch steckten in ihr Dämonen. Statt brav ihrem Bruder nachzueifern und zu gehorchen, hat sich dieser kleine Teufel widersetzt. Sie wollte nicht akzeptieren, dass Gott die Menschen für ihre Sünden bestraft. Sie stellte die Bibelgeschichte in Frage. Wollte den Menschen um sich herum weismachen, dass sie selbst etwas Göttliches in sich tragen, dass sie selbst Götter sind. Verfluchte Ketzerin!« Panzotti stand die Wut wie rot-weiße Kriegsbemalung ins Gesicht geschrieben. Seine Nasenflügel bebten wie bei einem wilden Stier.

»Darum geht es also? Um einen Streit zwischen Religionen? Alexandro, sie war ein Kind! Was hätte sie schon anrichten können?« Fassungslos starrte ich ihn an.

Doch in seinen Augen glänze der Wahnsinn. »Zerstören wollte sie mich und mein Werk! Und diese verdammten Kopten sind schuld daran. Aus unerfindlichen Gründen glaubte sie ihnen mehr als mir. Mir, der ich ihr wie ein zweiter Vater gewesen bin.«

»Sie hat im Kloster St. Michael gelebt. Unter deiner Kontrolle. Deshalb haben die Thalhammers jeden Monat Geld überwiesen. War das der Preis für einen Platz an Gottes Seite? Oder glaubten sie tatsächlich, du würdest ihre Kinder zu wundertätigen Heiligen ausbilden?«

»Verstehst du denn immer noch nicht, Marie? Das alles hier ist echt. Gott, Teufel, Himmel, Hölle, das alles gibt es wirklich!«

Panzotti beugte sich bedrohlich über mich, riss meinen Kopf an den Haaren zurück und stierte mir mit aufgerissenen Augen ins Gesicht. Doch so leicht würde er mich diesmal nicht einschüchtern, jetzt, da ich in die Ecke gedrängt nur noch den Tod vor mir hatte.

»Wenn es so wäre, dann wärst du der Erste, der in die Hölle hinabfährt. Du Teufel!«, zischte ich zwischen vor Schmerz zusammengebissenen Zähnen hindurch.

»Nein, nein, nein. Ganz im Gegenteil. Ich bin so nahe dran, meine Schuld zu begleichen. Ich spüre seine Nähe bereits wieder. Der klamme Hauch der Hölle weicht zurück. Die Teufelskralle wird meine Seele gehen lassen und den Pakt lösen. Gott wird mich wieder in seine Arme nehmen und meinen Geist retten.«

»Wovon sprichst du?«, schrie ich, von einer Welle aus Wut geschüttelt.

Glaubte Panzotti ernsthaft, er hätte seine Seele an den Teufel verloren und könnte sie durch Mord freikaufen?

»Alexandro, denk nach! Hörst du dir selbst überhaupt zu? So spricht ein Besessener, kein Christ.« Verzweifelt zerrte ich an meinen Fesseln. Doch der Strick, den mir die zwei Bewacher um Hände und Arme geschlungen hatten, zog sich nur noch fester und schnürte mir das Blut ab. Ich musste Panzotti dazu bringen, weiterzusprechen. Nur so würde ich herausfinden, was hinter all dem steckte. Auch wenn es womöglich das Letzte sein würde, das ich hörte.

»Warum haltet ihr Patrik fest? Was ist so besonders an ihm?«

»Patrik, der große Patrik, unser Bester aller Boten! So viele Jahre hat er der Sache treu gedient. Doch die Gedanken seiner Schwester haben am Ende auch ihn infiltriert und zum Irrglauben verleitet. Abgehauen ist er, dieser Verräter. Er wollte sich lossagen und nach dem Tod seiner Schwester ausgerechnet dich gegen uns aufhetzen. Doch wir haben ihn gefunden. In ein paar Tagen wird er zur Vernunft gekommen sein, da bin ich sicher.«

»Welcher Sache hat er gedient?«

»Patrik ist unser Bote und Mittler in die Zwischenwelt. Er ruft die Racheengel herbei und zeigt ihnen die verderbten Seelen, die im Namen Gottes von der Erde getilgt werden müssen.« Panzottis Gebärden wurden ausladender, seine Augen immer größer und erschreckender.

Er ist nicht bei Sinnen, dachte ich. *Alexandro ist selbst ein Opfer dieser Ideologie.* Er konnte auf keinen Fall derjenige sein, der die Kontrolle über all das innehatte.

»Welche Rolle spielt dabei Israfil – oder sollte ich ihn Jaroslav Ohms nennen?«, fragte ich in einem weiteren Versuch, Panzotti am Reden zu halten.

Er nickte anerkennend. »Wie ich sehe, hat Patrik dich bereits über unseren Gedankenspender informiert.«

»Gedankenspender?«

»Ohms ist ein Medium, ein Werkzeug des Allmächtigen. Mit seinen Kräften kann er das Bewusstsein der Menschen erweitern und sie empfänglich für die Sprache Gottes machen.«

»Und du glaubst wirklich, dass Gott sagt, ihr sollt töten?« Seine mystisch verklärte Logik war unerträglich. Doch Panzotti blieb uneinsichtig.

»Du wirst es bald verstehen, Marie.« Mit diesen Worten gab er meinen beiden Bewachern einen Wink, mich wieder loszubinden. Ich wurde einige Türen weiter in eine der Seelenkammern geschleift, die ich bei meinem ersten Besuch besichtigt hatte. Ich ahnte, was mich erwartete.

Wie gutgläubig ich doch damals gewesen war. Ich hatte ihm die Sprüche abgenommen, als er von seiner Passion, den Menschen Heilung zu verschaffen, gesprochen hatte. So sehr hatte ich mich selbst nach Linderung meiner inneren Qualen gesehnt, dass ich das Märchen über die helfende Leere und Gottes erfüllender Stimme tatsächlich für echt gehalten hatte.

In Wirklichkeit diente dieser Raum, wie auch all die anderen, dazu, Menschen methodisch und effizient zu hypnotisieren und willenlos zu machen.

Da waren die Monitore, die einem über optische Signale Botschaften einprägen sollten, die rundum verteilten Lautsprecher als auditiver Kanal für die Gehirnwäsche und die Dunkelheit als Mittel, um jegliche rationale Regung zu ersticken.

»Sträub dich nicht, Marie. Du wirst sehen, danach verstehst du den göttlichen Plan. Lass dich in die Arme des Herren fallen und empfange seine Stimme.«

Nachdem seine Gehilfen mich auf dem Behandlungsstuhl in der Mitte des Raumes fixiert hatten, tippte Panzotti eine Zahlenkombination auf dem Nummernfeld an der Wand neben der Tür ein und verabschiedete sich wohlwollend lächelnd. Die Tür fiel ins Schloss. Ich war gefangen, ausgeliefert, hilflos. Mein wahr gewordener Albtraum.

Wie gelähmt sah ich zu, wie Stichwortkaskaden an meinem Verstand vorbeirauschten.

Alles sinnlos.

Ich bin selbst schuld.

Das ist die Strafe für meinen Ungehorsam.

Versagerin!

In der Dunkelheit gefangen, blähten sich meine Gedanken zu immer größeren Monstern auf. Ich fühlte mich an den Weihnachtsabend zurückversetzt. Sah meinen Vater schreien, hörte meine Mutter weinen, fühlte die Lähmung. Unfähig, etwas gegen die sich zusammenbrauenden Schrecken zu unternehmen. Damals als Kind waren meine einzigen Mittel demütiger Gehorsam und Stille gewesen. Mit Bravsein hatte ich versucht, die sich ankündigende Katastrophe aufzuhalten. Vergebens. Heute war ich erwachsen, klüger, erfahrener.

Wach auf! Tu etwas!

Als die Monitore synchron aufflackerten und ein erstes Knacken aus den Lautsprechern erklang, war ich wieder bei mir. Ich wollte kein Opfer mehr sein. Ich hatte es satt, von den Taten anderer bestimmt zu werden. Schluss!

Mit all meiner Kraft spannte ich meinen Körper an und versuchte mich aus den Halteriemen zu befreien, versuchte meinen Kopf zu schütteln und aus der Fixierung zu lösen. Doch die Fesseln saßen zu fest.

Was sonst? Was kannst du tun, um diesem wahnsinnigen Zirkus zu entgehen?

Rotierende Spiralen erschienen auf den Bildschirmen.

Ich schloss die Augen. *Denk nach! Wie kannst du der Gehirnwäsche entgehen?*

Auf den Innenseiten meiner Lider blitzten die Bilder der letzten Tage auf. Da waren Patrik und seine Theorie des grausamen Gottes und liebevollen Teufels. Pater Josephis, der von der Göttlichkeit des Menschen sprach. Daniel, der mich so sanft angeblickt, mich in meiner Verzweiflung gerettet und beschützt hatte. Und trotzdem hatte ich ihm am Ende misstraut, statt mich ihm zu öffnen, wie es mir Doktor Binding verordnet hatte.

Bei dem Gedanken an meine Therapeutin erinnerte ich mich an die gelernten Entspannungsübungen. Hypnose! Zusammen mit dem anschwellenden Brummen, das sich langsam in der Kabine ausbreitete, formte sich eine fantastische Idee in meinem Kopf. Ich würde mich selbst hypnotisieren. Jetzt. Nur dass ich, statt den Stress oder Schmerz auszuschalten, mein Gehör ausschalten würde!

Von dieser Aussicht beflügelt, strömte neue Kraft durch meinen Körper. Ich fühlte mich machtvoll, zu allem fähig, solange ich es mir nur im festen Glauben an mich selbst vorstellte. Und genau das tat ich.

Dreimal wiederholte ich mein Schlüsselwort und visualisierte so intensiv wie noch nie das Abgleiten in diesen ganz speziellen Zustand zwischen Wachen und Schlafen. Ich schärfte meinem Unterbewusstsein ein, nur auf meine eigene Stimme zu hören und alles andere auszublenden. Erst dann befahl ich meinen Ohren, für alles taub zu sein, das nicht aus mir selbst heraus kam, bis ich dieses Gebäude wieder verlassen hatte.

Eine Vorsichtsmaßnahme, damit der Zustand nicht bis zum nächsten Morgen anhielt. So hatte es mir die Therapeutin beigebracht. Der Schlafzustand löste Suggestionen auf, außer man gab sich den Befehl, die Konditionierung während der Traumphase zu wiederholen. Auf diese Art und Weise konnte eine Suggestion auf Dauer gefestigt werden. Zumindest hatte das Doktor Binding behauptet.

Ich visualisierte und visualisierte, stellte mir Wachspfropfen vor, die sich in meine Ohren drückten, kreierte in meiner Fantasie riesige Wattebäusche, die sich um meinen Kopf legten, versinnbildlichte Hunderte kleine, Ton fressende Monster, die vor meinen Gehörmuscheln Wache schoben, und baute gedankliche Weichen in meine Gehörgänge ein, die die eindringenden Geräusche auf Abstellgleise umleiteten. Ich war so fokussiert auf die Bilder, dass ich erst sehr viel später merkte, dass mein Experiment Erfolg zeigte.

Mit zusammengekniffenen Augen saß ich da und registrierte plötzlich, dass es still war. Hatte Panzotti die Prozedur beendet? Vorsichtig hob ich das rechte Augenlid und spähte auf einen der Monitore.

Zwei große Pupillen, Nase und Mund waren zu sehen, umrahmt von kleinen drehenden Spiralen. Während die Augen starr auf mich gerichtet waren, formten die Lippen unablässig stumme Worte. Offenbar hatte ich mich wirklich und wahrhaftig taub gehext.

Ein unbeschreibliches Glücksgefühl durchströmte mich, kitzelte in meiner Magengrube und zauberte ein Lächeln in mein Gesicht. Ich hatte es geschafft, hatte es richtig gemacht und Panzotti überlistet. Und obwohl ich immer noch an einen Stuhl gebunden in den Klauen der Feinde festsaß, verspürte ich den Drang, laut zu jubeln.

Ich war bei Sinnen und die Beweise für den Fall waren direkt vor mir und um mich herum. Ich musste sie nur noch dokumentieren. Da mich meine Bewacher nicht gefilzt hatten, steckte mein Handy immer noch in meiner Jackentasche, eingeklemmt zwischen mir und der Armlehne. Wenn ich es schaffte, die VoiceDial Funktion über den seitlichen Knopf zu aktivieren, konnte ich zumindest das integrierte Diktiergerät aktivieren oder sogar einen Anruf absetzen.

Mit aller Macht wand ich mich hin und her, bis das Gerät so in der Tasche lag, dass ich es mit einem Ruck seitlich gegen den Stuhl drücken konnte. Anschließend sagte ich »Aufnahmestart« – zumindest hoffe ich, dass ich es sagte und es laut und deutlich genug gewesen war, um die Anwendung zu starten. Danach schloss ich die Augen und wartete.

Die Stille schien endlos zu dauern, doch irgendwann packte mich jemand von hinten unsanft an den Schultern und schüttelte mich. Überrascht schlug ich die Augen auf und schaute in das Gesicht eines Bewachers. Er musterte mich misstrauisch, schnipste dann einmal dicht vor meiner Nase, als wollte er meine Reaktionsfähigkeit testen, und ließ grinsend von mir ab, nachdem ich so unbeteiligt wie möglich vor mich hinstarrte.

Damit mein Plan funktionierte, musste ich ab jetzt einen willenlosen Zombie spielen. Wie genau sich die vollführte Prozedur in Wahrheit äußerte, wusste ich nicht. Außer den wie hypnotisiert zuhörenden Menschen in der Halle hatte ich noch kein Opfer beobachten können.

Ich wurde losgeschnallt. Panzotti kam auf mich zu, beugte sich vor und redete auf mich ein. Ich blieb ruhig und bewegungslos. *Schau ihm bloß nicht in die Augen. Blicke sind verräterisch.* Ich überlegte, hin und wieder zu nicken, entschied mich stattdessen aber für ein einfaches Blinzeln. Je besser meine Performance, umso schneller würde mich Panzotti gehen lassen. So hoffte ich zumindest.

Als er seine Hand ausstreckte, glaubte ich schon, er würde mir aus dem Stuhl helfen wollen. Doch sie wanderte weiter an meinem Arm vorbei zu meinem Hals, streichelte ihn, glitt langsam nach unten, über das Schlüsselbein, immer tiefer bis zu meiner Brust.

Ich wollte schreien, seine ekligen, grabschenden Finger von mir stoßen und auf ihn einprügeln. Doch ich durfte nicht, nicht einmal die Augen schließen oder meine Muskeln anspannen. Ich war seinen Übergriffen ausgeliefert, zum zweiten Mal. Ich konnte nur beten, dass er es im Beisein seiner Gehilfen bei oberflächlichen Handgreiflichkeiten belassen würde.

Ohne Ton wirkte das Geschehen wie ein grotesker Stummfilm. Aus Panzottis geiferndem Gesicht sprach purer Wahnsinn.

Er schien selbst gefangen in der Vorstellung zu sein, dem Teufel seine Seele vermacht zu haben und sie durch die Bestrafung von Sündern zurückerlangen zu können. Während Panzotti weiter meine Brüste griff, sie knetete drückte und kniff, suchte ich, emotionslos vor mich hin stierend, eine Erklärung. Es musste jemanden hinter dem Center Chef geben. Jemanden, der große Kenntnisse über Hypnose besaß und die Religion als Trittbrett nutzte. Patrik? Konnte das sein? War er ein Gefangener seiner eigenen Machenschaften geworden? Nein, bestimmt nicht.

Als Panzotti eine Hand zwischen meine Beine drückte, zuckte ich zusammen und spannte reflexartig die Kiefermuskeln an. Doch er war viel zu erregt, um dieses Detail zu bemerken. Wie ein brünstiger Eber rieb er sich an meinen abgewinkelten Knien und redete auf mich ein.

Doch ich war taub, taub und angewidert von so viel unkontrollierter Geilheit und despotischer Herrschsucht. Tiefe Abscheu mischte sich mit Wut und Rachegelüsten. Ein unbändiger Wille zu überleben, begann mein Denken zu überlagern. Ich musste einen Ausweg finden, mich retten, den Feind umbringen, bevor er mich umbrachte.

Kurz bevor ich so weit war, meine Empfindungen einfach hinauszubrüllen, tauchte überraschend der Prediger aus der großen Halle auf. Ohms.

Schlagartig wurden mir die wahren Zusammenhänge klar. *Er* war der Mann im Schatten, *er* war der Experte und Manipulator. Nicht nur, dass er die Menschen unterwarf, auch seinen Partner hatte er gefügig gemacht. Statt sich selbst ins Rampenlicht zu stellen, war er klug genug gewesen, Panzottis Ängste auszunutzen und ihn als scheinbares Kontrollorgan und öffentliche Zielscheibe vorzuschieben.

Er, der unscheinbare Mann in Lodenmantel und Jägerhut, war der wahre und einzige Teufel in diesem Spiel. Er hielt die Fäden in der Hand und hatte alle an der Nase herumgeführt. Mich eingeschlossen.

Mit dieser Erkenntnis fielen auch die letzten Dominosteine. Seine Augen! Es waren seine Augen, an die ich mich vom Abend in

Panzottis Villa erinnerte und die ich für Alexandros gehalten hatte. Die gleichen Augen, die auch eben über die Bildschirme geflackert waren. Durchdringende, hypnotische Augen.

Jaroslav Ohms. Was ist dein wahres Ziel? Ich brannte drauf, ihm meine Erkenntnisse entgegenzuschleudern, ihn festzunageln und zu verhören. Aber meine Lage verhinderte das. Ich musste schnellstmöglich hier raus, zurück zum Kommissariat und ein Sturmkommando anfordern.

Mit den Aufzeichnungen auf meinem Handy musste mir Haller einfach glauben. Es gab genug Verdachtsmomente, um im Auftrag der Staatsanwaltschaft einem Richter den Durchsuchungsbefehl zu entlocken. Doch es musste sofort geschehen. Noch wog sich der Schurke in Sicherheit, glaubte, alles im Griff zu haben und seine Spielchen weitertreiben zu können. Aber damit war es bald vorbei. Ich musste raus hier! Sofort!

Panzotti hatte seine Hände von mir genommen und schien sich mit Ohms zu streiten. Ob es dabei um mich ging? Als hätte Ohms meine Frage gehört, zeigte er in meine Richtung und bellte dem Muskelprotz neben mir Befehle zu.

Mächtige Pranken packten mich an den Armen, zogen mich aus dem Sitz und stellten mich auf die Füße. Im ersten Moment schwankte ich. Mein Kreislauf sackte ab, aber ich hielt mich auf den Beinen. Widerstrebend trat Panzotti ein paar Schritte zurück, während Ohms näherkam und mich begutachtete.

Was, wenn er mir als Test einen Befehl erteilte? Ich konnte ihn weder hören noch seine Lippen lesen. Wie sollte ich mich verhalten? Wenn sie diese Prozedur mit all ihren Mitgliedern durchführten, durfte es keine allzu sichtbaren Spuren hinterlassen.

Die Menschen mussten gesellschaftstauglich bleiben, um nicht aufzufallen. Also wurde von mir wahrscheinlich erwartet, dass ich erwachte, das Geschehene vergaß und anschießend meinem Chef nahelegte, dass ich falsch mit meinen Verdächtigungen gelegen hatte und der Fall abzuschließen war. So oder so ähnlich musste es sein. Denn um mich verschwinden zu lassen, hätte es gereicht, mich zu Patrik in den Keller zu sperren.

Aber wie, um Himmels Willen, sollte ich dieses Aufwachen spielen und was war das Zeichen dafür? Würde jemand mit dem Finger schnippen, so wie die Showhypnotiseure im Fernsehen?

Hatte mich meine Taubheit eben noch gerettet, schien sie mir nun zum Verhängnis zu werden. Ich konzentrierte mich auf die Mimik von Ohms und suchte verzweifelt nach einem Anhaltspunkt.

Als er in seiner Rede innehielt und mich mit fragendem Ausdruck fixierte, nickte ich intuitiv. Wieder formten seine Lippen Worte, die eine Antwort zu verlangen schienen. Erneut signalisierte ich mit einer Kopfbewegung meine Zustimmung.

Er packte mich, formte die Buchstaben einzeln und ich begriff, dass er mich sprechen hören wollte. Aber wie, ohne Gehör?

Ich stellte mir vor, Kopfhörer mit dröhnender Musik zu tragen. Bloß nicht zu laut sprechen, kurz und knackig das Wort betonen und dann ein versicherndes Lächeln anhängen. Ich öffnete meinen Mund und sagte: »Ja.«

Es funktionierte. Jaroslav Ohms schien zwar misstrauisch, aber vorerst zufrieden zu sein. Endlich ließ er von mir ab, klopfte Panzotti auf den Rücken und verließ den Raum. Aber noch war die Gefahr nicht gebannt.

Als der Center Chef auf mich zukam, fürchtete ich einen Moment lang, er würde da weitermachen, wo er vor Ohms Besuch unterbrochen worden war. Stattdessen strich er mir nur mit einer zärtlichen Bewegung durchs Haar, packte mich am Arm und schob mich zur Tür.

Er lässt mich gehen. Ich unterdrückte den Impuls, meine Schritte zu beschleunigen. Tür um Tür zog an mir vorbei, jeder Gang sah gleich aus, der Weg schien endlos. Ich dachte an meinen Traum und den nicht enden wollenden Schacht. Doch irgendwann erreichten wir die Empfangshalle.

Alicia saß hinter der Theke, blickte bei unserem Erscheinen kurz auf, als wäre alles ganz normal. Sie lächelte freundlich, begrüßte uns und widmete sich wieder dem Inhalt auf ihrem Monitor. Damit war die nächste Hürde genommen.

Panzotti trat mit mir in den Garten hinaus, stellte mich ab und holte zu meiner Überraschung eine dieser kleinen Hundepfeifen aus der Hosentasche. Eine, wie sie auch Patrik und Ohms getragen hatten. Als er hineinblies, war der Ton leise, aber die hohe Frequenz auf seine eigene Art durchdringend.

»Er scheint wohl irgendwo in den Büschen Mäuse zu jagen«, hörte ich Panzotti sagen.

»Wer?«, fragte ich verwirrt und realisierte erst jetzt, dass ich mein Gehör zurückerlangt hatte.

»Na, Samson, mein Labrador, von dem ich dir erzählt habe und den du sehen wolltest.« Er strahlte so charmant und unschuldig, als hätten wir uns eben von einem gemütlichen Kaffeeplausch verabschiedet.

»Macht nichts. Dann begrüß ich ihn ein anderes Mal«, gab ich zurück und streckt ihm zur Verabschiedung meine Hand entgegen.

Panzotti nahm sie, zog mich an sich und küsste mich zärtlich auf die Wange.

Reiß dich zusammen. Denk nicht daran. Sei stark. Lächle und geh, sagte ich mir und spürte dabei, wie sich meine Arm- und Nackenhaare aufstellten.

Als ich den Bürgersteig entlang zu meinem Auto wankte, überkam mich ein unkontrolliertes Zittern. Ich ballte die Fäuste, biss die Zähne zusammen, aber es half nichts. Als hätte jemand eine Schleuse geöffnet, liefen mir die Tränen in Strömen über das Gesicht. Ohne auf die verwunderten Blicke der Autofahrer zu achten, ließ ich meinen Gefühlen freien Lauf. Eine Mischung aus Freude, Ekel und Angst tropfte von meinem Kinn und ließ mich schluchzen.

Immer wieder griff ich in meine Jackentasche, um mich zu versichern, dass mein Handy da war. Trotz des psychischen und physischen Missbrauchs hatte ich gewonnen. Und ich wusste, was ich jetzt tun musste.

Ich steuerte auf meinen Wagen zu, als auf der anderen Straßenseite plötzlich Uwe aus einem Auto sprang. »Marie! Marie, Gott sei Dank.«

Aufgelöst und schluchzend wischte ich mir mit dem Ärmel über das Gesicht und versuchte dennoch ein Lächeln. »Was ist los? Kannst du neuerdings nicht mehr ohne mich leben?«

Ohne eine Antwort zu geben, öffnete er die Arme und ich ließ die geradezu mütterliche Umarmung zu. »Was ist passiert? Hat man dir wehgetan?«

»Ich habe mir die Beweise besorgt, die Haller wollte«, antwortete ich und versuchte trotz des unkontrollierten Zitterns wie eine Siegerin zu klingen.

»Musst du dich denn immer und überall um jeden Preis über sämtliche Vorschriften und Ratschläge hinwegsetzen? Ich bin auf deiner Seite, weißt du das immer noch nicht?«, sagte Uwe mit einem Seufzer.

»Doch«, gab ich ehrlich zurück und nahm mir selbst das Versprechen ab, dass das hier der letzte Alleingang gewesen sein würde.

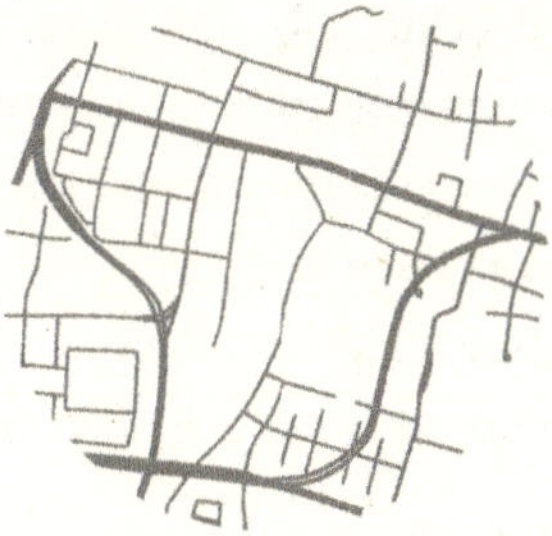

KAPITEL 20

Offenbar hatte Uwe unseren Hauptkommissar und den Rest der Einsatztruppe bereits vorgewarnt. Als wir im Dauerlauf die Treppen in den ersten Stock erklommen, empfing uns ein skeptisch dreinblickendes Empfangskomitee.

»Martius, Sie wissen hoffentlich, dass ich Sie für diesen Alleingang suspendieren könnte«, blaffte Haller mich zur Begrüßung an. Er lehnte an der Wand, mit verschränkten Armen und düsterer Miene. Doch in seinen Augen glaubte ich, Erleichterung zu erkennen.

Persbach, der davon natürlich wieder mal nichts mitbekam, setzte mit einem schadenfrohen Grinsen zu einer Bemerkung an, doch Haller gebot ihm mit einer herrischen Handbewegung Einhalt, während Uwe sich mit grimmigem Blick zwischen mich und seinen alten Partner stellte.

»Wo sind die Beweise?«, fragte der Hauptkommissar stattdessen.

»Hier.« Ich zückte mein Handy. »Nicht nur, dass ich mit eigenen Augen gesehen habe, dass im Keller des Centers Menschen gewaltsam festgehalten werden, ich habe endlich auch Tonaufnahmen, die die kriminellen Machenschaften beweisen.«

Triumphierend drückte ich auf den Abspielknopf meines Mobiltelefons. Sofort erklang ein unangenehm schriller Ton. Haller schaute mich an, als würde er mich in der nächsten Sekunde in einer Zwangsjacke abführen lassen wollen.

»Warten Sie ab«, beschwichtigte ich ihn, »es kommt noch mehr.« Das hoffte ich zumindest, denn angehört hatte ich mir das Band noch nicht.

Was schließlich kam, war unverständlichen Gebrabbel und das Ende der Aufzeichnung.

»Wenn Anne und Erwin das bearbeiten, ist das in Nullkommanix entschlüsselt«, sagte ich in das eisige Schweigen der anderen hinein.

»Das hier sind höchstens Beweise dafür, dass Sie komplett übergeschnappt sind!«, wetterte Haller.

»Aber hören Sie mir doch zu! Der wahre Drahtzieher ist nicht Panzotti, sondern ein Mann namens Jaroslav Ohms. Er hat das Center in eine Art Hypnoseanstalt verwandelt. Menschen werden massenhaft zu hörigen Sklaven gemacht und als Werkzeug für seine eigenen Machtfantasien missbraucht. Panzotti ist zwar ein Schwein, aber genauso auch ein Opfer. Er glaubt, er habe bei einem Ritual seine Seele dem Teufel vermacht und versucht deshalb mit angeblich gottgefälligen Werken diesen Frevel zu sühnen und sich so das Himmelreich zu erkaufen. Aber die Engel sind Hirngespinste!«

Ich schrie den letzten Satz, so als müsste ich nicht nur die anderen, sondern auch mich selbst davon überzeugen.

Hallers Gesichtsausdruck verriet, dass ihm meine Ausführungen nicht reichten. Er atmete tief ein, senkte den Blick und setzte zu einer Antwort an, doch Uwe kam ihm zuvor.

Er hob beschwichtigend die Hände, zeigte dann auf mein Handy und sagte: »Die Beweise mögen auf den ersten Blick schwach erscheinen. Aber warten Sie die kriminaltechnische Analyse ab. Lassen Sie uns über diesen Ohms in der Kartei recherchieren. Wenn wir bis heute Abend keine nennenswerten Ergebnisse vorweisen können, vergessen wir den Fall. Wenn wir aber fündig werden, holen Sie Staatsanwalt und Richter aus dem Wochenende, besorgen uns einen Durchsuchungsbefehl und stellen uns für morgen früh eine Einheit des SEK zur Verfügung. Abgemacht?«

Der Hauptkommissar sah immer noch skeptisch aus, nickte aber. »Abgemacht. Spätestens heute Abend acht Uhr will ich einen Bericht über die Ergebnisse. Fakten wohlgemerkt, keine haarsträubenden Vermutungen.«

Damit war die Versammlung beendet. Uwe beschwor mich mit flehentlichen Blicken meinen Mund zu halten, Haller verzog sich mürrisch in sein Büro und Persbach verschwand schadenfroh grinsend in der Kaffeeküche.

»Und jetzt?«, fragte ich.

»Jetzt trommeln wir das Spurensicherungsteam zusammen und lassen die Fachleute ihre Arbeit machen«, antwortete Uwe und zwinkerte aufmunternd. »Geduld, Marie. Nur noch ein bisschen Fleißarbeit, dann heben wir diese Mördergrube aus.«

Vier Stunden später saßen Anne, Uwe und ich in Davids Büro. Vor mir lag eine dicke Akte über Jaroslav Ohms. In Tschechien geboren, war er mit zwanzig nach Moskau übergesiedelt, um Psychologie und Metaphysik zu studieren. Nach seiner Ausbildung hatte er eine kleine Praxis eröffnet und diese in wenigen Jahren zu einem großen Therapiezentrum erweitert. Seine Erfolge bei der Behandlung von Sportlern und teils äußerst prominenten Kunden hatten ihm Ruhm, Geld und Macht beschert.

Er verfasste mehrere Bücher über seine Forschungen und seine neu entwickelten Methoden und reiste als selbsternannter Experte von einer Konferenz zur nächsten, um über sein Lieblingsthema zu referieren: die Manipulation des Geistes.

Trotz all der Show wurde er von der internationalen Fachelite nie zur Gänze anerkannt. Denn Ohms verknüpfte seine wissenschaftlichen Forschungen immer öfter mit abstrusen religiösen Theorien. Als Spezialist für Paranormales behauptete er, die Menschen seien nur willenlose Figuren in einem interstellaren Spiel, Empfänger für kosmische Botschaften und ausführende Werkzeuge galaktischer Strategien.

Vor fünf Jahren schließlich geriet seine Karriere endgültig ins Wanken. Er wurde beschuldigt, in seinem Zentrum, ohne Zustimmung der Patienten, fragwürdige Experimente durchzuführen und seine Firma auf sektenhafte Weise zu leiten. Seine Forschungsergebnisse wurden beschlagnahmt und das Zentrum geschlossen. Er selbst galt seit dieser Zeit als verschollen.

»Wenn das tatsächlich Jaroslav Ohms ist, dann muss er illegal eingereist sein. Ein Visum hätte der niemals erhalten«, schloss Anne ihren Vortrag, der den Stapel recherchierter Unterlagen zusammenfasste.

Ich betrachtete eines der beigelegten Fotos, das den Mann vor einem großen Publikum aus Militärs am Rednerpult zeigte. Genau wie in der Versammlungshalle stand er auf die Hände gestützt da, den Zuhörern entgegen geneigt, mit aufgerissenen Augen.

»Ja«, sagte ich, »das ist der Kerl, den ich gesehen habe.«

»Und du sagst, er hat die Menschen allesamt hypnotisiert?«, fragte David. »Das könnte womöglich die Ungereimtheiten bei unseren Mordfällen erklären.«

»Was genau meinst du?«, hakte ich nach.

»Die seltsam aufrechte Körperhaltung, die beide Opfer trotz der vielen Messerstiche beibehalten haben. Jeder normale Mensch würde sich schon aus Reflex nach unten beugen oder wegdrehen. Doch das Mädchen und dessen Mutter sind, den Spuren zufolge, beide kerzengerade stehen geblieben, bis einer der Stiche ihr Herz und ihre Lunge durchbohrt hat.«

»Und hypnotisiert wäre diese Reaktion denkbar?«, mischte sich Anne ein. Die Antwort darauf kannte ich bereits.

»Es ist wie beim Zahnarzt«, gab David im Tonfall des versierten Gerichtsmediziners zurück. »Durch Hypnose schaltet man bei dem Patienten den Schmerz ab. Nur dass es bei den Mordfällen einer weitaus tieferen Hypnose bedurfte.«

»Abeba Habib hat Emilia also erst hypnotisiert und dann umgebracht?« Das klang in meinen Ohren unglaubwürdig. Schließlich war Habib ein Schankwirt und Restaurantbesitzer gewesen, kein Seelenklempner.

»Vielleicht war es doch der Pater?«, warf Uwe ein.

Ich schüttelte den Kopf. »Dafür gibt es keine Anhaltspunkte.«

Oh, Patrik, was hast du getan! Sie war doch deine Schwester!

Es war die einzig sinnvolle Erklärung. Patrik, der so achtsam gehütete Schatz des Centers, der so religiös verklärte Junge, war ein Hypnotiseur und Werkzeug dieses skrupellosen Verbrechers. Deshalb hatte ich ihn in meiner Rückführung zum Zeitpunkt des Mordes an seinen Eltern im Haus gesehen. Er war der Schlüssel. Er war der Auslöser für die grauenhaften Morde. Deshalb hatte er am Abend an der Isar Engel vor meinen Augen erscheinen lassen können.

In meiner Erinnerung sah ich ihn rituell seine Kontaktlinsen herausnehmen, sah ihn, wie er seinen Blick in mein Innerstes tauchte. Es gab keinen Zweifel, er hatte mich manipuliert, in Angst und Schrecken versetzt und an den Grundfesten meines Daseins gerüttelt, bis ich beinahe in meinen Zweifeln ertrunken wäre.

Aber warum hatte er mich verfolgt? Warum hatte er mir Informationen zugeschoben? Wenn er den Auftrag gehabt hatte mich umzubringen, hätte er genug Gelegenheiten dazu gehabt. Und wenn es ihm darum ging, dass ich den Fall löste, warum hatte er mir nicht von Anfang an die Wahrheit über Ohms Machenschaften erzählt?

Aus Angst, selbst als Mörder verurteilt zu werden? Oder war seine Rolle eine andere? Übersah ich immer noch etwas Entscheidendes?

Noch bevor ich den Gedanken zu Ende spinnen konnte, steckte Erwin seinen Kopf zur Tür herein. »Na, wartet ihr auf mich?« Sein verschmitztes Grinsen ließ auf einen Erfolg bei der Bearbeitung der Handyaufnahme schließen.

»Lass uns nicht zappeln. Die Uhr tickt«, sagte Uwe.

Erwin stolzierte in das kleine Zimmer, in der einen Hand eine Akte, in der anderen einen digitalen Tonbandrekorder. »Alle Zuhörer mit schwachen Nerven bitte ich aus Sicherheitsgründen, den Saal zu verlassen. Denn jetzt hören Sie die erste öffentliche Ausstrahlung einer neuartigen Waffe, deren Munition aus Worten besteht, verpackt in an- und abschwellende Amplituden, mehrfach komprimiert auf eine Geschwindigkeit, die nur noch ein unbewusster Teil des Gehirns entschlüsseln kann. Damit wird der Filter des Bewusstseins umgangen. Die Information fließt also geradewegs in das Areal des Unbewussten und wird mit allen zur Verfügung stehenden Mitteln umgesetzt.«

Nach dieser Ansage machte Erwin eine Pause, blickte in unsere gespannten Gesichter, ließ den Finger über dem Tonbandgerät ein paar Mal kreisen und drückte endlich auf den Abspielknopf. Und dann hörte ich es. Alles.

Nicht nur, dass die Stimme von Ohms mir befahl, alle Ermittlungen gegen das Center und die dazugehörigen Personen einzustellen, dass ich mögliche Beweise vernichten und die Morde als tragische Wahnsinnstaten ablegen sollte, er suggerierte mir, dass all meine Anhaltspunkte Fehler gewesen waren, Fehler, die ich nur wiedergutmachen konnte, indem ich mich selbst richtete.

Selbstmord! Er hatte versucht, mich in den Selbstmord zu treiben! Mir lief ein eisiger Schauer über den Rücken. Wie konnte ein Mensch nur so skrupellos über das Leben und Sterben von Menschen entscheiden?

»Das ist doch mal ein Riesenarsch«, sagte Erwin schließlich in die Stille, die sich nach dem Ende des Bandes eingestellt hatte.

»Eher ein komplett Verrückter«, meinte Anne und schaute mitleidig zu mir herüber.

»Wie alle Verbrecher, die aus irgendwelchen selbst zusammengezimmerten Gründen morden«, sagte David mit ernster Miene.

Uwe dagegen lächelte. »Irgendwann musst du mir verraten, wie du es geschafft hast, dich dieser Gehirnwäsche zu entziehen. Aber erst, nachdem wir diese Spinner aus dem Verkehr gezogen haben.«

Ich erwiderte das Lächeln und stand auf.

»Danke, Erwin, deine Arbeit war wie immer Gold wert. Wann ist der Bericht fertig?«

Der Kriminaltechniker drückte mir eine Akte in die Hand. »Alles fix und fertig für die Jagd, Madame.«

Ich schickte ihm einen symbolischen Kuss durch die Luft und marschierte in Begleitung von Uwe mit dem gesammelten Material zu Haller. Dann ging alles ganz schnell.

Haller war mit unserer Arbeit sichtlich zufrieden und verständigte sofort die Staatsanwaltschaft. Ein Team des Spezialeinsatzkommandos wurde angefordert, zusammen mit einem psychologischen Betreuungsstab für die zu erwartenden geistig verwirrten Opfer, die man vor Ort aufgreifen würde.

Uwe und ich zogen unsere schusssichereren Westen über, erhielten ein Extrakontingent an Neun-Millimeter-Patronen für unsere Sig Sauers und ließen uns mit Sendern für den Sprechfunk verkabeln.

»Ziemlich viel Equipment für die Stürmung eines Meditationszentrums«, meinte ich, nachdem wir uns zusammen mit Fritz Brommberg, dem Einsatzleiter des SEK, vor dem Kommissariat versammelt hatten.

»Das sagen ausgerechnet Sie?«, gab er trocken zurück. »Sie sollten doch am besten wissen, wozu Menschen unter dem Einfluss von ein paar Wahnsinnigen fähig sind.«

»Wie meinen Sie das?«

»Na, laut Protokoll haben Sie die hypnotisierten Zombies gesehen. Glauben Sie mir, in einem Moment stehen die wie Schäfchen da und glotzen ihrem Meister auf die Lippen, im nächsten fletschen sie die Zähne und ballern sich als Selbstmordattentäter durch die Reihen. In deren Augen sind wir die Bösen, vergessen Sie das nicht. Mit Logik oder Verstand ist da nicht beizukommen.«

Ich nickte.

»Wenn Sie einem der Fanatiker gegenüberstehen, zögern Sie nicht, ihn durch einen Schuss ins Bein auszuschalten. Wir werden zusätzlich Rauchbomben und Tränengas einsetzten, um so viele wie möglich ohne Kampf zu überwältigen. Aber noch mal: Das ist kein Kaffeekränzchen, in das wir reinplatzen, da sind skrupellose Mörder am Werk.«

Langsam ging mir die arrogante Art des SEK-Führers auf die Nerven. Ich wusste nicht, ob es daran lag, dass ich eine Frau war, oder ob er mit jedem gewöhnlichen Kriminalbeamten sprach, als wäre er ein Babysitter für vergreiste Polizisten. So der so würde ich mir das nicht mehr lange gefallen lassen. Auch Uwe, der wenige Schritte neben mir stand, schien von dem Rambo-Gehabe Brommbergs nicht gerade amüsiert zu sein. Als sich unsere Blicke trafen, verzog er kurz das Gesicht, als hätte er auf eine Zitrone gebissen, und zwinkerte.

Eine letzte Besprechung des Vorgehens folgte. Wir machten den obligatorischen Uhrenvergleich, prüften die einwandfreie Funktion des Sprechfunks und verteilten uns anschließend auf die Einsatzbusse.

Zusätzlich zum Sturm des Medial Care Centers war sowohl ein Trupp zur Privatvilla Panzottis als auch zum Kloster unterwegs. Schließlich wussten wir nicht, wo Jaroslav Ohms wohnte, mussten aber jeden möglichen Schlupfwinkel des Anführers möglichst zeitgleich in Angriff nehmen.

Der Gedanke, Ohms könnte uns entwischen, erschien mir unerträglich. Hier ging es nicht nur um die Aufklärung des Falls, mein Seelenheil hing davon ab. Sein Geständnis, die Offenlegung aller illegalen Gaunereien, würde mir ganz offiziell bestätigen, dass die Visionen von Engeln und Dämonen Trugbilder gewesen waren. Seine Aussage würde mein Weltbild wieder geraderücken und endlich Ruhe in mein Leben einkehren lassen.

Es war kurz vor halb acht, als die Einsatztruppen ausschwärmten und das Gebäude des Centers umzingelten. Die Sonne war gerade am Horizont verschwunden. Die blaue Stunde brach an. Eisiger Wind wehte von Osten herüber und trug den Geruch von trockenem Schnee mit sich. Menschen, Bäume und Mauerwerk verschmolzen zu einem einzigen blaugrauen Wesen, das unter gleichmäßigen Atembewegungen hin und her schwankte.

Vorüberziehende Wolken warfen gespenstische Schatten auf die Szenerie. So beängstigend und gleichzeitig mystisch verklärt, als könnte jeden Moment ein gottgesandter Blitz durch diese Trostlosigkeit zucken, um die lauernden Dämonen vor uns zu enttarnen. Doch der Himmel blieb dunkel und trüb.

Brommberg hatte seine Hundertschaft auf vier zentrale Punkte verteilt, über die sie das Gebäude stürmen wollten. Ein Teil ging durch den Haupteingang hinein, ein zweiter über den Hintereingang, von dem ich berichtet hatte, ein drittes Team sollte erst den Puff nebenan stürmen und mögliche Durchgänge sichern, während das vierte Team von Osten über die Mauer und dann die Fassade hinauf in das Obergeschoss eindringen würde.

Uwe und ich waren aus Sicherheitsgründen der Nachhut zugeteilt worden. »Damit Sie uns bei der Arbeit nicht in die Quere kommen«, hatte der SEK-Führer ohne den Versuch einer Beschönigung gesagt. »Das ist ein Einsatz für die Profiliga.«

Am liebsten hätte ich ihm mit einem Faustabdruck in seinem Gesicht klargemacht, was ich von seiner Überheblichkeit hielt. Die passenden Schimpfwörter hatten mir bereits auf der Zunge gelegen, doch ich hatte sie hinuntergeschluckt. Schließlich ging es nicht um mich und meine Eitelkeit, sondern darum, Ohms und seine Verbrecherbande dingfest zu machen. Ganz egal, wer diesen letzten Schlag ausführte, Hauptsache, wir hatten Erfolg.

Statt mich also in Wortgefechten mit Brommberg zu ergehen, hatte ich ihn schlicht darauf hingewiesen, dass die Anführer um jeden Preis lebend zu fassen seien und auch Patrik befreit und festgehalten werden müsse. Denn auch von ihm brauchte ich immer noch ein Geständnis.

»Achtung, Positionen einnehmen!«, tönte es wenige Minuten später über Funk. Gleichzeitig wich das Blaugrau der Dämmerung dem schwarzen Schleier der Nacht, als hätte Gott schlagartig die Farbe an seinem Pinsel gewechselt. Mond und Sterne versteckten ihre Gesichter hinter einer dicken Schicht aus Nebel. Die blassgelben Kegel der Straßenlaternen tauchten die Umgebung in gedämpftes Licht. Vereinzelt hörte man das Rauschen der nahen Autobahn.

Mehrere erleuchtete Fenster im Obergeschoss zeigten an, dass im Center noch fleißig gearbeitet wurde. Laut den Informationen ihrer Website fand heute eine Veranstaltung statt, die bis einundzwanzig Uhr andauern sollte. Unsere Zielpersonen waren also mit hoher Wahrscheinlichkeit im Gebäude.

Ob Alicia gerade an ihrem Computer saß und die Einnahmen verbuchte? Ich stellte mir ihr überraschtes und gleichsam entsetztes Gesicht vor, wenn das vermummte Spezialkommando durch die Tür zu ihr in den Vorraum stürmte. Schade, dass ich das nicht miterleben würde.

»Zugriff! Zugriff!« Auf Brommbergs Befehl hin brach die Hölle los. Wie wimmelnde Ameisen stürmten die SEK-Teams schwer bewaffnet sowie mit Helm und Ganzkörperschutzmontur bekleidet auf das Gebäude zu. Ich hörte tausendfach Glas splittern, Polizeiwarnungen wurden gerufen. Das Surren von Seilen verriet, dass auch das vierte Team nach wenigen Sekunden seinen Platz im Obergeschoss erreicht hatte.

Erste hektische Bewegungen hinter den Fenstern wurden sichtbar. Für den Bruchteil einer Sekunde meinte ich, Panzotti zu erkennen. Doch in Wahrheit war es nur ein Schatten, ein schwarzer Umriss eines Mannes, der auf die versammelten Trupps blickte und wahrscheinlich die Welt nicht mehr verstand.

Ein einzelner Schuss war zu hören, eine Maschinengewehrsalve, dann das vielstimmige Kreischen panischer Menschen.

Hier und da züngelten dünne Rauchfäden aus den Fenstern, als wollten die Geisterschrecken durch die Ritzen in die Nacht entfliehen. Der Anblick weckte die Erinnerungen an die Racheengel und ich griff reflexartig zum Gürtelhalfter meiner Sig Sauer.

Uwe schien meine Anspannung zu bemerken und drehte sich zu mir. Ihm war anzusehen, dass auch er keineswegs erfreut darüber war, hier im Abseits zu stehen und dem Kampfgetümmel lauschen zu müssen. »Alles klar bei dir?«, fragte er.

»Ist nur das Rumstehen, das mich nervös macht«, log ich und lächelte bemüht.

»Westflügel gesichert«, kam die Meldung über Funk.

»Du kannst stolz auf dich sein«, sagte Uwe und deutete mit einer Kopfbewegung zur Villa. »Ohne dich und deine Hartnäckigkeit wären die Hintergründe und religiösen Verstrickungen des Falls nie aufgedeckt worden.«

Wieder lächelte ich, und diesmal lag ehrlicher Stolz darin.

Doch noch war der Einsatz nicht vorbei. Die Geräuschkulisse wurde lauter. Mehrere Schusswechsel waren zu hören.

»Sicherungstrupp an die Rückseite!«, dröhnte die angespannte Stimme Brommbergs über Funk. »Flüchtige Person mit Geisel!«

Ohms!, schoss es mir durch den Kopf. Ohne nachzudenken, sprintete ich los, durch den Garten, in Richtung des Hinterausgangs, den ich bei meiner Observation am Morgen gefunden hatte.

»Marie!« rief Kornzwiller in meinem Rücken. Doch er konnte mich nicht aufhalten. Um keinen Preis würde ich zulassen, dass Jaroslav Ohms sich davonstahl. In meiner blinden Eile stieß ich beinahe mit einem der Einsatzkräfte zusammen. Im letzten Moment wich ich aus, strauchelte und blieb schnaufend kurz vor dem Zaun stehen.

»Wo ist der Flüchtige!«, rief ich aufgebracht. Doch der Mann hinter dem massigen Helm schüttelte nur den Kopf und machte sich wieder daran, den Gartenabschnitt zu sichern.

»Was ist?«, fragte Uwe, der mir gefolgt war.

»Keine Ahnung. Aber ich hab das dumpfe Gefühl, dass hier irgendetwas gerade mächtig schiefläuft«, antwortete ich und öffnete die Gartentür, die auf die Felder führte.

In einer einzigen ruckartigen Bewegung hoben ein Dutzend Uniformierte ihre Waffen und legten auf mich an. Erst dann erkannten sie mich als eine der ihren. Hier war Ohms also auf keinen Fall durchgekommen.

Ich griff an den Funkregler und rief nach Brommberg. »Wo genau ist der Flüchtige jetzt?«

»Keine Ahnung! Der Scheißkerl ist uns entwischt! Er muss sich versteckt haben.«

»Toller SEK-Führer«, sagte ich zu Uwe, der den Wortwechsel mitgehört hatte, »schlechter hätte ich es auch nicht machen können.«

»Wo kann er hin sein?«, fragte er, statt auf meinen Sarkasmus einzugehen.

Ich dachte an die vielen Gänge und Türen im Haus und zuckte mit den Achseln. »Dort drinnen ist es wie im Labyrinth. Aber ich weiß, wen wir fragen können.«

Mit wenigen Sätzen überquerte ich den Rasen und riss die Tür zur Versammlungshalle auf. Auch hier empfing mich ein Trupp des SEK und streckte mir die entsicherten Läufe ihrer Waffen entgegen. Im Schein der Deckenbeleuchtung waren rechts und links verängstigte Menschen zu sehen, teils an die Wand gedrückt, teils zusammengekauert am Boden.

Nachdem ich und Uwe als die Guten identifiziert waren, liefen wir durch ein Spalier von Polizisten bis auf die andere Seite der Halle, weiter den Gang entlang, bis zu der Treppe und hinunter in den Keller.

Die einstmals verschlossenen Türen, im Erd- wie im Untergeschoss, waren aufgebrochen worden. Überall sicherten Uniformierte die Räume, nahmen umherirrende Menschen fest und sammelten mögliches Beweismaterial.

Als ich zu dem Zimmer kam, in dem Patrik festgehalten wurde, fand ich auch dieses offen zugänglich. Der Punk saß unbekümmert auf dem Bett, während zwei Beamte damit beschäftigt waren, die schweren, mittelalterlichen Ketten aus der Verankerung in der Wand loszueisen.

»Patrik, wohin könnte Ohms geflüchtet sein?«, fragte ich ohne Umschweife.

»Hallo Marie, schön dass es Ihnen gut geht«, antwortete er und blickte mich aus seinen unergründlichen Augen an. Seine Hände spielten mit den Holzperlen um seinen Hals. Er lächelte.

»Patrik, wenn du etwas weißt, musst du es mir sagen!«, flehte ich.

Seine Miene wurde ernst. Er schien zu überlegen.

»Ich weiß, dass er dir Schlimmes angetan hat. Lass ihn nicht so einfach davonkommen. Sag mir, wo sein Versteck ist, bitte.«

Mit einem Knall brach die Kettenverankerung unter der Hebelwirkung der Werkzeuge aus der Wand. Die Enden lagen offen und konnten durch die Eisenringe an Patriks Handfesseln gezogen werden. Er war frei.

»Patrik, wenn wir ihm nicht bald folgen, entkommt er uns.«

Der Punk blickte hinab auf seine immer noch von Eisenmanschetten umschlossenen Handgelenke. Unerwartet tropften Tränen auf das Metall, rannen seitlich hinab und verloren sich auf dem staubigen Betonboden. »Ich wollte das alles nicht«, flüsterte er.

Obwohl die Zeit drängte, ging ich auf ihn zu und legte tröstend meine Hand auf seine bebende Schulter. »Du bist benutzt worden, genau wie Habib und all die anderen Mitglieder dieser Einrichtung. Wir werden das alles aufdecken. Die Verantwortlichen werden dafür lebenslang büßen, aber dafür müssen wir sie erst fassen. Also wenn du weißt, wo Jaroslav Ohms sein könnte, sag es mir.«

Bei diesen Worten ging ich in die Hocke, strich ihm vorsichtig eine Träne von der Wange und hob sein Kinn so, dass ich ihm in die milchiggrünen Augen sehen konnte.

Patrik schluchzte einmal heftig, räusperte sich dann und stand auf. »Ich zeige Ihnen, wohin er gegangen ist. Aber nur, wenn sie allein mitkommen. Sie und ich, kein anderer Beamter.« Dabei blickte er erst die SEK-Mannschaft und dann Kornzwiller an.

Mir war klar, dass keine Zeit blieb, das zu diskutieren. Wenn ich Patriks Hilfe wollte, dann musste es zu seinen Bedingungen ablaufen. Also stimmte ich zu. Uwe wollte aufbegehren, doch ich gebot ihm mit einer Handbewegung zu schweigen. Immerhin war ich zumindest für ihn die leitende Kommissarin in diesem Fall.

»Ich weiß, was du denkst. Aber wir haben keine Zeit für diesen Hickhack«, sagte ich an meinen Partner gewandt. »Wenn es Probleme gibt, rufe ich über Funk Verstärkung.«

Als Uwe daraufhin schwieg, war ich sicher, dass er meinen Fingerzeig verstanden hatte.

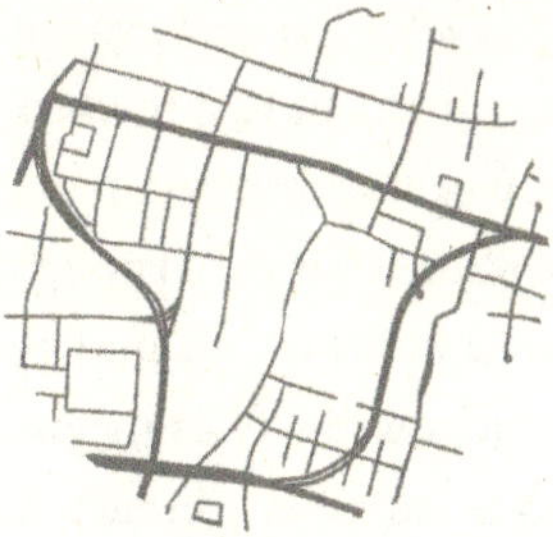

KAPITEL 21

Patrik ging voraus, die Treppe nach oben ins Erdgeschoss, weiter in den ersten Stock, wandte sich dann zielsicher nach rechts und steuerte auf eine der aufgebrochenen Türen zu.

Als ich hinter ihm eintrat, erkannte ich das Büro des Center Chefs sofort wieder. Von Panzotti war nichts zu sehen. Ich war versucht, Brommberg zu kontaktieren und nachzufragen, ob er bereits in Gewahrsam war. Doch Patrik registrierte meinen Griff zum Funkgerät, interpretierte es offenbar als Versuch, Verstärkung zu rufen, und packte ungehalten meine Hand.

»Wir haben eine Abmachung«, sagte er und blickte mir ernst in die Augen.

»Ich wollte doch nur …«, begann ich, merkte, wie unglaubwürdig die Wahrheit klang und zeigte ihm meine ausgestreckten Finger als Friedensangebot.

Der Punk sah mich mit unergründlicher Miene an, griff dann blitzschnell nach dem Gerät an meinem Gürtel und verstaute es in einer seiner vielen Taschen der Cargohose.

Ich war so perplex von seinem rabiaten Vorgehen, dass ich den Mund zwar öffnete, dann aber ohne einen Ton wieder schloss. *Dann muss ich eben im Notfall ohne Verstärkung zurechtkommen*, dachte ich und bedeutete Patrik mit einem Kopfnicken, weiterzugehen.

Doch anstatt den Weg fortzusetzen, gab er der Tür einen Schubs und ließ sie zufallen. »Bereit für den Trip in die Hölle?«

Ich starrte ihn verständnislos an und fühlte förmlich, wie mir das Blut aus dem Gesicht wich. »Was meinst du damit?«

Sein Lächeln wurde zu einem breiten Grinsen, als er an eine schlichte Tür neben der Schrankwand trat. »Bitte dreimal klopfen, bevor Sie eintreten.«

Ich kniff die Augen zusammen, besah sie mir genauer, erkannte den Kniff und rollte sie mit Schwung zur Seite.

»Ein Paternoster!«, rief ich überrascht und bestaunte die schmalen Kabinen, die gemächlich auf der einen Seite nach unten und in einem zweiten Schacht wieder aufwärtsfuhren. Mehr Zeit blieb mir nicht, denn Patrik machte einen großen Schritt vorwärts, stieg in eine Kabine und verschwand umgehend in der Tiefe. Ohne viel nachzudenken, sprang ich in das nächste Abteil und folgte ihm.

Wie ein Fisch in der Sardinenbüchse stand ich eingekeilt zwischen den engen Wänden und sah zu, wie der Fußboden aufwärts wanderte und eine Wand aus Beton den Ausgang verschloss.

Was, wenn dieses altertümliche Gefährt stecken bleibt?, ging es mir durch den Kopf. *Bei dem anhaltenden Tumult in den Gängen wird dich niemand hören.* Aber für einen Rückzug war es definitiv zu spät.

Ich versuchte abzuschätzen, wie viele Stockwerke ich nach unten fuhr. Ein? Zwei? Oder drei? Ohne Licht war das schwer zu sagen. Als ich erste Anzeichen einer aufkommenden Panik spürte, endete die massive Wand unvermittelt und gab schrittweise den Weg in ein schwach beleuchtetes, quadratisch angelegtes Zimmer frei.

»Willkommen in der Hölle«, begrüßte mich Patrik und streckte mir seine Hand entgegen.

Erleichtert sprang ich aus dem fahrenden Sarg und blickte mich um. Links und rechts standen deckenhohe Wandregale, vollgestopft mit Hunderten von Büchern und stapelweise Akten. Hier und da klebten Bilder von Engeln an den Kanten der Einlegeböden.

Dem Aufzugsschacht gegenüber stand eine Art Altar, davor eine Gebetsbank und ein kleines Pult, auf dem aufgeschlagen ein Buch lag – eine alte, in Leder gebundene Ausgabe der Bibel, wie ich bei näherer Betrachtung feststellte.

Das alles war zwar eine interessante Entdeckung, aber von Ohms war weit und breit keine Spur.

Patrik schien meine Frage zu erraten und zeigte auf eine weitere Tür neben dem Altar. »Dort entlang.«

»Noch eine Überraschung?«, fragte ich zunehmend unruhig.

»Es ist ein unterirdischer Fluchtweg, der zu einem Ausstieg im Wald hinter den Feldern führt.«

Ich seufzte. »Hättest du das nicht früher sagen können? Bei dem Vorsprung, den Ohms hat, ist er wahrscheinlich schon über alle Berge.«

»Nein, ich bin sicher, er wartet den Morgen ab, um sich im Wald orientieren zu können. Sonst würde er euren Beamten geradewegs in die Arme laufen. Das Risiko geht er nicht ein. Er ist ein Stratege, der sich im Hintergrund hält, kein durchtrainierter Kämpfer.«

Seine Argumente klangen logisch. »Du meinst, er sitzt am Ende dieses Ganges wie eine Maus in ihrem Versteck und wartet, dass es draußen hell wird?«

Ich griff nach meinem Funkgerät, um ein Abfangkommando in den Wald zu lotsen, doch das hatte Patrik eingesteckt. Und seine Miene machte deutlich, dass er es nicht freiwillig rausrücken würde. Also zückte ich mein Handy, musste aber einsehen, dass es hier unten keine Chance auf Netzempfang gab. Blieb nur der Weg zurück, um Brommberg zu informieren.

Doch als ich mich wieder dem Paternoster zuwandte, durchquerte der Punk das Zimmer, öffnete die Tür neben dem Altar und verschwand, ohne einen Kommentar, in dem dahinterliegenden Gang.

»Patrik! Verdammt!« Unentschlossen sah ich zwischen Fahrstuhl und Ausgang hin und her. Doch für den Dienst nach Vorschrift war es längst zu spät.

In dem mit Beton ausgegossenen Schacht war es nach ein paar Metern stockdunkel. Ich hörte Patrik vor mir zwar laufen und atmen, sah ihn aber nicht. Und obwohl ich sonst kein Problem mit Dunkelheit oder engen Räumen hatte, meldete sich mein Überlebensinstinkt.

Was, wenn der Gang in eine Sackgasse führte, weil Ohms in den Wald geflüchtet war und den Ausstieg versperrt hatte? Was, wenn Patrik mich in eine Falle lockte? Wenn er immer noch ein getreuer Anhänger dieses machtbesessenen Wahnsinnigen war und mich töten sollte?

Im Wechselbad der Gefühle schwitzte ich abwechselnd und fröstelte im nächsten Moment. Das hallende Geräusch der Schuhsolen wurde zu einer unheilverheißenden Begleitmusik. Wie lang war dieser Gang?

Mein ungutes Gefühl steigerte sich mehr und mehr zu einer ausgewachsenen Panik. Ich biss die Zähne zusammen, zählte unaufhörlich, doch die Anspannung war zu groß. Erst als der Weg aufwärts führte und vor mir ein heller, rechteckiger Kranz zu erahnen war, schaffte ich es, durchzuatmen. Der Kranz wurde größer und entpuppte sich als Tür, hinter der es eine Lichtquelle geben musste.

Ich zwang mich, langsamer zu werden. Irgendwo dort vor mir musste Patrik sein. Vielleicht auch Ohms. Hatte der Punk ihn gewarnt? War das Teil seines Plans?

Schwelende Angst und mahnende Vernunft rangen miteinander. Ich zwang mich zu leisen, vorsichtigen Bewegungen. Immer wieder lauschte ich. Kratzten da Schuhsohlen über den Boden? War da nicht ein reibendes Geräusch zu hören, so als würde jemand die Wände abtasten? Beim Heranschleichen erkannte ich schließlich Schatten, die von der anderen Seite immer wieder den Türspalt verdeckten. Und dann hörte ich sie. Eine männliche und eine weibliche Stimme. Das musste Ohms mit der Geisel sein, von der ich über Funk gehört hatte.

Ich war so auf das Ende des Ganges fixiert, dass ich Patrik vor mir erst bemerkte, als ich gegen seine Schulter stieß. Ich zog scharf die Luft ein und ein Schrei steckte mir in der Kehle. Doch die Hand des Punks war schneller. Er presste sie auf meinen Mund und war mir dabei so nahe, dass ich das Weiß in seinen Augen schimmern sah. Eine schiere Ewigkeit standen wir festgefroren im Moment da, dann übernahm mein Verstand die Kontrolle.

Ich nickte Patrik zu, zum Zeichen, dass er seine Hand fortnehmen konnte, zückte meine Pistole und tastete nach dem Sicherungsbolzen. Begleitet von einem gedämpften Klicken schob ich ihn mit dem Daumen zur Seite, schussbereit und zu allem entschlossen.

Ich wollte mich an Patrik vorbei drücken und nach der Klinke greifen, doch stattdessen riss er selbst die Tür auf und machte einen Satz mitten in den Raum hinein, ehe ich ihn aufhalten konnte.

Ein hoher Pfiff ertönte, der mich an Panzotti erinnerte, wie er mich nach der versuchten Gehirnwäsche mit einer Hundetrillerpfeife aus meiner selbst induzierten Hypnose geweckt hatte. Wollte Ohms den Jungen damit unter seine Gewalt zwingen?

Die Pistole im Anschlag stürzte ich hinterher. »Polizei! Lassen sie die Waffen fallen und nehmen Sie die Hände hoch … und die Pfeife aus dem Mund!«

Verdutzt sah ich erst zu Ohms und dann zu Panzotti. Beide Männer grinsten mich an und hoben dann langsam die Hände.

Ich versuchte zu begreifen. Blickte durch den Raum, zu Patrik, der Geisel und dann wieder zu den beiden Männern. Warum hatte der Punk das silbrig glänzende Röhrchen im Mund und nicht Ohms? Und warum war Panzotti hier?

»Hallo Marie, mein Engel. Dein Besuch kommt unerwartet«, begrüßte mich der Center Chef in gewohnt süffisantem Tonfall.

Ich verengte die Augen und trat ein paar Schritte zur Seite, um eine Wand im Rücken zu haben und genug Abstand zwischen mich und die anderen zu bringen. »Keiner rührt sich von der Stelle!«

»So spröde und unnahbar? Ich dachte, diese Phase hätten wir hinter uns.« Panzottis Selbstsicherheit trotz meiner gezogenen Waffe verunsicherte mich zusehends. War das einer seiner psychologischen Tricks? Glaubten er und Ohms immer noch, mich durch ihre Hypnosebehandlung unter Kontrolle zu haben? Aber welche Rolle spielte Patrik dabei? War er mein Lockvogel gewesen?

»Schluss!«, befahl Ohms an Panzotti gewandt und trat einen Schritt vor. »Es war klug, sie herzubringen, Patrik. Das gibt uns die Gelegenheit, die Fehler, die Alexandro gemacht hat, zu bereinigen.«

Panzotti wollte aufbegehren, doch Ohms wischte seinen Einwand mit einer Handbewegung beiseite. »Schweig! Wegen deiner Geilheit hat die Kleine unsere gesamte Organisation auffliegen lassen! Schon dafür sollte ich dich zusammen mit ihr beseitigen.«

Warum ignorierten die beiden meine gezogene Waffe? Waren sie übergeschnappt? Oder war ich es? Hatte ich gar keine Waffe in der Hand?

So unauffällig wie möglich fuhr ich mit meinem Mittelfinger den Waffengriff entlang. Es fühlte sich an wie immer. Was also sollte dieser Zirkus?

»Hiermit seid ihr unter dem dringenden Tatverdacht des Mordes, der Anstiftung zum Mord und Freiheitsberaubung festgenommen«, rief ich entschlossen.

Panzotti grinste immer noch, während Jaroslav Ohms Miene zu einer eisigen Maske gefror. »Patrik, stopf dieser Karikatur einer Superpolizistin endlich das Maul. Ich bin ihr Gezeter leid. Ich bin das alles hier so unendlich leid.«

Der Punk stand immer noch mit der Pfeife im Mund da und nickte angedeutet.

»Patrik? Was soll das?«, stammelte ich. »Ich weiß doch, dass du das hier verabscheust. Wieso lässt du dich für ihre Zwecke benutzen? Waren all deine Predigten über Gott und den Teufel nur eine alberne Show? Mittel zum Zweck? Um mich zu verunsichern und wahnsinnig zu machen?«

Panzotti lachte. »Ach Marie, hast du denn immer noch nicht verstanden, was Patrik ist? Er ist ein fleischgewordener Todesengel, die rächende Hand Gottes. Wir dagegen sind nur fromme Schäfchen, demütige Helfer, die für ihn Sünder aufspüren.«

»Aber … er war eingesperrt«, hielt ich dagegen.

»Eingesperrt?« Panzottis Blick fiel auf die eisernen Armbänder, die der Punk immer noch um die Handgelenke trug. Und wieder lachte er. So laut und so höhnisch, dass ich für einen Moment das Gesicht meines Großvaters zu sehen glaubte. Unerbittlich und abschätzig, wie immer, wenn ich einen Fehler gemacht hatte.

»Manchmal kann unser zorniger Racheengel während seiner Kontemplation ziemlich rabiat werden, deshalb ketten wir ihn an, zu seinem und unserem Schutz.«

»Patrik?«, sprach ich den Punk erneut an, doch meine Stimme war zu einem heiseren Krächzen verkommen. Meine Hand zitterte, als ich die Pistole unsicher zwischen Ohms, Panzotti und dem Jungen hin und her schwenkte.

Aber noch wollte mein Verstand es nicht begreifen, es nicht wahrhaben. »Warum hat euer Racheengel mich dann nicht schon längst getötet, als er die Gelegenheit dazu gehabt hat?«

»Ein Racheengel mordet nicht. Patrik war verwirrt, als das mit seiner Schwester und seinen Eltern passiert ist. Deshalb mussten wir ihn ja unbedingt einfangen und ihm helfen, wieder zur Besinnung zu kommen. Sein Alleingang hat unsere heilige Mission gefährdet«, erklärte Panzotti so ruhig, als würde er über ein unbedeutendes Malheur sprechen.

Bevor ich etwas erwidern konnte, stöhnte Ohms entnervt auf. »Du elendiger Schwätzer! Nicht er hat es vermasselt, sondern du! Wegen dir hocken wir jetzt wie die Ratten im Loch und müssen alles, was wir uns aufgebaut haben, zurücklassen. Statt sich auf die wirtschaftlich lukrativen Aspekte zu konzentrieren, musstest du ja unbedingt deinen privaten Erlöserpfad beschreiten!«

»Aber …« Panzotti duckte sich wie ein kleines Kind, das gescholten wurde.

»Glaubst du wirklich, wenn du deine Seele bei irgend so einem schwarzmagischen Ritual dem Teufel vermacht hättest, dass du sie dir mit guten Taten zurückkaufen könntest! Wie naiv kann man sein!«

»Aber die Engel …«, setzte der Center Chef zu einem schwachen Widerspruch an.

»Die Engel sind Humbug, Fantasie, Einbildung, wie auch immer du es nennen willst. Ein Geschenk, das ich dir gemacht habe, damit du mit dieser Geschichte endlich Ruhe gibst.«

»Aber Patrik ist doch …« Panzotti wirkte plötzlich wie ein kleiner, unsicherer Junge, dem man sein Spielzeug weggenommen hatte.

»Patrik war und ist mein bester Schüler. Doch dein Gequatsche hätte ihn beinahe genauso abtrünnig werden lassen wie seine kleine Schwester. Einen guten Gott hat sie sich gewünscht!« Ohms lachte hart und schrill auf. »Für einen Gott, der verzeiht, hat sie gebetet, statt für einen, der straft. Und dann hat sie doch tatsächlich geglaubt, sie könnte ihr eigener Gott sein, dass sie beides wäre, Mensch und Gott. Und das alles nur wegen diesen Kopten!«

Ich schien zu einer reinen Randfigur in diesem Schauspiel geworden zu sein, wie die Moderatorin der Sendung *Sag die Wahrheit*.

»Ich habe sie nicht mit dem Priester zusammengebracht«, widersprach Panzotti. »Konnte ich ahnen, dass die Göre sich in dessen Gottesdienst nebenan schleicht, statt brav im Sandkasten zu spielen?«

Am liebsten hätte ich mein Handy hervorgeholt und das Zwiegespräch der beiden mitgeschnitten. Auf der anderen Seite wollte ich ihren Redefluss auf keinen Fall unterbrechen. Endlich kam die volle Wahrheit ans Licht.

Während sich die beiden Männer weitere Beschimpfungen an den Kopf warfen, riskierte ich einen längeren Blick auf Patrik. Er stand neben der Geisel, die auf einem Stuhl festgebunden war. Kerzengerade stand er da, die Kieferknochen fest aufeinandergepresst. Die Hand, die sonst unablässig die Holzkugeln seiner Ketten durch die Finger gleiten ließ, hatte sich wie eine Schraubzwinge um seinen Schmuck gelegt. Weiße Fingerknöchel verrieten die Anspannung. War er ängstlich? Verzweifelt? Wütend? Ich wusste es nicht zu sagen.

Er stand da, starrte stumm die zwei Männer an, die in den letzten Jahren offenbar seine Ziehväter und Lehrer gewesen waren, und rührte sich nicht.

»Wenn du nicht so vernarrt in deine Weltherrschaftspläne gewesen wärst, könnten wir jetzt als geläuterte Diener Gottes im Buche stehen und ein angenehmes Leben führen. Aber du wolltest ja immer noch mehr! Mehr Experimente! Mehr Geld! Mehr Macht!«, schrie Panzotti außer sich.

»Und du hast angefangen, deine eigenen Lügen zu glauben!«, hielt Ohms dagegen. »Und das nicht nur, weil ich Bilder von Engeln in dein Hirn gepflanzt habe!«

»Ich tue das für Gott!«, rief Panzotti mit wahnhaft aufgerissenen Augen.

Wie zwei Preisboxer standen sie sich gegenüber, das Kinn vorgeschoben, die Hände zu Fäusten geballt, bereit, sich für das eigene Recht zu prügeln.

In diesem Moment erwachte Patrik aus seiner Starre. Er ließ die Holzperlenkette los, griff mit einer schnellen Bewegung erst an das eine, dann an das andere Auge und holte seine Kontaktlinsen heraus.

Ein Schauer lief mir über den Rücken. Ich ahnte, was jetzt folgen würde. Und doch konnte ich nicht wegschauen, als seine braunen Augen meinen Blick einfingen und sich in meine Seele bohrten. War das mein Ende?

Ich hörte das Geräusch von mächtigen Flügelschlägen über mir – glaubte, den Wind, die Druckwelle ihrer Schwingen zu spüren. Die Engel kamen und mit ihnen der Tod.

Der Raum um mich herum verschwand in erbarmungsloser Dunkelheit. Patriks Augen standen wie riesige, kalte Monde vor mir. Mein Herz schlug laut und schnell, wie Trommeln, die zum Kampf riefen. Stoß um Stoß strömte das Blut schneller durch meine Adern und trieb mich in einen Zustand zwischen kalter Erstarrung und brennendem Rausch. Die Stimme des Punks klang wie Mönchsgesang. Wie eine gemurmelte Beschwörungsformel. Wie ein Befehl.

Eine Luke an der Zimmerdecke wurde aufgerissen, explodierte förmlich. Gleißendes Licht strömte herein. Dann, im grellen Schein kaum auszumachen, Federn, Flügel, Körper, die in den Raum drängten. Drei monströse Seraphim-Engel, strahlend schön und schrecklich zugleich. Überwältigt von dem Anblick wich ich zurück, stieß mit dem Hinterkopf an eine Wand und rutschte benommen an ihr nach unten.

Das ist nicht wahr. Das ist alles nur Einbildung, redete ich mir ein. *Patrik hat dich hypnotisiert und lässt dich ganz bewusst diese Trugbilder sehen. Der Pfiff wirkt dabei wie ein Schlüsselwort. Nicht nur bei mir, sondern bei allen im Raum.* Doch auch noch so logische Einwände konnten die Bilder nicht auslöschen.

Eine Aura wie die schillernde Haut einer Seifenblase umgab die Wesen, die dort nur wenige Meter vor mir in der Luft schwebten. Das Haar wie aus schwarzer und goldener Seide gesponnen, in schimmernder Rüstung, ein Schwert in der einen und ein Stilett in der anderen Hand.

Ihre Blicke streiften mich. Ich sah mein Leben rückwärts vor mir ablaufen. Unsagbarer Schmerz durchfuhr meinen Körper, umfasste mein Herz und schien es zerquetschen zu wollen. Ich schrie auf, schrie all das, was mich mein Leben lang gequält und verletzt hatte, heraus. Wie Ringe in einem Teich breiteten sich die Wellen der Erinnerung aus, bis ich glaubte, zerbersten zu müssen.

Als ich in meiner Innenschau wieder an dem Weihnachtsabend angelangt war und mein Vater mit dem Tranchiermesser das erste Mal auf meine Mutter einstach, fühlte ich etwas Nasses warm in mein Gesicht spritzen. Ich blinzelte.

Das Bild meiner Eltern verschwand. Stattdessen sah ich wieder die Seraphim, wie sie mit ihren Waffen auf die Leiber der Sünder einschlugen. Mein Schrei verschmolz mit dem Kreischen der Männer zu einer apokalyptischen Melodie. Ströme aus Blut färbten Menschen, Engel und Zimmer rot.

Dann übertönte ein Pfiff den Tumult und schlagartig wurde es still. Das Licht erlosch. Dunkelheit wickelte das Grauen in samtschwarze Tücher und ich glaubte zu schweben. Ein kühler Luftzug wehte meine Schmerzen davon und eine Stimme flüsterte: »Es ist vorbei.«

Als ich erwachte, fühlte ich klamme Erde und Tannennadeln unter meinen Händen. Ich schlug die Augen auf und hielt mir den Kopf. Ganz langsam drang die Wirklichkeit wieder in mein Bewusstsein.

Ich saß an einen Baum gelehnt im Wald. Vor mir klaffte ein rechteckiges Loch im Boden, aus dem Licht in die Nacht hinausdrang. Außer dem üblichen Rascheln und Knacken im Gehölz war nichts zu hören. Baumstamm an Baumstamm reihte sich um mich. Ich war verloren im Wald, wie Hänsel und Gretel. Nur dass Hänsel nicht mehr da war. Oder doch? Auf allen vieren krabbelte ich zur Luke und wagte einen Blick nach unten.

Was ich sah, ließ mich würgen. Jaroslav Ohms und Alexandro Panzotti lagen am Boden, in einem See aus Blut. Täter und Opfer ihrer eigenen Machenschaften. Das Ende eines menschenverachtenden, perversen Spiels um Macht, Geld und Glaube. Dazwischen wimmernd, aber augenscheinlich unversehrt die Geisel. Aber wo war Patrik?

Der Punk hatte seinen Racheplan vollendet, sich aus der geistigen Sklaverei befreit und war in ein neues Leben geflüchtet. Aber würde er sich allein zurechtfinden? Wie tief waren die Spuren der seelischen Qualen, die sich gleichsam unsichtbar zu den körperlichen addierten? Mein Gefühl sagte mir, dass ich es irgendwann erfahren würde.

Zunächst musste ich Verstärkung rufen. Prüfend blicke ich nach oben, um durch die Position des Mondes in etwa die Zeit abschätzen zu können, die seit dem Sturm auf das Haus verstrichen war. Doch die Bäume standen zu eng, die Wipfel waren zu dicht, um den Himmel zu sehen.

Immer noch kniend überlegte ich, ob ich den Weg durch den Schacht zurückgehen sollte. Eine Vorstellung, die mich frösteln ließ. Stattdessen griff ich in meine Jackentasche und atmete erleichtert auf, als ich mein Handy darin ertastete.

»Fünfzehn Anrufe in Abwesenheit«, stand auf dem Display.

Uwe!, erkannte ich, als ich die Nummer las, und drückte die Rückruftaste.

»Marie, endlich!«, schallte es mir nach dem ersten Klingeln entgegen. »Wo bist du? Geht es dir gut? Wir haben uns solche Sorgen gemacht.«

In knappen Sätzen berichtete ich ihm, was geschehen war, dass ich irgendwo in nördlicher Richtung im Wald mit zwei Leichen im Keller saß und dazu eine verstörte Geisel hatte.

»Wir machen uns sofort auf den Weg. Seid ihr verletzt?«, fragte Uwe, während er immer wieder Befehle an die Einsatzmannschaft gab.

Ich blickte an mir herab. »Ich glaube nicht. Aber die Frau ist blutverschmiert, wie auch alles andere da unten in dem Kellerloch. Also schickt zur Sicherheit neben zwei Leichenwagen auch die Sanitäter. Ich werde schauen, dass ich die Frau erst mal von den Fesseln befreie und aus dem Loch hole, falls sie ansprechbar ist.«

»Halte durch, Marie. Wir haben deine Position geortet und sind gleich da«, gab Uwe kurzatmig zurück. Offenbar hatte er sich zu Fuß auf den Weg gemacht.

»Bis gleich«, erwiderte ich und legte mit der Gewissheit auf, meinen ersten Fall gelöst zu haben.

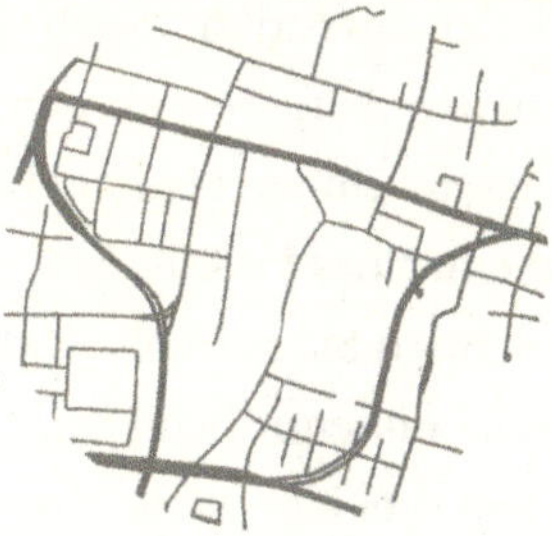

KAPITEL 22

Am Montag im Kommissariat erhielt ich von Haller statt einer Schelte eine offizielle Belobigung. Er bat mich zu sich ins Büro, bot mir einen Stuhl an und hielt anschließend eine flammende Rede über Ehrgeiz und Hartnäckigkeit – Tugenden, die für eine Führungskraft unerlässlich seien, wollte man es zu etwas bringen. Ich war so überrascht von seinem wortreichen Beifall, dass ich mich heimlich in den Unterarm kniff, um sicherzugehen, dass ich nicht träumte.

Sogar meine Rebellion gegen ihn rühmte der Hauptkommissar als »gesunde Widerspruchshaltung« und ermunterte mich, an meiner neu gewonnenen Intuition festzuhalten.

»Davon könnte sich unser lieber Persbach ein ordentliches Stück abschneiden«, sagte er und lächelte verbrüdernd. »Ich weiß, dass er und Uwe es Ihnen das Jahr über nicht besonders einfach gemacht haben. Und auch ich war mehr als streng. Aber nur so kann man jemanden zu Höchstleistungen antreiben.«

»Durch Ignoranz, Hochnäsigkeit und männliches Machogehabe?«, wollte ich ihm entgegenhalten, doch ich zügelte mich. *Es hat keinen Sinn, Marie*, sagte ich mir. *Sei klug, hol dir deine Streicheleinheiten ab und halte dich an deine wahren Freunde.* Also lächelte ich nur.

Damit schien Haller zufrieden. Nach einem weiteren Wortschwall über meine neuen Aufgaben als gefestigtes Mitglied seiner Mannschaft wühlte er in einem Haufen Unterlagen auf seinem Schreibtisch, zog ein einzelnes Foto hervor und überreichte es mir.

»Ich dachte, das würden Sie gern als Andenken behalten«, sagte er und rieb sich mit seiner übergroßen Hand den Hals. »Jetzt aber an die Arbeit, Martius. Um drei Uhr ist die Pressekonferenz.«

Gerührt starrte ich auf das Bild. Es war das Hochzeitsfoto meiner Eltern, das in der Fallakte gelegen hatte. Das einzige Andenken an sie, nachdem mein Großvater alle Spuren meines alten Lebens vernichtet hatte.

»Hat er dir 'ne Autogrammkarte geschenkt?«, fragte Uwe, als ich mit dem Foto in der Hand zu ihm ins Büro trat.

»So ähnlich«, gab ich lachend zurück.

Er legte den Kopf schief und musterte mich. »Alles in Ordnung bei dir?«

»Alles in Ordnung, wenn man von einer total verwüsteten Wohnung, einem Auto, das einer zerdrückten Coladose ähnelt, und dem Berg an Protokollen, die es zu schreiben gibt, absieht.«

»Wenn du einen Schlafplatz brauchst, in der Asservatenkammer stehen bestimmt noch ein paar Feldbetten herum.«

»Danke, aber ich glaube, da finde ich eine bequemere Lösung.«

Ein Grund mehr, Daniel anzurufen. Denn auch, wenn er ziemlich sicher die Schnauze gestrichen voll von mir hatte, war ich ihm zumindest eine Erklärung schuldig. Vorher musste allerdings die Arbeit erledigt werden.

»Kommst du mit runter in die Hallersche Hölle, um die Obduktionsberichte abzuholen?«, fragte ich. »Vielleicht überrascht uns David ja mit einem seiner viel gerühmten Schmankerl?«

Uwe verzog angewidert das Gesicht, stand dennoch auf und folgte mir in den Keller zum Büro unseres Gerichtsmedizinerfreundes.

Wie erwartet hatten sich auch Anne und Erwin eingefunden. Sie klopften mir zur Begrüßung allesamt anerkennend auf die Schulter, David holte zwei warme Piccolo-Fläschchen aus seiner Schreibtischschublade und verteilte den prickelnden Inhalt in fünf frische Urinprobenbecher. »Prost! Auf Marie, das Biest unter uns Schönheiten!« Die anderen stimmten lachend mit ein.

Nach dem kleinen Umtrunk informierte uns David über die Ergebnisse der Leichenbeschau. »Das gleiche Schema, die gleichen Spuren, die gleiche Todesursache«, sagte er abschließend. »Panzotti hat Jaroslav Ohms mit unzähligen Messerstichen durchlöchert, am Ende Lunge und Herz durchbohrt und anschließend die Prozedur bei sich selbst wiederholt.«

Das bestätigte meine Vermutung.

»Unglaublich, wozu Menschen unter Hypnose fähig sind. Und damit meine ich sowohl diese mörderische Brutalität als auch das unglaubliche Vermögen, sich dem, ohne ersichtlichen Widerstand, hinzugeben«, sagte Erwin.

»Da fröstelt es einen«, bekräftigte Anne, während sie ihre Arme um den Oberkörper schlang und sich schüttelte.

Aus dem, was ich mitgehört, miterlebt und recherchiert hatte, waren die Zusammenhänge klar geworden. In Wahrheit hatte Ohms das Zepter in der Hand gehabt. Er war der Initiator dieses ganzen schauerlichen Experiments gewesen. Ein Wissenschaftler mit Größenwahn und Machtfantasien, der sich mit Hilfe seiner Beeinflussungstechniken andere Menschen zu willigen Werkzeugen herangezogen hatte.

Panzotti war dabei nur sein charismatisches Zugpferd gewesen. Ein religiöser Fanatiker, dessen Ängste Ohms für sich zu nutzen gewusst hatte. So hatten sie sich gemeinsam ein Mitgliedernetzwerk aufgebaut – willige Schäfchen, die ihr Geld in das Center getragen hatten. Es würde sicherlich noch viele Wochen Arbeit brauchen, um alle Verbindungen aufzudecken.

Doch Panzotti war außer Kontrolle geraten. Er hatte daraus eine Jagd auf Sünder und Patrik zu seinem Vollstrecker gemacht. Bis der Punk seinerseits abtrünnig geworden war. »Die Kraft der Fantasie ist teuflischer Fluch und göttliches Geschenk zugleich«, sagte ich laut und dachte dabei an die überwältigende Vision der Racheengel.

Ich hatte mir selbst geschworen, nie jemandem davon zu erzählen, nicht den Kollegen, nicht Bekannten oder meiner Therapeutin. Diese Boten meines Unterbewusstseins würde ich für mich behalten, in Gedenken an die ungeheure Macht, die in meinem Inneren schlummerte und die ich zukünftig für die Formung meiner eigenen Realität nutzen wollte.

»Wie kann man nur so grausam sein, einen Jungen dazu zu bringen, erst seine Schwester und dann seine Eltern zu töten, weil sie angeblich Sünder sind«, sinnierte Erwin.

Tatsächlich hatte ich die Vermutung, dass nur der Mord an Emilia vom Center beauftragt worden war. Der Tod der Thalhammers war Patriks eigener Rachefeldzug gewesen, nachdem er sich von Panzottis Vision losgesagt hatte. Genau wie auch die letzten beiden Morde.

Patrik hatte sich an jenen gerächt, die ihn missbraucht statt geschützt hatten. Doch Schuld war immer auch eine Frage der Perspektive. Von meiner Warte aus waren die Eltern, genau wie Patrik, Opfer gewesen.

»Läuft denn eine Fahndung nach dem Punk?«, fragte Anne.

Als ich mit einer Antwort zögerte, sprang Uwe ein. »Er hat Marie mit seinen Fähigkeiten ausgeschaltet und ist abgehauen. Eine Fahndung wegen dreifacher Anstiftung zum Mord ist von der Staatsanwaltschaft aufgrund mangelnder Beweise abgelehnt worden. Denn wir haben zwar vom Kloster St. Michael bestätigt bekommen, dass die Kinder dort unter der Aufsicht von Panzotti gelebt haben und unterrichtet worden sind – eine christliche Geste der Dankbarkeit für die saftigen Spenden des Centers. Aber das macht Patrik noch lange nicht zu einem Verbrecher oder gar Mörder.«

»Selbst wenn wir ihn einfangen würden, hätten wir keinerlei handfeste Beweise, um seine Beteiligung nachzuweisen. Er selbst hat nicht zugestochen. Es gibt keine Zeugen oder Belege für unsere Theorie des Ablaufs. Zumindest keine, die auf Patrik als Manipulator hinweisen. Im Center selbst ist tonnenweise Material sichergestellt worden, das eindrücklich die Praxis der Gehirnwäsche untermauert«, ergänzte ich.

Anne hob die Brauen. »Dann ist das alles? Damit gibst du dich zufrieden, Marie? Hat dich Haller am Ende doch gezähmt?«

»Ich habe lediglich gelernt einzusehen, wann jede Anstrengung vergebens ist. Domestiziert bin ich deshalb noch lange nicht«, antwortete ich und gab zur allgemeinen Belustigung ein lautes Knurren und Fauchen von mir.

»Komm, komm, Kätzchen, zieh deine Krallen ein, ich hab auch ein Leckerchen für dich.« Mit diesen Worten reichte Erwin mir eine Akte. »Aber du darfst erst reinschauen, wenn du wieder in deinem Büro bist.«

»Ein Geschenk?«

»So etwas Ähnliches.«

Gespannt ging ich zusammen mit Uwe zurück in den ersten Stock und verkroch mich allein in mein Büro.

Hatte Erwin vielleicht den gleichen Einfall wie Haller gehabt?

Ich setzte mich an den Schreibtisch, legte die Mappe vor mir ab und schlug den Deckel auf. Was ich darin fand, war kein Foto, sondern ein einzelnes Stück Papier, auf dem ein Name inklusiver Adresse geschrieben stand: Robert Borntwist. Ich hielt den Atem an. Das war der Mann, der in der Akte meiner Eltern als Liebhaber meiner Mutter genannt worden war. Der Mann, dessen Beschreibung aufs Haar der Daniels glich. Er existierte! Und mehr noch. Er lebte und wohnte nur wenige Kilometer entfernt in einem Vorort von München.

Minutenlang starrte ich auf das Papier. Sollte ich hinfahren? Was, wenn es tatsächlich Daniel war? Oder sein Vater? Kurz entschlossen steckte ich den Zettel ein, legte das Foto meiner Eltern behutsam in einen Umschlag und verließ das Büro.

»Schon Feierabend?«, stichelte Persbach, der mir im Gang entgegenkam.

»Ganz im Gegenteil. Ich gehe Geister jagen. Du lernst das bestimmt auch noch irgendwann, Herbert, und wenn nicht, kann ich dir ja Nachhilfeunterricht geben«, antwortete ich fröhlich und genoss im Vorbeigehen sein verdattertes Gesicht.

Es dauerte knapp zwanzig Minuten, bis ich über den Ring und die ausgebaute Autobahnverbindungsstrecke in Riemerling ankam. Meine Heiterkeit hatte sich in Nervosität gewandelt. Wollte ich diesen Mann wirklich treffen? Was, wenn seine Frau aufmachte?

Langsam fuhr ich die Hauptstraße entlang in den Ort, bog die erste Abzweigung nach dem Kreisverkehr rechts ab und dann nach links. Weiter ging es durch eine verkehrsberuhigte Zone, bis ich die Waldparkstraße erreichte.

An der Kreuzung blieb ich stehen. Ich rang mit meiner Angst und verspürte gleichzeitig Neugier. Als es hinter mir hupte, gab ich schließlich Gas, bog ab und fuhr bis zur auf dem Zettel angegebenen Hausnummer.

»Mach schon, du Hasenfuß«, sagte ich mir selbst. »Du wolltest dein Leben lang Antworten auf deine Fragen. Jetzt hast du die Gelegenheit, also geh!«

Ich stieg aus, lief einen schmalen Weg entlang zum Eingang des kleinen Einfamilienhauses, verglich nochmals den Namen auf dem Klingelschild und läutete endlich. Eine kurze Pause, dann erklangen Schritte. Jemand kam, das Klimpern eines Schlüsselbundes war zu hören.

Als die Tür aufging und Robert Borntwist das erste Mal vor mir stand, hätte ich vor Schreck beinahe einen Satz zurück gemacht. Er war Daniel! Die Größe, seine muskulöse Gestalt, Gesichtszüge, die warmen, dunkeln Augen. All das formte zusammen die Figur Daniels, und doch war er es nicht. Seine Haare waren graumeliert, seine Haut faltiger, älter.

»Ja bitte?«

»Ich … ich bin …« Mein Gehirn war wie leer gefegt. Ich starrte den Mann an und wusste kaum noch meinen eigenen Namen.

Er lächelte.

»Ich heiße Marie Martius«, setzte ich erneut an. »Es könnte sein, dass Sie meine Mutter gekannt haben.«

Die Gesichtszüge des Mannes schienen sich zwischen Unglauben und Verwunderung nicht entscheiden zu können. Die gesunde Gesichtsfarbe war kalkweißer Blässe gewichen. Steif stand er in der Tür und musterte mich.

»Ich kann Ihnen ein Foto von ihr zeigen«, sagte ich und suchte nervös in meiner Tasche nach dem Umschlag.

»Nein, schon gut«, antwortete er stockend. »Möchtest du vielleicht hereinkommen? Ich könnte uns einen Kaffee oder Tee kochen.«

Ich folgte seiner Einladung. Er führte mich in sein Wohnzimmer und wir unterhielten uns. Unbefangen wie nie erzählte ich ihm von mir, dass ich Kriminalkommissarin war, von dem Mordfall, der mich an meine Kindheit erinnert hatte, von meinem Leben bei meinem Großvater und den vielen offenen Fragen und Erinnerungslücken, wenn es um meine Eltern ging.

Er hörte geduldig zu, lächelte aufmunternd, wenn ich zu stocken begann und fasste mich am Ende meiner Ausführungen behutsam an den Händen. »Du bist ein tapferes Mädchen, Marie. Das bist du schon immer gewesen.«

Bei diesen Worten brach ich unvermittelt in Tränen aus, schluchzte und schniefte wie ein kleines Kind.

Er hielt weiterhin meine Hände, streichelte sie sacht und erzählte mir die Geschichte über eine verbotene Liebe, über eine verheiratete, sehr unglückliche Frau, die er in sein Herz geschlossen hatte und die in seinen Armen die Liebe und Geborgenheit gefunden hatte, die ihr der eigene Mann nicht mehr hatte geben können.

Ich erfuhr, dass mein Vater bereits viele Monate vor der Katastrophe zunehmend depressiver und weltabgewandter geworden war. Meine Mutter berichtete Robert bei ihren heimlichen Treffen davon. Dass ihr Mann einige Misserfolge im Beruf eingesteckt hatte, dass er den ständigen Druck und die Verantwortung nicht mehr ertrug. Mehrfach hatte sie versucht, ihn zu einer Therapie zu bewegen, aber ohne Erfolg. Überall witterte er Verschwörungen und machte damit das Familienleben zur Hölle.

In der Woche vor Weihnachten hatte meine Mutter ihrem Mann schließlich gebeichtet, dass sie die Ehe so nicht mehr aushielt und sich trennen würde.

»Nach den Feiertagen, so hatten wir es geplant, wollte sie mit dir zu mir ziehen. Doch dann kam alles anders.« An dieser Stelle schluckte Robert.

»Ich kannte dich also?«, fragte ich und versuchte mich angestrengt zu erinnern.

»Nein, nicht richtig. Du hattest mich zwar zwei oder drei Mal gesehen, aber deine Mutter hielt es für zu riskant, in deinem Beisein vertrauter miteinander umzugehen. Du warst doch noch so klein. Wie hätte sie dir verständlich machen sollen, was wir da taten und warum es dein Vater nicht wissen durfte?«

»Ist sie wegen mir über Weihnachten noch geblieben?« Ein Kloß bildete sich in meinem Hals und machte es schwer zu atmen.

»Nein, Marie. Glaub bitte nicht, dass du schuld bist. Deine Mutter wollte nicht, dass dein Vater in Zukunft die Feiertage mit ihrer Trennung verbinden würde, deshalb hat sie gewartet.«

Die Sanftheit in Roberts Worten war eine Wohltat. Aber was war mit ihm? Wie sahen seine Gefühle aus? Damals und heute? »Auch für dich muss es ein furchtbarer Schock gewesen sein. Ich hatte meinen Großvater. Wer hat dich aufgefangen?«, fragte ich vorsichtig nach.

Robert senkte den Kopf. »Deine Mutter war eine ganz besondere Frau. Ich habe mir viele Vorwürfe gemacht, dass ich sie nicht vorher aus ihrer Lage befreit habe, dass ich nicht auf den sofortigen Umzug bestanden habe.« Er seufzte tief. »Ich weiß, dass ich loslassen muss, dass das Leben weitergeht. Und trotzdem glaube ich immer noch manchmal, am Grab ihr Lachen zu hören.«

»Du geht noch zu ihrem Grab?«

»Ja«, gab er zu.

»Weißt du, dass du jemandem, den ich kenne, verdammt ähnlich siehst?«, sagte ich, um das Thema wieder in eine positivere Richtung zu lenken.

»Einem Verehrer von dir?«, fragte er, blickte auf und hob spielerisch streng eine Augenbraue.

»Ja. Nein. Das heißt, er war …« Ich musste lachen und auch Robert stimmte mit ein.

»Offenbar hast du den guten Geschmack deiner Mutter geerbt«, sagte er schelmisch. »Meine Zögerlichkeit musst du dir allerdings nicht zum Vorbild nehmen.« Er zwinkerte.

Nach einer weiteren Stunde, in der mir Robert ein Fotoalbum mit Aufnahmen meiner Mutter gezeigt und von ihren vielen kleinen wie großen Eigenheiten vorschwärmt hatte, wurde es Zeit für mich aufzubrechen, um rechtzeitig auf der Pressekonferenz zu sein. Wir tauschten Telefonnummern aus und Robert versicherte mir, dass ich mich jederzeit bei ihm melden könne.

Als ich losfuhr, fühlte ich – vielleicht zum ersten Mal in meinem Leben – wahres Glück. Es gab noch viel zu ordnen, bei meiner Wohnung angefangen, über mein Verhältnis zu meinem Großvater, bis zu meinen Gefühlen für Daniel. Auch die Bilder und Erlebnisse der letzten zwei Wochen würden mich noch eine Weile verfolgen. Doch ich spürte das erste Mal seit Langem die Sicherheit, all dem gewachsen zu sein.

Und auch wenn Patrik sich als verblendeter Mittäter herausgestellt hatte, so war er es gewesen, der mir mit seinen eindringlichen Worten zu verstehen gegeben hatte, dass ich mein Schicksal selbst lenkte.

Im Irrglauben gefangen, hatte ich mich selbst als ewiges Opfer gesehen, statt die eigene Göttlichkeit anzuerkennen. Jetzt war mir klar, dass ich allein für meine Dämonen und Engel verantwortlich war. Ich konnte sie entstehen und auch wieder vergehen lassen.

Diese Einsicht machte mich nicht automatisch zu einem besseren Menschen oder ließ meine Probleme verschwinden, aber sie half mir, meine seelischen Fesseln abzuwerfen und dem Leben mit neuer Stärke zu begegnen.

Ich nahm mir vor, meinem Großvater das Hochzeitsfoto meiner Eltern zu schenken, denn auch er vermisste sie bestimmt immer noch, egal wie hart er sich nach außen hin gab. Und ich vermisste Daniel. Ob er mir noch eine Chance geben würde? Mit der Hand am Handy stieg ich vor dem Kommissariat aus und betrat wenig später, gemeinsam mit dem offiziellen Polizeisprecher und Kurt Haller, das Podium für die Pressekonferenz.

Die Meute der Journalisten hockte auf ihren Stühlen, mit Mikrofonen und Kameras bewaffnet, lauernd und jederzeit zum Sprung bereit. Sie waren immer noch Opfer ihres ständigen Kampfes um das bestbezahlte Bild. Ich dagegen war frei und brannte darauf, die guten und schlechten Seiten meiner neu erschaffenen Welt kennenzulernen.

Ende

EIN PAAR WORTE DER AUTORIN

Dieser Kriminalroman mag in Teilen beinahe fantastisch erscheinen, doch das ist er nicht. Ich habe viele Stunden für diese Geschichte recherchiert, auch wenn schlussendlich nur ein Bruchteil dessen in den Roman eingeflossen ist.

Darüber hinaus sind allerlei eigene Erfahrungen von mir darin verarbeitet. Zum Beispiel habe ich selbst schon einen Überschlag mit einem Auto erlebt. Ein Erlebnis, das mir gezeigt hat, wie hilfreich eine gute und stabile Karosserie ist und wie lebensrettend es sein kann, angeschnallt zu sein. Tatsächlich hatte ich damals keinen einzigen Kratzer, obwohl das Auto danach eher einer Pyramide glich. Trotzdem rate ich niemandem es nachzumachen. Denn in solchen Fällen spielt immer eine gehörige Portion Glück mit.

Im Bereich der Hypnose durfte ich an einigen Kursen teilnehmen. Ein spannendes, wie auch sehr beängstigendes Forschungsfeld. Denn es ist leichter, als man das wahrhaben will, Menschen über reine Showeinlagen hinaus zu manipulieren.

In meinen Romanen lässt sich zudem nicht verhehlen, dass ich mich viel mit Gott und Glaube beschäftige. Es ist so ein zentrales Thema in unserer und auch jeder anderen Gesellschaft, dass es sich meiner Meinung nach lohnt, die Möglichkeiten, Grenzen und Tabus dazu auszuloten und darüber zu sinnieren. Mal mehr, mal weniger ernst oder bedeutsam.

Zum Schluss noch ein Bekenntnis: Ich liebe meine Heimatstadt München, und ich liebe die bayerische Kultur, wie auch die Menschen. All die Straßen, Ecken und Winkel im Roman kenne ich aus meiner Zeit dort, auch wenn sie heutzutage womöglich ein wenig anders aussehen. Die Kultfabrik und die Optimolwerke gibt es nicht mehr. Doch ich erinnere mich immer noch gern an die Nächte, die ich auf dieser Partymeile verbracht habe.

Wenn euch die Geschichte gefallen hat, findet ihr weitere Romane aus meiner Feder im Krimibereich bald zusätzlich unter dem Pseudonym A.C. Haxlay. Und wer außerdem Fantasy liest, kennt mich womöglich bereits als Jana Paradigi.

Um immer aktuell informiert zu bleiben, folgt mir gern auf den üblichen Social-Media-Kanälen unter @wortphantastin.

Liebe Grüße
Ann Boncelli